www.drfestival.com

21세기 지역개발형축제로의 선택

관광이벤트

정강환 지음

BAEKSAN Publishing Co.
백산출판사

21세기 지역개발형 축제로의 선택

관광이벤트

2004년 6월 25일 초판 1쇄 발행
2014년 3월 5일 초판 5쇄 발행

지은이 | 정강환
펴낸이 | 진욱상 · 진성원
펴낸곳 | 백산출판사
등 록 | 1974. 1. 9. 제 1-72호
주 소 | 서울시 성북구 정릉로 157(백산빌딩 4층)
전 화 | 02)914-1621, 02)917-6240
팩 스 | 02)912-4438

http://www.ibaeksan.kr
editbsp@naver.com

ISBN 978-89-7739-938-9

값 19,000원

21세기 지역개발형축제로의 선택

관광이벤트

정 강 환 저

백산출판사

머 리 말

1995년 교통부의 관광국이 문화체육부로 옮겨가면서 '관광이벤트' 개념으로 시도된 문화관광축제 사업이 시작 된지도 10년이 지났다. 문화관광축제의 현장과 함께 해온 시점이 '강산이 변한다는 시점' 에 와 있다는 것을 느꼈을 때 무엇인가 남다른 감회가 있었다. 그와 동시에 '이벤트관광전략 : 축제와 지역활성화' 이라는 책을 내놓은 지도 10여년이 되어가는 마당에 문화관광축제를 기념하고 싶은 동기, 그동안 축제현장과 연구조사를 다시금 짚어보아야 한다는 외부의 적극적 권유와 내적인 부담감 등이 이 책을 쓰게 된 배경이라고 할 수 있다.

첫 번째 저서를 낸 후 미미한 점이 많아, 오랜 경험과 느낌 없이 경솔하게 책을 내서는 안 되겠다는 결심을 하고, 어느 정도 경륜을 쌓은 후에 다시금 저서를 내고자 했으나, 출간한지 거의 10여년이 지난 지금, 주변에서 "책 좀 내라"는 강한 권유와 함께 '96년부터 시작된 관광이벤트와의 오랜 인연을 다시 한 번 정리해야 한다는 일종의 의무감을 가지게 된 것이 첫 번째 구체적인 집필동기일 것이다.

둘째로 1996년에 출간된 저서가 실질적인 이벤트관광전략과 사례 중심으로 구성되어 있어 보다 근본적으로 '이벤트' 란 무엇이고, '이벤트의 기초적인 이론적 접근' 에 대한 요구가 많이 있어왔고, 20여 년간 이벤트와의 인연과 현장경험을 바탕으로 혼돈스러워하는 이벤트에 대한 정의를 보다 명확하게 할 필요가 있다는 생각을 하게 된 점이 책을 집필하게 된 또 다른 동기 중 하나이다.

셋째로 필자가 그동안 저서와 '92년부터 강연과 세미나에 인용한 사례들이 '80년대와 '90년대 초 · 중반의 과거 국내 · 외 사례들로서, 이 같은 오래 묵은 자료들에 대한 전면적인 정리와 2004년에 맞는 감각적인 기존자료 업데이트(update)와 뉴트렌드(new trend)를 이끌고 있는 새로운 사례들에 대한 적극적 도입이 필요하다고 보았다. 특히 수많은 축제 평가보고서와 축제자료집 등을 발간했으면서도 각종 서적에 활용되지 못하고 사장(死藏)되어 가는 것에 안타까움을 느껴왔다.

넷째로 지역축제가 지방화시대 이후 양적으로 급격히 증가하면서 "축제공화국이다", "소비적 낭비적이다"는 비판이 늘어가고 있다. 문화관광부, 조선일보, 국가행정연수원, 한국관광공사 등과 축제와 관련된 일들을 협력하면서 가장 크게 느낀 문제의식이 "지금은 축제가 양적인 성장이 아닌 질적인 업그레이드(upgrade)를 추구할 때다."라는 것이며, 책이나 기사 또는 현장을 통해 축제의 질적 향상을 위한 실질적인 방향제시가 필요하다는 생각을 하게 된 점이다.

다섯째로 책의 제목에 있어 시각의 변화를 추구하였다. '이벤트관광전략' 이라는 저서에서는 새로운 관광추세 중의 하나로 보는 현상적 접근방식을 택했지만 학생들이나 업계, 지자체에서 제시하는 호기심을 채워주기 위해서는 좀 더 미시적인 개념의 '이벤트' 라는 접근방식에서 출발한 관광이벤트로 설명하는 것이 고객 만족형이 될 수 있다고 판단되어 책을 구성함에 있어 약간의 시스템적 전환이 필요한 것으로 생각되었다. 최근 '이벤트'라는 용어가 사회 각 분야에서 자주 이용되어 왔고, '이벤트' 에 대한 정의도 거의 모르는 상황에서 용어가 너무 남발되고 있는 실정이며, 이벤트에 대한 개념정의가 다양하게 제시되기는 했지만, 아직 혼돈상태에 있다고 할 수 있다. 그러나 최근 이벤트를 체계적으로 접근하려는 사람들이 많아지고 있는 상황에서 이벤트의 개념정의를 다시금 정리해보아야 할 단계에 와 있다고 보았고 그에 따른 관광이벤트에 대한 정의도 내려져야 할 것으로 보았다.

머 리 말

여섯째로 최근 관광축제 사례를 소개한 책들의 공통적인 특징이 독일 뮌헨 옥토버페스트, 일본 삿포로 눈축제, 영국 에든버러 국제예술축제, 프랑스 아비뇽축제 등의 크고 유명한 유럽축제를 중심으로 일본축제를 일부 소개한 것으로 볼 수 있다. 그러나 최근 국내 축제의 핵심 이슈가 축제의 질적 향상이나 운영개선 등 축제경영이 중심이 되고 있는 방향성을 참고 할 때 경영개념을 가장 강조하는 미국 축제의 다양한 사례들을 조사하여 소개함이 옳다고 판단되었다. 과거 해외조사를 통해 분석한 자료는 물론 본서에서는 특히 2003년에 경기공무원연수원에서 실시한 해외축제 벤치마킹코스의 지도교수로서 경험한 최신 미국 축제 사례들을 적극 반영하였다.

일곱째로 이벤트나 축제관련 서적은 단순히 글로만 해설하고, 강조하는 것이 아니라 축제 사례를 담은 사진을 활용하여 그림과 함께 해설을 병행하여 이해하는 방식이 영상세대인 젊은 세대뿐만 아니라 30대 이상의 성인 세대에도 개념과 전략을 이해시키는데 효과적일 것이라는 생각을 하게 되었다.

이 책을 쓰면서 특히 10년의 생일을 맞는 문화관광축제의 발전을 위해 고생한 많은 분들에게 감사하고 싶다. 중앙정부에서 문화관광축제 시스템을 운영하는데 실무적으로 고생한 문화관광부의 이유범 서기관님으로 시작하여 류근태 사무관님에 이르는 라인과 실무 파트너로서 한국관광공사의 김배호 과장님, 안지환 부장님으로 시작하여 옥종기 과장님에 이르는 라인은 문화관광축제 10년 동안의 정책적 과제와 시행착오를 해결해 나가며 전국적으로 융성해지는데 기여를 했으며, 그들의 숨은 노력에 감사하고 싶다. 특히 축제현장에서 만난 사람들로 금산인삼축제의 박범인 과장님, 안동탈춤페스티발의 심활 계장님, 보령머드축제의 이영구 계장님, 김제지평선축제의 신형순 계장님, 무주 반딧불축제 맹갑성 과장님, 그 외에도 지금 기억할 수 없는 많은 축제담당자들의 추진력과 헌신적인 노력이 있었기에 국내 지역축제가 한 단계 도약할 수 있었다고 생각하며, 이들의 노고에 격려의 박수를 보내고 싶다. 이벤트업계에서도 이각규 소장님, 이재필 사장님 등이 문화관광축제와 연관하여 기억나는 분들이다.

또한 지역축제와 관련하여 평소 존경하는 서산문화원의 김현구 前원장님, 진주문화예술재단의 서영수 기획실장님, 이천문화원 이인수 사무국장님, 뉴질랜드 호키티카의 축제조직자인 마이크 키난(Mike Keenan)에게도 감사드리고 싶다.

마지막으로 이 책을 마무리하면서 또한 생각나는 사람들이 있다. 필자에게 이벤트 연구와 인연을 맺도록 해준 석사논문 지도교수이신 미국 위스콘신대학의 자파리(J. Jafari)교수님, 항상 관심으로 격려를 아끼지 않는 아버님께 감사드린다. 그리고 이 책을 편집하고 마무리하는데 신호석 군이 많은 수고를 하였고, 부분적으로 자료보충과 지원을 한 이대우 군과 김주호 연구원, 유효상 연구원 모두에게 고마움을 전하고 싶다.

저자 정 강 환

Contents

Contents

서울이

EVENT

관광이벤트의 이해를 위한 이론적 배경

1장

Ⅰ. 관광이벤트의 이해를 위한 이론적 배경

1. 이벤트의 개념 정의를 위한 이론적 접근

최근 '이벤트'라는 용어가 사회 각 분야에서 자주 사용되고 있으나, '이벤트'에 대한 정확한 개념 정의도 모르는 상황에서 지나치게 남발되고 있는 것이 지금의 실정이다. 현재 이벤트는 산업적 차원에서 관심과 가치가 증대되고 있다. 방송이나 일반 기업의 광고·홍보·판촉 차원에서는 물론이고, 지방화 시대를 본격적으로 맞이하고 있는 각 지방자치단체 등에서도 지역의 홍보와 경제 활성화를 위한 축제 차원에서 그 관심이 특히 고조되고 있다. 이처럼 이벤트에 대한 관심 고조와 양적 과잉성장이 이루어지고 있는 상황에서 이벤트에 대한 개념이 다양하게 정의되고 있지만, 여전히 혼돈상태에 있다고 할 수 있으므로, 현 시점에서 이벤트에 대한 개념 정의를 다시금 정리해 보아야 한다.

그간 이벤트에 대한 개념 접근방식은 국제적인 관점에서 볼 때 미국을 중심으로 한 서구사회에서 선도적으로 이루어져 왔다. 가까운 일본의 경우는 '60년대 도쿄

올림픽 유치 이후 경제성장과 함께 기업의 광고 · 판촉 분야에서 이벤트에 대한 개념 접근이 적극적으로 이루어져 왔다. 이러한 미국과 일본 등의 이벤트 선진국 사례에서 나타나는 공통점은 올림픽이나 박람회와 같은 대형 이벤트를 개최하면서 이벤트 산업이 발전하는 결과를 가져 왔다는 것이며, 이와 동시에 이벤트와 밀접한 관련이 있는 분야에 대한 관심이 고조됨에 따라 이벤트에 대한 학문적 발전이 함께 이루어져 왔다는 것이다. 이는 우리나라도 예외는 아닌데, '88올림픽과 '93 대전엑스포를 개최하면서 이벤트 업종이 급성장하였고, 이에 따라 방송, 예술산업 분야에서 이벤트에 대한 본격적인 관심이 시작되었다. 특히 관광분야는 지난 1995년 지방자치제 실시 이후에 지방박람회와 지역축제들이 새롭게 개발되고 개최되면서 관광이벤트에 대한 실질적인 관심이 모아지기 시작했다.

한국의 대형 이벤트인 '93 대전엑스포 개최 이후 사후 활용 시설인 '엑스포 과학공원'에서 관광 이벤트로 개최되고 있는 대전사이언스페스티벌.

또한 중 · 소규모의 이벤트를 제외한 대형이벤트에 대한 관심도 올림픽 개최와 밀접한 관련을 갖는다. 실례로 1987년 캐나다 캘거리 올림픽 직전에 '대형이벤트(Mega Event)와 대형관광매력물(Mega Attraction)'을 주제로 개최된 세계관광전문가회의(AIEST : International Association of Tourism Experts)에서 전 세계의 관광전문가들이 처음으로 이 분야에 대한 이론적 접근을 시도하였으며, 이는 실제로 대형이벤트 분야에 대한 이론적 발전의 계기가 되었다.

사실 국내의 이벤트 정의에 대해서는 미국과 일본 전문가들의 정의를 자주 인용하는 실정이며, 이를 토대로 한 국내 전문가들의 정의도 다양하여 많은 혼란이 야기되는 상황이다. 이러한 이유는 이벤트 분야별 종사자나 업계 전문가, 학자들이 다양하고, 정의를 바라보는 관점에서 차이가 존재하기 때문이다.

〈그림 1-1〉 국내 이벤트 시장의 주류를 이루는 세 개 분야의 전문가 그룹

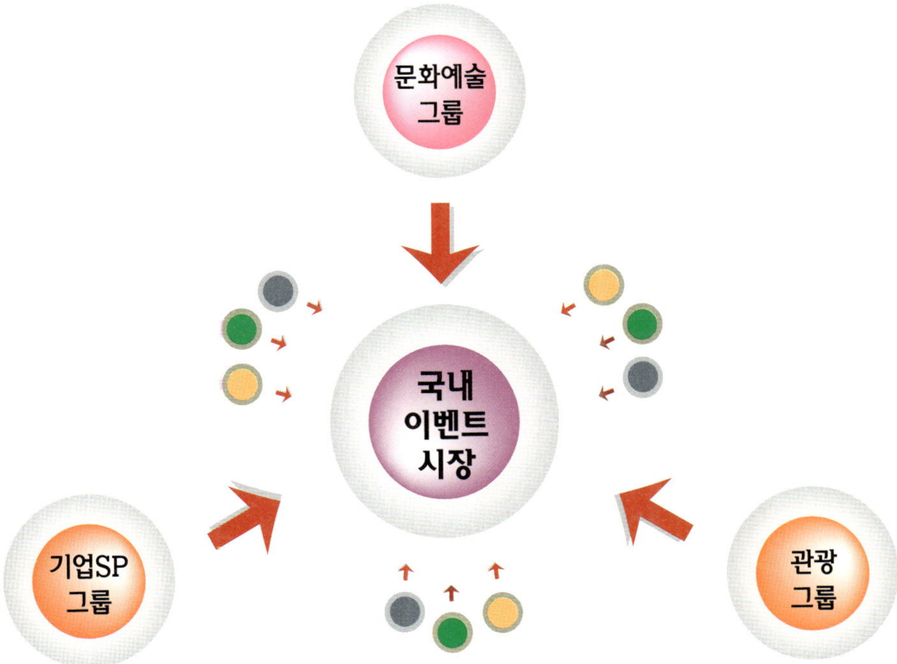

일반적으로 국내 이벤트 시장은 매우 다양한 분야의 그룹들이 접근하고 있지만, 크게 세 분야의 전문가 그룹들이 주류를 이룬다고 볼 수 있는데, 첫째 부류는 기업의 상품을 광고 · 판촉하는 기업이벤트(SP) 분야의 전문가들이며, 둘째 부류는 각종 예술장르를 망라하는 예술 · 공연에서 접근한 이벤트 전문가들이다. 마지막으로 지역축제나 박람회를 포괄하는 지역 · 관광 분야에서 접근한 이벤트 전문가들이 최근에 큰 그룹을 형성하여 국내 이벤트 분야의 판도를 이끌고 있다. 이러한 상황은 각 분야별로 접근하는 시각에 따라 조금씩 다른 관점의 이벤트에 대한 정의 개념을 가지고 있다는 것을 보여주고 있다. 그러므로 광고 이벤트 전문가, 공연 연출가, 축제 기획자 등이 이벤트에 대한 조금씩 상이한 개념 접근방식이 생겨나고 있으며, 바로 이러한 이유 때문에 명확한 이벤트의 정의를 내리는데 혼돈을 유발시키고 있다는 결과를 가져왔다고 유추할 수 있다.

또한, 이벤트에 대한 정의를 내리는데 일반인들이 가지고 있는 이벤트에 대한 왜곡된 인식도 극복해야 할 당면 과제이다. 전문가들 이외에 일반인들 사이에서도 이벤트는 '무대 위에서 공연하는 독특한 것', 심지어는 '이벤트는 연인들을 소개시켜주는 미팅'이라는 인식들을 하고 있어 매체광고 등을 통한 왜곡된 이해가 형성되고 있는 상황이다.

따라서 보다 종합적인 개념의 이벤트에 대한 정의를 내리기 위해 이벤트의 개념 접근을 위한 중요한 요소 네 가지를 파악하여 그 요소들을 중심으로 분야별 국내 · 외 전문가들이 내린 다양한 이벤트에 대한 정의들을 분류해 보고 통합적인 차원의 이벤트에 대한 정의를 내려보고자 한다.

(1) 사전 계획성을 강조한 정의

이벤트가 가진 중요한 요소인 '사전 계획성'을 강조한 정의로서 치밀하게 계획된 이벤트를 일상에서 계획되지 않고 우발적으로 일어나는 사건들과 구분하는 정의이다. 이는 'Special Event'의 저자 골드블렛(Goldblatt, 1990)에 의해 더욱 강조된 정의라고 할 수 있는데 이벤트(책 속에서는 'Special Event'로 표현)는 항상 사전 계획적이고, 그래서 기대감을 유발할 수 있어야 한다고 주장했다. 이렇게 사전 계획성을 강조한 정의를 참조한다면 '공원에서 A와 B가 약속을 하고 만나는 데이트의 경우'는 이벤트 개념으로 볼 수 있지만, '공원에서 길을 걷다가 A와 B가 우연히 만나는 경우'는 이벤트로 보기 어렵다는 것이다. 〈그림 1-2〉는 이벤트의 단순한 사전적 정의라고 할 수 있는 '세상에서 일어나는 모든 일'을 '계획된 이벤트'와 '우연한 이벤트'의 2가지 분류로 볼 때, 본서에서 접근하고자 하는 개념의 '이벤트(Special Event)'는 '계획된 이벤트'라는 것을 설명한 것이다.

〈그림 1-2〉 이벤트의 '사전계획성'에 의한 구분

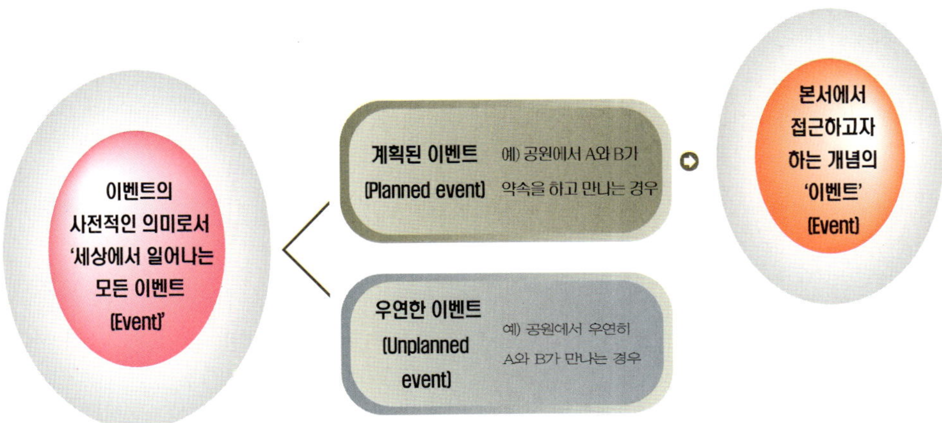

이러한 이벤트의 사전 계획성을 강조한 정의들은 다음과 같다.

〈표 1-1〉 사전 계획성을 강조한 정의 사례

정 의 자	내 용
Goldblatt (1990)	스페셜 이벤트는 항상 계획에 따라 구성된 것으로 기대감을 유발시키며, 축하하려는 특정 동기와 함께 발생 하는 것 Special Events are always planned, always arouse expectations, and always motivate by providing a reason for celebration.
Wilkinson (1988)	주어진 시간 동안 특정 욕구를 충족시키기 위하여 사전에 계획된 일회성 행사

(2) '목적 실현' 중심의 정의

왜 이벤트를 개최하는가? 궁극적으로 무엇을 실현하기 위해서 이벤트가 필요한가? 라는 질문에 답변을 해 본다고 할 때 이루어질 수 있는 이벤트 정의이다. 다시 말해 예산을 투입해 가면서 치밀한 계획을 수립한 이벤트는 대부분 특정한 목적을 이루기 위해 실시된다는 것이다.

예를 들면 기업 판촉(SP) 이벤트의 경우에는 기업의 이익을 극대화하기 위한 목적을 가지고 실시되며, 지역에서 개최되는 축제 이벤트들은 지역민 화합, 지역의 전통문화 보존, 지역경제 활성화, 지역이미지 고양 등의 공익 목적을 가지고 개최된다는 것이다.

하동야생차문화축제(상)와 광주김치대축제(하)에서 보는 바와 같이 야생차 체험 프로그램 및 김치 판매코너를 통해 특산물 판촉 및 지역이미지 강화의 목적을 실현하고 있다.

관광이벤트의 대표적인 사례로 2002년에 충남에서 개최된 안면도국제꽃박람회의 경우 5가지 개최 목적을 살펴본다면 이벤트의 목적 실현성 측면을 보다 구체적으로 이해 하는데 도움이 된다.

① 국내 최초의 국제공인꽃박람회를 성공적으로 개최, 전세계에 우리나라 화훼 산업 발전 및 수준 높은 꽃문화를 과시하여 국가위상을 높이는 계기로 삼는다.

② 『야생화』 및 원예 화종의 신품종 개발 · 시장 확대로 우리나라 화훼 산업 발전 및 『꽃 수출』의 획기적 전기를 조성한다.

③ 21세기 문을 여는 시점에서 세계적인 문화이벤트 개최를 통해 안면도 지역을 꽃과 천혜의 청정 자연경관이 어우러진 세계적인 『문화 · 관광 명소』로 개발한다.

④ 서해안 고속도로, 인천신공항 개통과 연계하여 서해안의 문화 · 관광 · 서비스 등 연관산업 발전을 위한 기반구축 및 동북아의 관광 · 유통 거점지역으로 발전시키는 획기적 전기를 마련한다.

⑤ 국민들의 꽃사랑 문화를 정착시켜 부드럽고 아름다운 국민 정서 함양과 함께 꽃을 통한 21세기 새로운 문화의 시대에 걸맞는 라이프 스타일을 창조하는 모티브를 제공한다.

* 자료 : 충청남도(2002)

이러한 이유 때문에 많은 전문가들이 내리는 이벤트에 대한 정의에서는 이벤트를 통한 특정한 목적 실현을 강조한 부분이 자주 나타난다는 것을 알 수 있다.

<표 1-2> 목적 실현적 측면이 강조된 정의 사례

정 의 자	내 용
고사까 센지로 (1996) 小坂善治郎	뚜렷한 목적을 가지고 일정한 기간 동안 특정한 장소에서 대상이 되는 사람들에게 각각 개별적이고, 직접적으로 자극을 체험시키는 미디어
도비오카 겐 (1994) 飛岡健	어떤 목적을 위해서 어떤 조직이 대중 동원을 꾀하는 것
일본 통상산업성 이벤트연구회 (1987)	특정 목적(지역사회의 경제 · 사회 · 문화적 발전과 부수 산업의 발전, 국제교류, 관광 등)을 수단으로 실시하는 행사 내지는 기획된 모임

(3) 특별성(Specialness) 강조형 정의

이벤트에 있어 특별성(Specialness)을 강조한 정의로서 특히 관광이벤트적 관점에서 더욱 중요한 요소이자 정의라 할 수 있다. 이벤트의 특별성이란 이벤트의 공급자적 입장(기획자 입장)에서 일상적인 활동에서 쉽게 느껴볼 수 없는 특별한 요소들로 구성하여, 시간적으로도 1회성 또는 비정기적으로 개최하는 이벤트다. 이벤트 수요자인 이벤트 관람객 입장, 또는 관광이벤트 관점에서 지역주민을 포함한 관광객 관점에서는 항상 반복되는 일상생활을 넘어서 평소 느낄 수 없는 특별한 사회문화적 경험, 또는 일(Work)이 아닌 여가(Leisure)적 성격의 경험을 뜻한다. 이러한 정의는 학문적 성격의 '여가(Leisure)' 나 '레크리에이션(Recreation)', '관광(Tourism)' 개념을 생각할 때 보다 쉽게 이해될 수 있는 이벤트 정의이다. 이러한 특별성은 축제의 기능으로서 콕스(Cox, 1969)가 얘기한 '억압된 인간의 감정과 행동 표현의 기회 제공' 이란 측면이나, 브라질 리오카니발 또는 베니스카니발처럼 혼돈, 일탈, 신분의 변화 상태를 일시적으로 경험해 보는 측면을 모두 포괄한다고 할 수 있다. 이러한 개념에서 우리는 단순히 '이벤트' 라고 통칭하지만, 사실은 '이벤트' 라는 단어 앞에 '특별한(Special)' 이란 단어가 생략되어 있는 개념으로 본다는 것이다. 다시 말해서 '이벤트' 라는 단어 자체가 '스페셜 이벤트(Special Event)' 의 준말이며 일반적으로 생략해서 '이벤트' 라고 줄여서 쓰고 있다는 것이다.

앞서 논의했던 이벤트의 사전 계획성과 연관하여 분류 모델을 만든다고 할 때 다음과 같은 구상 모델을 생각할 수 있다. 그래서 이러한 모델 개념에서 우리가 접근하고자 하며, 일반적으로 칭하는 이벤트란 최상위 개념의 '이벤트' 가 아니고 계획된 이벤트에서 분리된 하위 개념의 '스페셜이벤트' 를 줄여서 일컫는 것이라는 단정을 내릴 수 있다.

〈그림 1-3〉 Special Event의 개념적 정의

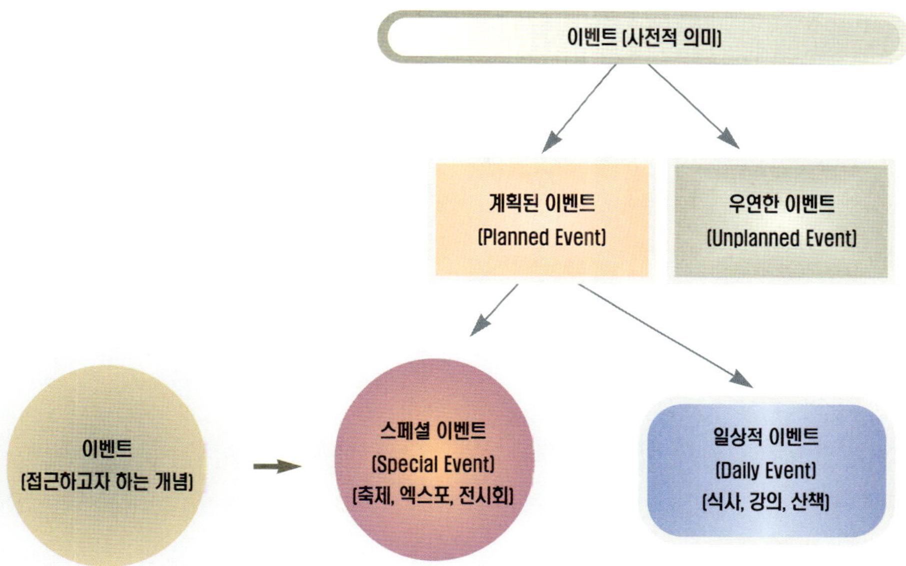

<표 1-3> 특별성(Specialness) 강조형 정의 사례

정 의 자	내 용
Getz (1997)	스페셜 이벤트란 주최측 입장에는 일상적인 활동이나 프로그램에서 벗어난 1회성 또는 비 주기적으로 개최하는 특별한 이벤트이며, 수요자들에게는 일상생활의 경험을 벗어나는 특별한 사회 문화적 또는 여가적 경험의 특별한 기회를 제공하는 것이다. A special event is a one-time or infrequently occuring event outside the normal program or activities of the sponsoring or organizing body. To the customer or guest, a special event is an opportunity for a leisure, social, or cultural experience outside the normal range of choices or beyond everyday experience.
이봉석 외 (1998)	일과성 또는 정기적인 범주를 넘어선 레저, 사회 · 문화적 경험의 기회
한국문화예술진흥원 (1992)	이벤트의 어원은 라틴어인 e-(밖으로)와 venire(오다)라는 뜻을 가진 evenir(밖으로 나오다)의 파생어로서 발생 또는 우발적인 사건과 같이 일상적인 상황의 흐름 중에서 특별하게 발생하는 일을 나타낸다.
LONGMAN 사전 (1995)	이벤트란 사건으로서, 특히 중요하거나, 흥미롭거나, 비 일상적인 일을 의미한다. Something that happens, especially something important, interesting or unusual.
구마노 (熊野卓司) (1988)	이벤트는 뭔가의 이변을 일으키는 의도된 것, 즉 기업이나 단체가 그 목적을 달성하기 위해서 행하는 비일상적인 특별한 활동이다.

(4) 기본 계획(시간, 장소, 대상) 강조형 정의

이벤트 기획서에서 이벤트 '기본 계획'을 수립하기 위해서는 '언제', '어디서', '무엇을', '어떻게' 하는 육하원칙을 배려해야 하고, 그 중에서도 특히 시간, 장소, 대상은 더욱 중요한 필수요소이다.

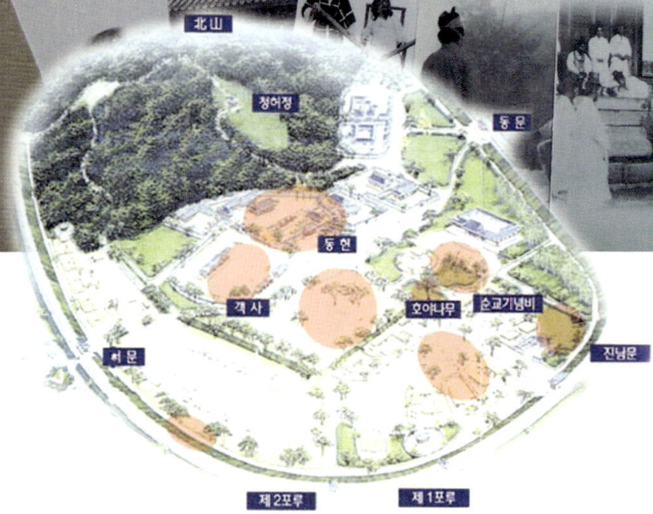

서산 해미읍성역사체험축제의 팸플릿(Pamphlet)에는 시간 · 장소 · 프로그램에 대한 정보를 수록하고 있으며, 축제의 주요 대상 층인 가족층을 겨냥하여 축제 구역별 안내 팸플릿을 제작 · 배포하였다.

이러한 구체적인 필수 요소들을 강조한 이벤트 정의들이 이 분류에 속한다고 할 수 있다. 지금까지 언급된 이벤트 정의의 네 분류 가운데 가장 구체적으로 표현하고자 한 정의이며, 이벤트의 성격을 표출하고자 하기보다는 구체적인 이벤트의 진행, 운영적 측면이 강조된 실전형의 정의라고 할 수 있다. 다시 말해서 시간, 장소, 대상이라는 이벤트의 기본 계획적 요소들은 실제 이벤트를 기획함에 있어 사전 준비 과정에서 반드시 수립되어야 하는 이벤트의 가장 중요한 요소들이며, 이벤트 정의에 있어 구체성을 수반하는 성격을 보인다고 할 수 있다.

최근에 '기본 계획 강조형' 의 정의들을 살펴본다고 할 때 기존 기본 계획의 주요 요소인 시간, 장소, 대상 요소 이외에 경영(management) 요소를 강조하는 것에 주목할 필요가 있다. 이벤트 관광학자인 게츠(Getz, 1997)는 모든 이벤트는 시간(duration), 장소(setting), 경영(management), 대상(people)의 산물이라고 표현했는데, 그 중 '경영' 은 '프로그램', '조직의 복합적 운영', '디자인' 을 모두 포괄하는 광범위하면서도 중요성이 더욱 부각되어 있는 요소이다.

<표 1-4> 기본 계획 강조형 정의 사례

정 의 자	내 용
Getz (1997)	모든 이벤트는 시간, 장소, 경영, 대상 요소가 혼합되어 나타나는 독특한 산물 Every event is a unique blending of its duration, setting, management, and people.
일본인터크로스연구소 (1989)	기간, 장소, 대상을 제한하고 공동의 목적으로 이끄는 의도를 가진 일체의 행사
일본 이벤트 프로듀서협회 (1996)	목적을 가지고 일정한 기간 동안 특정한 장소에서 대상이 되는 사람들에게 개별적이고, 직접적으로 자극을 체험시키는 미디어
일본이벤트산업 진흥협회 (1999)	이벤트는 커뮤니케이션 미디어이면서 특정의 주체에 의해 기획 · 운영되며, 명확한 목적을 갖고 특정의 기간에 특정의 장소에서 참여한 대상에게 정보를 체험시키는 것
Event Report (일본 월간지)	광의의 의미로 기간, 장소 그리고 대상을 제한하여 공통의 목적을 실현하기 위한 모든 행사

(5) 본서의 이벤트 정의

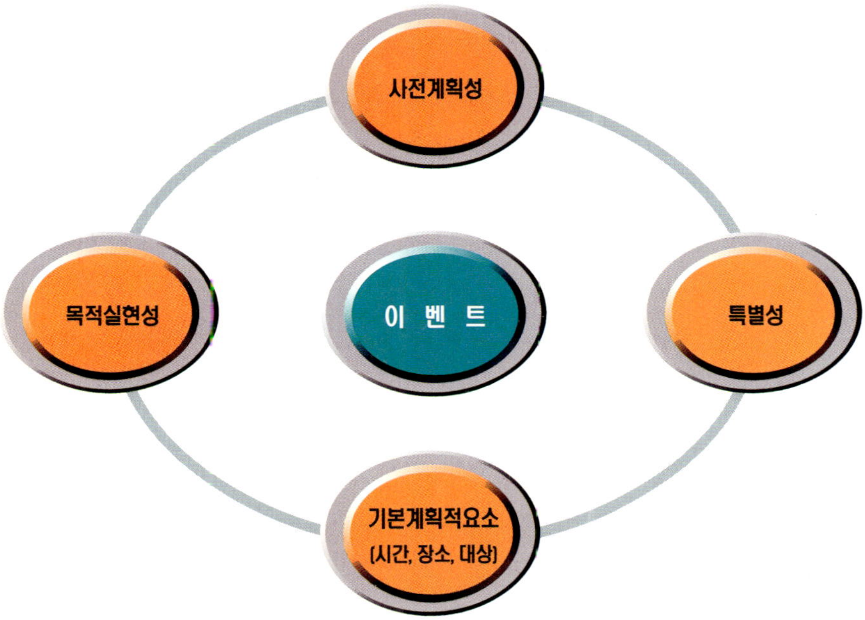

이러한 네 가지 특성을 모두 고려한 종합적인 관점에서 이벤트의 정의를 내린다면 다음과 같다.

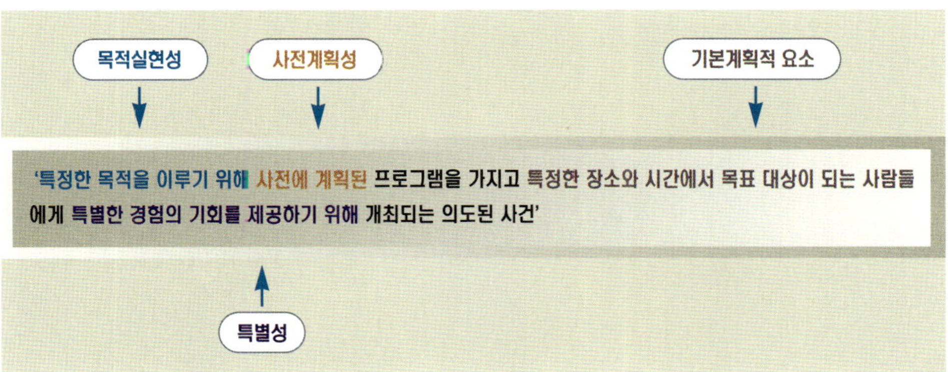

2. 이벤트의 개념 접근을 통한 관광이벤트의 정의

앞서 정의된 이벤트의 개념을 바탕으로 관광이벤트의 정의를 내리고자 한다. 그간 기존의 많은 학자들이 이벤트에 대한 정의를 다양하게 접근하면서도 관광이벤트에 대한 정의에 있어서는 효과적인 접근 시도가 없었다. 관광이벤트란 명칭이 문헌 속에 존재하면서도 미국, 일본, 국내 학자들의 이벤트 정의나 분류 속에서는 관광이벤트가 효과적으로 정의되지 못했다는 것이다. 다시 말해서 '이벤트'의 효율적인 정의 접근방식 속에서 관광이벤트의 정의가 보다 구체적으로 내려지지 못했던 것이 사실이다. 관광 분야에서도 최근 붐을 이루고 있는 관광분야 및 관광 현상 중의 하나로 주목받으면서 '이벤트관광'이란 용어가 서구 관광학자들을 중심으로 정의되었으나, '이벤트'란 구심점에서 출발한 '관광이벤트'에 대한 정의는 내려지지 않았다.

우선 관광이벤트는 쉽게 이해하는 관점에서는 명성이 있고, 관광객을 유치할 수 있는 유인력이 있는 행사를 뜻한다. 그러므로 세계적으로 알려진 월드컵, 올림픽,

관광이벤트로 인기있는 미국 플로리다 르네상스페스티벌은 16세기의 생활상을 보여주고 있다.

세계박람회 등의 대형이벤트(Mega-Event)와 국제적인 명성이 있는 미국 뉴올리언즈의 마르디그라(Mardi Gras)나 브라질의 리오카니발, 독일 뮌헨의 10월축제(Oktoberfest) 등 홀마크이벤트(Hallmark Event)들을 관광이벤트의 가장 대표적인 사례들로 손꼽을 수 있다. 국내에서도 경기세계도자기엑스포, 안면도국제꽃박람회와 같은 지방박람회는 물론 부산국제영화제, 춘천인형극제와 같은 유명 예술장르별 이벤트, 금산인삼축제, 이천도자기축제, 안동국제탈춤페스티벌, 강진청자문화제와 같은 문화관광축제들이 대표적인 관광이벤트라고 할 수 있다. 그렇다면 국내에서 개최되는 1,000여 개 이상의 지역축제 가운데 과연 몇 개를 관광이벤트라고 할 수 있는가? 충남 보령시에 대표적인 지역축제가 2개 있는데, 그중 머드축제는 관광이벤트(관광축제)로 보면서 만세보령제는 주민화합형 축제로 관광이벤트의 분류에서 제외시키는 이유는 무엇인가? 이러한 질문에 대해 체계적인 답변을 위하여 앞서 언급된 네 가지 특성을 모두 고려한 종합적인 관점에서 이벤트의 정의 접근방식을 다시 도입하여 관광이벤트를 정의하고자 한다. 우선 관광이벤트는 이벤트의 한 가지 분야로 볼 수 있으며, 다음과 같이 관광이벤트를 정의하고자 네 가지 관점에서 살펴보고자 한다.

국내관점에서 대표적인 관광이벤트로서 안면도국제꽃박람회는 세계 화훼 전문가들로부터 국제적인 꽃 전시 연출 수준을 보였다는 평가를 받았다.

우선 목적 실현적인 관점에서 "관광이벤트는 왜 개최되는가?", "관광이벤트를 기획 · 개발하고 주관하는 조직자들이 궁극적으로 목표하는 효과는 무엇인가?"를 물어 볼 때 주민화합 등의 지역 내부 지향형의 목적보다는 외부 지향형 목적들을 두고 있는데, 예를 들면 지역의 이미지를 강화하거나 부정적인 이미지를 개선하는 것, 외지 관광객의 유치를 통한 비수기 극복 또는 특산물 판촉, 침체된 지역경제 및 관광대상지 활성화, 규모가 크고 명성이 있는 관광이벤트는 개최지의 도시경관을 개선하고 도시의 청사진을 앞당기는 효과를 목표로 삼을 수 있다.

사전 계획성의 관점에서 본다고 할 때 외지의 관광객들까지 유치하는 관광이벤트가 개최되기 위해서는 지역내에서 개최되는 일반 이벤트보다도 많은 준비기간과 투자 노력이 필요한 것은 당연한 이치다. 앞서 언급된 관광이벤트의 전략적 목표들을 효과적으로 이루기 위해서는 보다 주도면밀한 사전 계획과 충분한 홍보기간을 수반한 마케팅이 필요할 것으로 본다. 예를 들면 지역민 화합형의 일반적인 지역축제는 2~3개월 전부터 준비하기 시작하여 1~2주 전에 본격적인 홍보를 하는 반면에 관광객 유치를 주목적으로 하는 문화관광축제의 경우 9개월 전부터 국제홍보를 시작하여 3~4개월 전부터는 본격적인 홍보에 들어가는 등 준비기간에 큰 차이가 존재한다. 더구나 대규모의 국제적인 관광 메가이벤트의 경우는 2~3년 또는 4~5년 전부터 본 준비에 들어가는 세세한 사전준비를 요한다. 그러므로 관광이벤트는 사전계획성의 관점에서 보다 면밀하고 세세한 준비과정이 필요하다는 판단을 내릴 수 있다.

이벤트의 핵심적인 기본계획 요소라고 할 수 있는 시간, 장소, 대상(target)적인 관점에서 관광이벤트는 주로 '대상' 이라는 요소에서 '일반적인 이벤트' 와는 큰 차별성을 두고 있다. 일반적인 중 · 소규모의 이벤트 대상이 주로 지역내의 주민 그룹이 유치대상이 된다고 볼 때 관광이벤트는 지역 밖의 관광객이 주유치 목표대상이 된다는 점이다. 일반적인 이벤트들이 지역단체 중심의 내부 지향형 대상을 목표로 하는데 반해 관광이벤트는 외지에서 오는 방문객들을 중심으로 하는 외부 지향형 대상을 중심 목표로 하는 차이점이 있다고 할 수 있다. 관광이벤트가 목표로 하는 관광객 그룹 유치도 구체적으로는 국내 관광객과 외국인 관광객으로 나뉠 수 있으며, 관광이벤트의 규모나 명성에 따라 외국인 관광객 유치도 밀접한 관련이 있다는 것이다.

이벤트의 핵심요소로서 '시간' 과 관련된 관광이벤트의 특성 요소는 계절적인 관점에서 과거 '90년대 중반까지는 날씨가 가장 좋은 봄과 가을에 집중되는 형태가 주류를 이루었으나, '90년대 후반부터는 여름과 겨울형 관광이벤트가 다수 개발되고 있는 추세라는 점과 구체적인 관광이벤트 개최시기에 있어 주말, 국경일을 개최기간에 포함시키는 것이 중요한 요소로 작용하고 있다는 점이다.

이벤트에 있어 '특별성' (Specialness)은 관광이벤트에서는 더욱 중요한 요소라고 할 수 있다. 관광이벤트의 특별성이란 '이벤트의 공급자적 입장' (기획자 입장)에서 일상적인 활동에서 쉽게 느껴볼 수 없는 특별한 요소들로 구성하여 독특함, 명성, 시의적(時宜的)인 중요성으로 지역내는 물론 지역외 전국적으로, 또는 외국에서도 방문을 유도하게 할 수 있는 특별한 매력성을 지녀야 한다는 것이다. 이러한 관점에서 일반적인 이벤트들보다도 훨씬 더 강한 방문객 유인력을 가져야 한다는 것이다. 이벤트 수요자인 이벤트 관람객 입장, 특히 외지에서 온 관광객 관점에서는 시간과 돈, 노력을 투자해서 방문하는 이유는 평소 느낄 수 없는 특별한 경험을 기대하기 때문이다.

앞서 이벤트 정의에 도입했던 네 가지 특성 요소를 모두 고려한 종합적인 관점에서 관광이벤트의 정의를 내린다고 할 때 다음과 같은 정의를 내릴 수 있으며, 〈그림 1-5〉는 관광이벤트 정의의 구축모델을 도식화한 것이다.

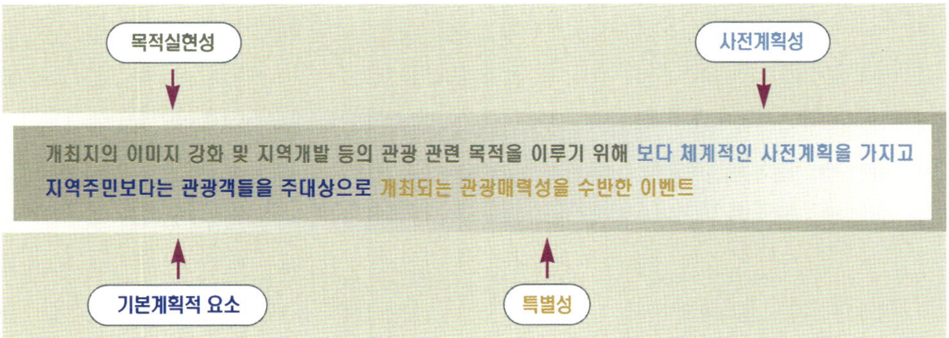

〈그림 1-5〉 관광이벤트 정의를 위한 이벤트의 네 가지 특성을 통한 접근 모델

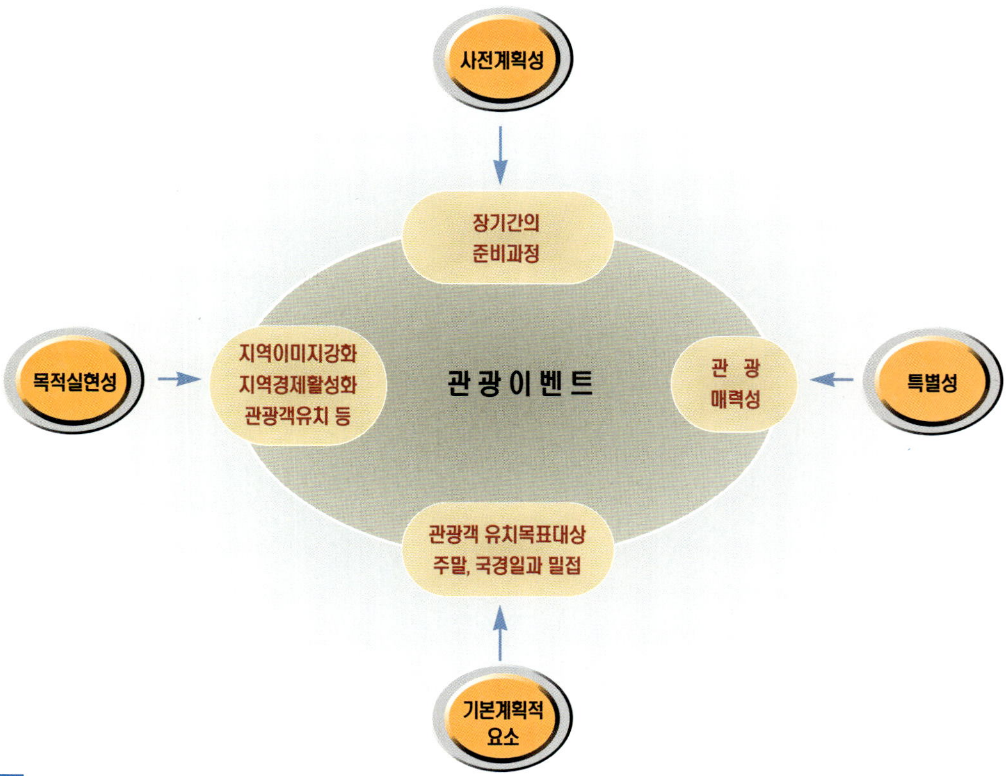

3. 관광이벤트 구성모델

〈그림 1-6〉은 관광이벤트를 구성하고 연관하는 주요 4개의 요소들이 어떻게 네트워크가 되어 있고, 어떠한 관계를 가지고 있는지를 이해 할 수 있는 모델을 소개하고자 한다.

〈그림 1-6〉 관광이벤트의 주요 구성요소 네트워크 모델

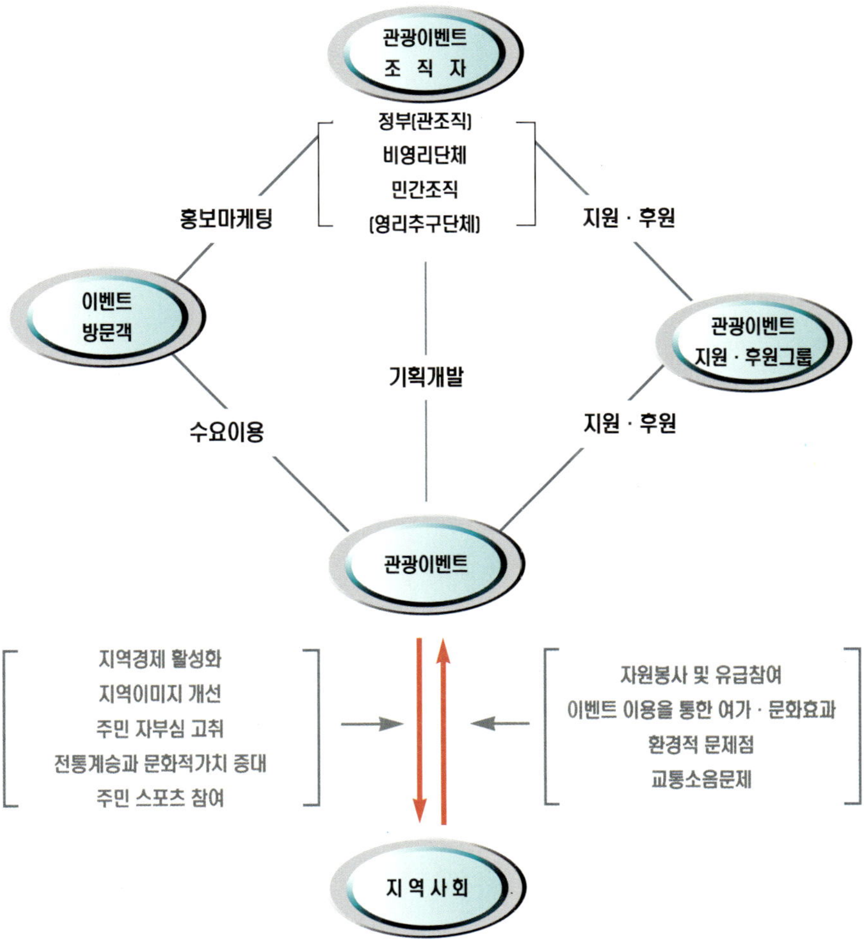

〈그림 1-6〉에서 보듯이 조직자는 관광이벤트를 기획 · 개발하는 관계에 있고, 이벤트 방문객에 대해서는 많은 유치를 하기 위해 효과적인 홍보마케팅을 해야하는 관계에 있다.

관광이벤트 조직자 유형에는 1) 지방자치단체 등의 정부기관, 2) 법인, 문화원 등의 비영리단체, 3) 영리추구 회사 등의 세 가지 유형이 있다. 그러나 안면도국제꽃박람회, 금산인삼축제, 광주김치축제, 이천도자기축제, 안동국제탈춤페스티벌 등 대부분의 국내 관광이벤트들은 광역 또는 기초 지방자치단체들에 의해 구성되고 있는데 '관주도형' 이란 말로 표현하는 이유가 여기에 있다. 남원춘향제나 부산자갈치축제와 같은 일부는 법인과 같은 비영리단체들에 기획 · 운영되기도 한다. 그러나 관광이벤트는 관조직이나 비영리단체에 의해서만 구성되는 것이 아니라 영리추구단체에 의해 구성되기도 하는데, 예를 들면 에버랜드와 같은 테마파크에서 개최되는 튤립축제의 경우가 영리를 추구하는 회사에 의해서 구성되는 사례라고 할 수 있다.

전반적으로 구분해 볼 때 관조직이나 비영리단체에 의해 구성되는 대부분의 관광형 지역축제들은 주로 무료 개방형 형태를 띠고 있고, 대상을 어린이부터 노약자에 이르기까지 매우 넓은 목표시장을 설정하고 있는데 반해 영리추구 회사에 의해 조직되는 관광이벤트의 경우는 유료 시스템으로 입장료를 부과하고 있고, 대상을 구체적으로 설정하고 있다.

관광이벤트 지원 및 후원그룹

관광이벤트 지원 및 후원그룹은 그야말로 관광이벤트의 예산지원, 행정지원, 홍보지원, 기술적지원, 전문컨설팅, 스폰서로서 후원하는 그룹들을 통틀어서 지칭하는 요소로서 매우 다양한 그룹들이 포함된다. 관광이벤트의 규모가 크고, 명성이 있을수록 지원 및 후원그룹의 수도 많고 다양하다. 특히 관광이벤트가 전국적이고 국제적인 발전 모델로 승화되는데 있어 최근 관광이벤트의 지원 및 후원그룹의 역할이 중요하며, 지속적으로 증대되고 있다. 예를 들면 문화관광축제의 경우 지원 및 후원그룹을 살펴보면 중앙정부인 문화관광부로부터 국비지원을 받고 있고, 광역 지자체로부터 도비지원, 한국관광공사로부터 홍보지원, 대학 연구소로부터 전문컨설팅 지원을 받았고, 문예진흥기금 지정기탁과 같은 간접시스템을 통해 다양한 그룹들의 협찬을 유치하였다.

2003년 미국 플로리다 스테이트페어(Florida State Fair)의 주요스폰서(관광이벤트 지원 및 후원그룹)가 열거된 안내판.

이벤트 방문객

이벤트 방문객은 관광이벤트를 이용하는 소비자 그룹으로서 관광이벤트 조직자가 목표대상으로 홍보 마케팅하는 그룹이기도 하다. 이벤트 방문객은 관광이벤트 이용자, 이벤트 관광객, 관람객 등과 같은 다수의 용어로 언급되고 있으며, 관광이벤트에서 제공되는 각종 이벤트 서비스를 구매 · 이용한다. 이벤트 방문객을 보다 구체적으로는 지리적 관점에서 세 가지 그룹의 방문객 시장을 두고 있는데, 지역주민 시장, 국내 관광객 시장, 외국인 관광객 시장이라고 칭할 수 있다. 관광이벤트가 아무리 관광객 유치에 주목적을 둔다고 하지만 관광이벤트가 개최되는 지역내 주민그룹의 비중을 무시할 수 없다. 관광이벤트를 표명하고 많은 홍보를 하지만 아직도 지역주민 시장의 비중이 큰 관광이벤트가 지역축제 분야에서는 상당한 비율을 차지하고 있다.

'바르는 축제' 개념으로 짧은 시간에 유명 관광이벤트로 부각된 보령머드축제에 운집한 이벤트 관광객들의 머드체험 모습.

국내 관광객 시장은 대부분의 관광이벤트가 유치를 목표로 하는 핵심시장이며, 개최 지역을 제외한 외부 지역에서 오는 국내 방문객을 통틀어 칭한다. 외국인 관광객은 지리적 개념에서 두 개의 그룹으로 세분화되며 외국에서 온 개별 또는 단체 관광객을 통틀어 칭하는 '국제관광객 그룹' 과 주한 외국인처럼 국내에 체류하면서 방문하는 '국내거주 외국인 방문객 그룹' 으로 나뉠 수 있다. 이벤트 방문객의 세분화는 지리적 관점뿐만 아니라 성별, 연령, 교육 정도 등의 인구통계적인 요인들에 의해서 이루어지기도 한다.

지역사회 (관광 대상지)

관광이벤트가 개최되는 '지역사회' 와 '관광이벤트' 사이에는 '자원봉사와 관련한 참여 이슈', '다양한 사회문화적 또는 경제적 효과', '일부의 소음이나 쓰레기로 인한 부정적 문제점' 등이 존재한다. 경제적인 관점에서 관광이벤트는 지역의 상가, 식당가, 숙박구역과 연계되어 상가 활성화 및 비수기 극복의 경제효과를 통한 지역경제 활성화로 확산될 수 있으며, 특히 금산인삼축제나 이천도자기축제와 같은 특산물 축제의 경우는 인삼약초산업이나 도자산업 등 지역의 특화산업을 활성화시키는 효과를 가지고 있다. 사회문화적인 관점에서 볼 때 개최지역 주민들에게는 관광이벤트를 통한 지역이미지 강화 등을 통해 자부심을 고취시킬 수 있고, 관광이벤트를 통해 지역의 역사 · 민속자원을 보여주고, 토속적인 문화행사 등을 통해 전통계승과 문화적 가치가 증대되고, 대규모 스포츠 이벤트를 유치한 경우 주민들이 스포츠에 관심을 가지고 적극적인 참여를 하게 되며, 국제적인 단체나 개인들이 참여하는 관광이벤트의 경우에는 주민들에게 국제적인 문화접촉을 유도하게 하고, 관광이벤트의 개최 과정을 통해 주민들에게 자원봉사 정신이 형성되는 효과가 나타나기도 한다.

관광이벤트가 개최지역에 부정적으로 미칠 수 있는 요인들도 있는데 관광이벤트는 예를들어 개최지역에 일시적인 교통폭증과 소음이 유발되어 주민들의 이해를 필요로 하며, 쓰레기 처리 문제와 같은 환경적 문제가 직접적인 당면과제이기도 하다. 간접적인 영향의 경우 호주 애들레이드(Adelaide)의 자동차경주대회는 지역주민들에게 자동차 스피드에 대한 심리적인 영향을 미쳐 개최기간 전후로 교통사고가 증가하는 사례도 있다.

금산의 인삼약초상가에서 개최된 금산인삼축제, 거리 마당극의 한 장면. 금산인삼축제는 지역사회에 지역경제활성화, 전통계승, 문화 부가가치를 창출하는 것으로 평가되고 있음.

참 고 문 헌

- 이봉석외 7인 (1998) 『관광사업론』, 대왕사.
- 충청남도 (2002) 『2002 안면도 국제꽃박람회 평가 및 개최효과분석』, 배재대학교 관광이벤트연구소.
- 한국문화예술진흥원(1992) 『도시문화 환경 개선방안 연구』, 한국문화예술진흥원.

- Cox, H.(1969) The Feast og Fool: A Theological Essay on Festivity and Fantasy, Cambridge: Harvard University Press.
- Getz, D.(1991) Festivals, Special Events & Tourism, New York: VNR.
- Getz, D.(1997) Event Management & Event Tourism, New York: Cognizant Communication Corp.
- Goldblatt, J.(1990) Special Event: The Art and Science of Celebration. New York: VNR.
- LONGMAN(1995) Longman Dictionary of Contemporary English.
- Wilkinson, D.(1988) A Guide to Effective Event Management and Marketing. Willowdale, Ontario: The Event Management and Marketing Institute.

- 能野草司(1988) 商店界トベント入門, 誠文堂
- 飛岡健(최유진 등역)(1994) 『이벤트의 마술』, 김영사.
- 小坂善治郎(1996) トベント戰略の實際, 日本經濟新聞社
- 日本通商産業省(1987) トベント研究會,トベントガ 日本を變えゐ, 通商省商務室
- インタークロス研究所(1989) EVENT REPORT, インタ—クロス研究所, 東京.
- プロデュース研究所(1989) '89 日本 トベント大賞作品集, 東京 プロデユ—ス研究所
- 日本トベントプロデュース協會編集(1987) トベント戰略デ—タファイル, 東京 第一法規

관광이벤트의 중요성과 파급효과

II장

Ⅱ. 관광이벤트의 중요성과 파급효과

1. 지방화 시대의 지역활성화 전략으로서 관광이벤트

최근 국내에서 관광이벤트의 급속한 양적 증가와 함께 괄목할 만한 변화를 보이고 있는 부분은 지방박람회, 지역축제 등이 주축을 이루고 있는 지역이벤트 분야라고 할 수 있다. 예를 들면 지방화시대의 개막과 함께 대형 지방박람회들이 연속적으로 개최되었는데, 1995년 광주 비엔날레, 1997년 고양세계꽃박람회, 1998년 제주도섬문화축제와 경주세계문화엑스포, 1999년 강원관광엑스포, 2001년 경기세계도자기엑스포, 2002년 충남안면도국제꽃박람회와 충북오송바이오엑스포, 2003년에는 다시 경주세계문화엑스포가 개최되었다. 이러한 지방박람회는 모두 전국적인 관광객들을 유치한 관광이벤트로 분류할 수 있으며, 가장 대표적이고 규모가 있는 국내형 관광이벤트로 평가받고 있다.

지역이벤트 중 가장 많은 비중을 차지하고 있는 '지역축제'의 예를 보더라도 1995년 지방화시대 개막 이후 급격한 양적 증가를 이루어 지방화시대 이전의 약 2배 이상으로 개최되고 있고, 축제의 범위를 시 · 군 단위가 아닌 동 · 면 단위까지 세부적으로 나눈다면 약 천여 개 이상으로 추산하고 있다. 그러나 이 모든 지역축제를 관광이벤트로 볼 수는 없다. 앞장에서 정의된 관광이벤트 개념을 적용시켜 본다면 국내 지역축제들 중에서는 전체의 약 10%가 관광이벤트 부류에 속한다고 추정할 수 있다. 이중에는 문화관광부지정 문화관광축제(2003년까지 30여개)나 대표민속축제(2002년까지 18개), 부산국제영화제, 과천마당극제 등 국제규모 또는 전국적인 예술 장르형 축제들이 대표적인 사례라고 할 수 있다. 보다 구체적으로 살펴보면 전국적으로 금산인삼축제, 이천도자기축제, 부산국제영화제, 보령머드축제, 안동탈춤페스티벌, 강진청자문화제, 무주반딧불축제, 함평나비축제, 진주남강유등축제 등의 지역축제가 관광이벤트의 대표적 사례로 볼 수 있는데, 이들 축제는 관광객을 유치할 수 있는 매력성이 있으며, 지역 이미지를 강화시키고, 지역경제 활성화에 기여하는 생산적인 지역 개발형 축제로 손꼽히는 사례들이다. 유형별로 볼 때

'90년대 하반기에 관광축제로서 선풍을 일으킨 이천도자기축제는 초창기 문화관광 축제의 대표주자이자, 2001년 '경기 세계도자기엑스포의 밑바탕이 되기도 하였다.

지역 특산품을 관광상품화하고, 지역 상점가의 활성화 효과를 꾀하는 지역경제와도 밀접한 관련이 있는 특산품형 관광이벤트가 수적인 측면에서 가장 높은 비중을 차지하고 있는데 금산인삼축제, 보령머드축제, 이천도자기축제, 강진청자문화제, 한산모시문화제, 하동야생차문화축제 등이 그 사례가 될 수 있다. 영화, 연극, 만화,

마임 등 문화예술장르를 근간으로 하여 지역의 문화 부가가치를 상승시킨 사례로 보는 예술 장르별 관광이벤트로 부산국제영화제, 춘천애니메이션페스티벌, 진주남강유등축제, 안동탈춤페스티벌, 춘천마임축제 등이 있고, 자연환경 요소를 부각시켜 지역의 환경친화적 이미지를 강조한 환경형 관광이벤트로 무주반딧불축제, 함평나비축제 등이 있으며, 지역의 역사적 인물이나 역사문화 요인을 가지고 관광상품화를 한 역사문화형 관광이벤트로 장성 홍길동축제, 안산 김홍도축제, 서산 해미읍성역사체험축제. 온양문화제(현재 아산 성웅이순신축제로 개칭), 안성 남사당 바우덕이축제, 남원 춘향제 등이 있고 전통 민속적인 요인으로 축제화 되어 오랜 역사성이 있는 강릉 단오제, 공주 · 부여의 백제문화제 등이 있으며 계절적 요인이나 특성으로 관광객 유치를 모색하는 태백산눈축제, 인제빙어축제 등이 있다.

임진왜란 진주성대첩에서 군사작전상 전술로 활용되었던 진주유등은 그 이후 가정의 소망과 겨레의 안녕을 기원하는형태로 전해져왔는데 이러한 전통소재를 근거로 경쟁력있는 문화예술형 야간관광이벤트로 발전한 진주남강유등축제.

또한 관광이벤트 그룹에 속하지 못한 상당수의 많은 축제들이 지금은 단순한 지역축제에서 변신하여 관광이벤트, 지역개발형축제로의 전환을 꾀하고 있다. 각 지역에서 개최되는 지역축제를 이제는 단순한 '주민화합의 장' 이나 '일년에 한번 먹고 마시는 소비형 이벤트' 로 보는 시각에서 '숨겨진 지역 소재 개발을 통한 지역

이미지 개선', '지역의 차별성 있는 특화문화 창출', '지역의 비전을 제시하는 지역개발', '지역경제 활성화 자극제'로 보는 생산적인 시각으로 변화되고 있는 것이다.

이러한 축제들을 관광이벤트로 전환시키고 성공적으로 개최하기 위해서 지자체는 물론 문화단체, 상업단체들, 관광기관 및 업체 등과의 긴밀한 협조가 필요하다. 지역의 광범위한 협조 체계를 바탕으로 지역 활성화에 성공한 지역축제로 영국 에딘버러의 스코틀랜드 군악대 축제(Military Tattoo), 프린지축제(Fringe Festival), 과학축제(Science Festival)나 일본 코치의 요사코이축제, 캐나다 퀘벡의 윈터카니발(Winter Carnival) 등이 있다. 이러한 축제의 지역 활성화 효과를 체험한 영국, 프랑스의 일부 낙후 지역에서는 축제를 보는 시각이 지역을 살리는 '산업'으로까지 보고 있는 실정이다.

지역 활성화를 위한 지역축제 개최 및 마케팅 전략이 국내 지역에서도 지역개발 계획에서 점차 비중 있는 형태로 포함되고 있으며, 선진국에서는 이미 더욱 적극적인

일본 시코쿠 코치시의 요사꼬이축제는 옛날 '요사꼬이'라는 기생과 중의 사랑을 묘사한 '요사꼬이 부시'라는 지역전래 민요를 전통방식 또는 현대방식으로 응용한 음악과 춤으로 축제화하여 지역활성화 및 관광객 시민 그룹 참여를 극대화시키는데 성공하였다.

형태로 나타나고 있다. 더구나 최근에는 축제 투자비용 효율을 높임으로써 다양한 지역 활성화 효과를 얻을 수 있는 방향으로 추진되고 있으며, 지방자치가 잘 정착된 선진국 미국, 캐나다, 일본, 영국, 호주, 프랑스는 물론 개발도상국인 말레이지아까지도 이러한 지역축제 전략을 적극 수용하고 있는 실정이다.

즉, 지방정부인 지방자치단체 또는 지역 민간단체가 지역 특유의 축제를 적극적으로 주관하여 지역주민들의 범위를 벗어나, 외부지역의 방문객들을 많이 유치함으로써 지역이미지 개선은 물론 침체된 지역경제에 활력을 주고, 지역문화의 발굴 보존, 독특한 지역문화상품의 부가가치 창출, 또한 지역 내부적으로도 지역주민들의 자발적인 참여를 유도하여 응집력과 추진력을 유도해 내려는 움직임이 그 지방화 시대의 관광이벤트 전략의 핵심이기도 하다.

관광상품 개발 시각에서 지역에 어떤 상품을 개발하는 방식에 있어 관광이벤트가 선호되는 추세를 분석하면 다음과 같은 몇 가지 이유를 들 수 있다.

서산 해미읍성에서 2000년도부터 신생개최된 서산해미읍성 역사체험축제는 해미읍성복원 계획서를 근간으로 한 축제 프로그램 개발을 통해 해미읍성의 복원을 가속화 시키는 지역개발 효과를 낳았다.

첫째, 관광이벤트는 기존의 다른 관광상품을 개발하는 것보다 적은 예산을 투입하여 다양한 효과를 얻을 수 있는 '비용절감효과' 가 있기 때문에 특히 관광 자본력에 한계가 있는 지역에서 인기가 높다. 우선 지역개발을 위해 많은 지역이 유휴지나 공한지에 관광단지 조성이나 관광시설 유치계획을 세우고 외부투자를 유치하기 위해 안간힘을 쓰고 있다. 하지만 이런 지역개발에 민자유치라는 계획이 결코 쉬운 일이 아니기 때문에 많은 인센티브를 제공해야 할 필요가 있다. 그 중에 필수적으로 지자체가 도로, 전기, 하수시설 등의 사회간접자본을 구축해 주는 것이다. 그러나 똑같은 유휴지에 기존의 축제를 개최하거나 관광이벤트를 개발한다면 특별한 시설이나 도로, 전기, 하수시설 등의 사회간접자본 시설의 구축을 요하지도 않기 때문에 '초기 기반투자비용 절감효과' 를 발생시킬 수 있다.

또한 관광시설을 유치하였을 때는 시설을 운영하기 위한 많은 인력이 필요하고 그로 인해 많은 경우 지역 바깥에서 전문인력을 들여오는 현상을 가져오는 경우들이 있다. 다시 말해 시설운영을 위한 인건비 요인을 무시할 수 없다. 그러나 관광이벤트의 '비용절감효과' 라는 것은 자원봉사들이 무상 제공하는 노동력과 지역주민그룹 참여로 대부분의 지역축제가 유지됨으로써 '인건비 절감 효과' 가 있으며, 더구나 이름있는 축제들은 공공기관이나 개인 기업으로부터 '협찬금' (sponsorships)을 쉽게 유치하여 많은 비용을 더는 실정이기 때문이다. 그러므로 투자면에서 지자체(地自體)의 고민거리인 대규모 자본을 유치하지 않아도 소규모 투자로 관광이벤트를 새로 개발하고 또는 기존의 지역축제의 관광상품화가 가능하다.

둘째, 지역축제를 관광이벤트로 전환시켜 얻는 수익은 주로 지역주민들에게 환원되기 때문에 지역내 창출된 소득의 승수효과를 높임으로 기존 관광지역에서 나타난 관광소득의 '지역외 누출' (leakage) 이라는 부작용을 걱정하지 않아도 된다. 국내의 경우에도 제주도, 강릉지역에서 대규모 관광개발 후 대부분의 관광수익이 수도권의 투자자들에게로 누출되는 문제로 지역주민들이 반발하는 예를 심각하게 고려해야 하기 때문이다.

셋째, 관광이벤트의 장점은 경제성뿐만 아니라 개발하려 할 때 어느 지역이든지 지역축제가 있어 개발 잠재성이 높다는 점도 빼놓을 수 없다. 그래서 지역간에 잘 연계된다면 관광을 지리적 또는 시기별로 확산시킬 수 있는 가능성이 크다.

넷째, 관광개발 요인뿐만 아니라 관광수요의 기호변화 요인도 관광이벤트가 부각되는 현상에 한몫 거들고 있다. 시대가 변해감에 따라 현대의 관광객들은 기존 관광의 주류인 정적인 형태의 관광에 서서히 싫증을 느낀다. 예를 들면 역사건물을 구경하고, 박물관의 전시 유품을 단지 보기만 하는 정적인 형태에 진부함을 느낀다. 반면에 요즘은 역동성이 느껴지고 직접 체험할 수 있는 동적인 형태의 관광 요소를 원하고 있다. 이렇게 변화되어 가는 국내 관광객은 물론 국제 관광객들의 관광욕구를 충족시키기 위해서 이벤트나 축제가 전략적인 지역 관광상품 개발계획에서 점차 비중 있는 형태로 포함되었다. 바로 이러한 과정에서 각 지역은 다양한 관광이벤트를 개발하게 되었다.

국내외의 무술을 중심으로 실시되는 충주세계무술축제는 차별화된 아이템을 통해 국내·외 관광객을 유치하고 있음.

2. 관광이벤트의 경제적 중요성

국제적인 관점에서도 관광객 1인당 소비지출이 높은 관광이벤트로 알려진 '금산인삼축제'-인삼캐기 체험을 마친 외국인 관광객들의 모습.

세계 각국 각지역에서 관광이벤트를 개발하고 개최하는 실질적인 이유를 경제효과, 지역경제 활성화 등에 두는 경우가 많다. 관광이벤트에서 방문객들이 지출하는 경제효과는 엄청난 경우가 많다. 미국 뉴올리안즈에서 개최되는 세계적인 카니발 퍼레이드로 유명한 마르디그라(Mardi Gras)가 지역경제에 미치는 효과는 무려 약 1조 2천억 원에 달한다고 마르디그라 전문가로 알려진 '하디'(Arthur Hardy)는 주장하고 있어 매년 개최되는 관광이벤트인 마르디그라가 뉴올리안즈시에 얼마나 큰 경제적인 영향을 미치고 있는지를 암시하고 있다. 브라질의 리오카니발과 함께 세계 3대 축제로 꼽히는 독일 뮌헨의 맥주축제로 알려진 옥토버페스트(Oktoberfest)는 16일간 650만명이 방문하는 커다란 경제효과를 발산하는 대형관광축제로 알려져 있으며 뮌헨시 관광과의 통계(김춘식 · 남치호, 2002)에 의하면 축제 방문객 1인당 평균 74마르크(4만 8천원)을 소비한 것으로 나타났고 축제 방문객들의 총 소비지출 규모는 13억 9천마르크(9,100억원)정도 추정되고 있다.

국제적인 대형축제가 아니더라도 중 · 소규모 지역축제의 경우도 축제방문객 지출에 의한 중요성을 파악할 수 있다. 2001년 금산인삼축제의 경우 방문객 1인당 약 75,000천원을 지출하는 것으로 나타나 매우 높은 지출을 하고 있다는 것을 알 수 있다. 방문객들을 보다 세부적으로 분류하여 분석하면 금산 지역주민의 경우 48,263원을 소비 · 지출하며, 국내 관광객의 경우는 지역주민의 두배에 가까운 89,570원을 지출하는 것으로 나타났다(정강환, 2001a). 이와 비슷한 지출성향은 이천도자기축제의 사례〈표 2-2 참조〉를 통해서도 파악할 수 있다. 이러한 관광객 지출통계를 볼 때 왜 금산인삼축제에 관광객 유치를 극대화하고 지역경제 활성화와 어떻게 연결되는 지를 쉽게 알 수 있게 된다.

〈표 2-2〉 2002년 제16회 이천도자기축제 방문객 그룹별 1인당 평균 지출비용

항 목	전체평균	지역주민	국내관광객	외국인관광객
식음료비	21,167원	14,067원	25,904원	25,478원
교 통 비	11,832원	5,809원	18,333원	4,840원
쇼 핑 비	23,000원	20,562원	20,837원	43,091원
숙 박 비	6,592원	2,035원	10,425원	5,905원
유 흥 비	4,160원	3,916원	3,701원	7,318원
기 타 비	2,036원	2,942원	2,197원	0원
전체 평균 합계	68,787원	49,331원	81,397원	86,632원

* 자료 : 정강환 (2002a)

지역경제활성화 축제로 알려진 이천도자기축제에는 2002년의 경우 총173개의 도자기 판매부스가 입점하였고, 이들 부스를 세부적으로보면 공방 50%, 전통요장이 35%, 생활 현대자기가 15%를 차지하는 것으로 나타났다.

〈그림 2-1〉 안면도 국제꽃박람회 관광객 유치목표 초과달성 성공요인 분석

* 자료 : 충청남도(2002)

관광이벤트가 지역에 미친 생산유발 효과를 파악해 보는 것도 관광이벤트의 지역경제에 미치는 중요성을 파악해 보는 핵심이 될 수 있다. 2001년에 개최되었던 국내의 대형 이벤트인 '경기 세계도자기엑스포'는 이벤트 개최를 통해 총 606만 명의 관광객이 방문했으며 개최지인 이천 · 여주 · 광주지역에 약 7,006억 원의 생산유발 효과를 창출한 것으로 조사되었다(재단법인 세계도자기 엑스포, 2001). 아울러 2002년 충남에서 개최 되었던 안면도 국제꽃박람회는 당초 유치목표가 72만 명이었으나 그 2.3배인 약 165만 명의 방문객을 유치하여 〈그림 2-1〉에서 보는바와 같이 성공요인들을 분석해 볼 수 있으며, 태안군을 중심으로 한 주변 충남지역에 약 4,400억 원의 생산유발 효과를 창출한 것으로 나타났다(충청남도, 2002).

지역의 총 관광수입 중에서 지역에서 개최하는 관광이벤트를 통한 관광수입이 차지하는 비중을 가늠해 보는 것도 관광이벤트의 경제적 중요성을 알아보는 또 하나

의 척도가 될 수 있다. 미국 오클라호마 시티(Oklahoma City) 예술협의회의 과거 통계에 의하면 예술행사 개최와 미술관 등의 예술적인 관광유인물을 통한 시(市)의 관광수입은 무려 8천 8백만 달러에 이르며 그 중 미술, 공예 그리고 각종 축제이벤트 수입이 총 관광수입의 38%를 차지한다(Getz, 1991). 다시말해, 미술, 공예 축제 방문객 중 약 26%가 다른 지역에서 온 관광객들이며, 그들이 소비한 지출이 총 관광수입의 38%를 차지함을 뜻한다.

캐나다의 앤티고니시(Antigonish) 지방의 '하이랜드 게임' (Highland Games)이나 다른 문화 축제를 보러 온 방문객들이 이 지역의 일반 관광객들보다 더 오랜 기간동안 체재하는 것으로 나타났는데, 이 지역 관광국의 자료에 따르면 하이랜드 게임 등 이벤트 방문객은 평균 체재 일수가 9.65일이고 일반 관광객들은 6일이며, 관광지출 면에서도 이벤트 방문객들이 평균 948달러를 쓴 반면에 일반 관광객들은 450달러를 썼다. 이벤트 방문객 중 약 26%는 이 지역을 방문한 이유가 '이벤트' 때문이라고 답했고, 거의 68%는 유명한 특정 '하이랜드 게임' (Highland Games)을 보기 위해 앤티고니시(Antigonish)지방을 방문했다고 답했다. 이로써 이 '하이랜드 게임' (Highland Games)이 이 지역의 연중 중요한 관광 성수기를 유발했다고 할 수 있다(Getz, 1991).

국내의 경우 지난 1995년부터 문화관광부와 한국관광공사는 전국의 축제 중 관광상품성이 큰 축제를 대상으로 매년 '문화관광축제' 로 지정하여 지속적으로 확대·지원해 오고 있다. 이와 관련하여 문화관광부 '2001년 관광동향에 관한 연차보고서' 에 따르면 문화관광축제 추진 결과 지난 1999년 총 관광객 수는 950만 명, 2000년도는 1,170만 명을 유치했으며, 지역경제 파급효과는 전체 1,000억 원 이상을 가져온 것으로 추정하여 문화관광축제가 지역경제 활성화에 생산적인 역할을 하고 있다고 발표하였다. 또한, 문화관광부는 각 축제 주최측으로부터 매년 문화관광축제를 방문하는 외래 관광객 자료를 수집하고 있는데, 지난 2001년 전체 문화관광축제에 외래관광객 유치실적은 139,344명인 것으로 나타났다(문화관광부, 2001a).

또 한국관광공사 내부 평가자료에 의하면 같은 해 관광상품을 통해 문화관광축제를 방문한 외래관광객 수는 총 12,101명으로 공식 집계되었다. 이러한 결과는 지역의 축제들이 축제와 연계한 관광상품을 개발하여 국내 관광객은 물론 외래 관광객들을 유치함에 따라 지역에 높은 관광 경제적 효과를 가져오고 있다는 증거가 된다. 다음의 〈표 2-1〉은 2001년 문화관광축제 가운데 외래관광객 유치실적이 우수한 사례들과 그 내용들을 보여주고 있다.

문화관광축제로 김제지평선축제는 김제시민외에도 많은 관광객들을 유치하는 관광이벤트로서 전주, 익산, 군산의 근거리 관광객시장 점유율이 약 50%, 서울, 대전, 광주의 중장거리 관광객시장 점유율이 약 20%를 차지하고 있다.

<표 2-1> 2001년 문화관광축제 외국관광객 유치 우수 사례

축 제	축제의 국제 관광상품수	외국인 수	내 용
영암왕인 문화축제	30개	6,427	* 2001년 축제기간 중 일본인 참가자 6,387명 유치 (한일친선 방문단, 백제문화권 방문단 등 총 29개 단체 방문) * 역사적으로 일본과 관련이 깊은 축제로 친선 방문단의 적극적 유치가 성공 요인임
금산인삼축제	10개	1,765	* 2001년 축제기간 중 창스여행사 등 7개 여행사에서 총 1,540명 모객 * 중국(400명), 홍콩(120명), 대만(120명), 일본(700명), 미주(50명), 유럽(150명) 등 세계 각 국에서 축제 참가 * 한국산 '인삼'이란 경쟁력 있는 전통특산물이 중국 및 동남아 관광객에게 어필한 것이 성공요인으로 파악됨
안동국제탈춤 페스티벌	53개	1,540	* 2001년 축제기간 중 일본, 미국, 중국, 독일 등에서 총 1,213명 행사 참관 * 안동이 경주와 근접한다는 지리적 이점과 한국 전통문화의 대표성을 가진 축제이며, 탈춤이라는 지역 공연문화가 국제관광객들에게 매력요소로 작용
양양송이축제	14개	410	* 2001년 양양송이 채취 및 주변 관광을 목적으로 동서여행사 등 11개 여행사를 통해 일본인 총 125명 모객 * 일본관광객을 주 타깃으로 기획된 축제로 일본인의 선호도가 매우 높음
대전사이언스 페스티벌	1개	355	* 2001년 축제 기간 중에 동남아 등 외래 관광객 355명을 유치 * 엑스포과학공원이란 이미 갖춰진 하드웨어를 활용함. 특히 한국의 첨단 과학기술이 동남아 관광객들에게 매력요인으로 작용

* 자료 : 한국관광공사 (2002)

3. 지역 이미지 홍보와 관광이벤트 전략

전세계적으로 관광이벤트 개최가 붐을 이루는 이유 중 가장 내세울만한 것은 지역이미지 홍보일 것이다. 잘 알려지지 않은 지역은 관광이벤트를 통해 뉴이미지 메이킹(New Image-Making)의 기회를 가지려고 하며, 부정적인 이미지가 있는 곳은 긍정적인 방향으로 이미지를 개선시키려고 하며, 기존의 개성적인 이미지가 있는 지역은 보다 강화된 이미지 창출 또는 업그레이드(upgrade)형 이미지 구축을 추구하게 된다.

우선 잘 알려지지 않은 미지(未知)의 지역이 관광이미지를 통해 뉴이미지 메이킹(New Image-Making)을 한 사례를 살펴보자.

새로운 지역이미지 구축 사례로 프랑스 앙굴렘(Anguleme)의 경우 축제를 통해 세계적인 만화도시로 이미지를 구축한 대표적인 사례라고 할 수 있다. 앙굴렘은 인구 10만 명이 살며, 파리로부터 약 450km 떨어진 프랑스 중소도시이다. 앙굴렘은 만화축제가 열리기 전까지 프랑스 어디에서나 흔히 볼 수 있는 포도재배 농가 조차도 볼 수 없을 만큼 낙후된 도시였으며, 따라서 별다른 산업형성이 부진했던 곳이다. 1970년대 초 30대 초반의 민선시장이 당선되면서 도시경제 활성화에 관심을 갖게되고 결과적으로 '만화축제'를 도시경제 활성화 수단으로 활용하게 되었다. 결과적으로 만화축제 하나만을 가지고 전 세계에 유명해진 앙굴렘시는 지방자치정부, 만화산업전문가, 시민단체, 문화지원기업과 정부의 긴밀한 협력을 통해 축제를 통한 새로운 지역 이미지 창출에 성공한 사례이다.

앙굴렘 만화 페스티벌은 1972년 몇몇의 만화가와 동화작가 그리고 출판업자들이 만든 '천만개의 영상'이라는 모임에서 시작되었으며, 1974년부터 앙굴렘시는 적극적으로 만화 축제행사를 유치하게 되었다. 1976년에는 앙굴렘 시립박물관이 사설 만화작품들을 모으기 시작했고, 1982년 축제가 본 궤도에 올라 성공하게 되자 문화부장관이 직접 앙굴렘 축제를 방문하고, 뉴욕에서 축제 작품 전시회를 개최하는 한편, 주립미술학교에 만화학과가 개설되는 결과를 낳기도 했다.

또한, 1993년에는 앙굴렘 축제 20주년 기념으로 15일간 행사를 개최하였고,

1995년에는 만화산업이 잘 발달한 이태리의 만화업계를 대거 초청하여 공동전시행사를 진행함으로서 본격적으로 앙굴렘은 유럽만화 시장에서 중요한 역할을 하게 되었다. 이와 더불어 앙굴렘의 만화도시 이미지는 전세계적으로 잘 알려지게 되었다(이태희, 2003).

국내에서 축제를 통해 지역의 이미지를 새롭게 만든 사례도 있다. 지난 1998년 처음 개최된 '충주 세계무술축제'는 축제를 통해 지역 이미지를 새롭게 창출한 사례로 평가할 수 있다. 충주는 무술축제를 개최하기 이전까지 지역 특산물인 '사과'의 이미지와 인근지역 수안보 온천과 연관되어 '온천의 도시', 충주 호수와 관련된 '호반의 도시' 등의 이미지를 가지고 있었다. 그러나, '충주 세계무술축제'가 개최됨에 따라 지역의 또 다른 테마인 '택견' 또는 '무술의 도시'라는 새로운 이미지가 창출하게 된 것이다.

2002년 제5회 충주세계무술축제는 택견을 비롯한 국내무술 18개 단체(390명)와 브라질 까뽀에라 등의 국외 무술 32개 단체(303명)가 참가하였다.

특히, 지난 2001년 제4회 충주 세계무술축제 방문객들을 대상으로 축제가 지역에 미친 효과를 조사한 결과 '지역의 이미지 강화'가 전체의 35.2%로 가장 높게 나타났다. 이는 충주 세계무술축제를 개최함에 따라 충주가 '무술의 고장'이라는 이미지를 방문객들에게 크게 부각시켜주고 있다는 결과로 볼 수 있다(정강환, 2001b).

〈그림 2-1〉 제4회 충주세계무술축제의 효과분석

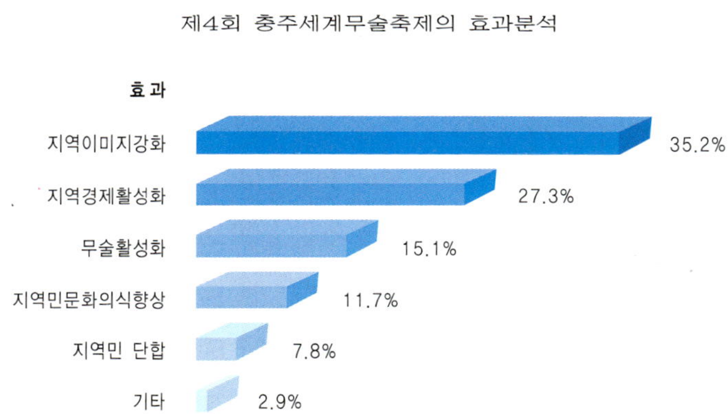

* 자료 : 정강환 (2001b)

이러한 결과에 힘입어 충주시는 '세계무술축제'를 통한 국제무술관광도시로의 부상을 목표로 세우는 한편, '세계무술의 메카'라는 테마를 국제적으로 홍보하려는 노력을 하고 있다. 이러한 노력의 일환으로 세계 30여개 국가에서 무술관련 단체를 유치함으로서 문화교류를 확대하고, 국내무술과 외국무술의 교류기회를 증대하는 한편, 장기적인 전략으로는 '세계무술연맹(가칭)' 창립 및 무술박물관 설립 계획 등을 적극적으로 추진 중이다.

부정적인 또는 왜곡된 이미지를 가진 지역이 관광이벤트 개최를 통해 긍정적인 방향으로 이미지를 전환시키거나 개선시킨 사례를 주목해 볼 필요가 있다. 예를 들어 어떤 농촌지역은 이농현상으로 점차 '비어있는 곳', '한적한 곳', '경직된 곳' 등의 이미지를 낳아 이 지역을 방문할 수 있는 잠재 관광객들에게 '지역문화의 어떤 독특한 면을 찾기가 어렵고, 방문매력이 없는 곳' 이란 이미지를 줄 수 있다. 그러나 그 지역의 전승되어 오는 축제나 지역이벤트를 통하여 이 지역이 문화적으로 독특하고 역동적인 면이 있으며, 또한 정을 느낄 수 있는 곳이란 긍정적인 문화관광이미지를 심어 줄 수 있다.

축제와 문화이벤트의 장면들은 정교한 문화기호, 신명나는 움직임, 독특한 향토문화정신이나 생동감이 넘치는 여가활동 등을 상징한다. 그러므로 가장 확실한 지역문화이미지 형성은 관광객들의 축제와 문화이벤트 체험과 체험을 담은 사진을 통해서 이루어진다. 관광객들은 어떤 지역을 방문하면 그 지역 특유의 향토 축제나 문화이벤트를 구경하면서, 거기서 찍은 사진들을 통해서 지역주민들의 문화를 좀 더 가까이 관찰하면서 지역특유의 향토문화를 알 수 있다. 그러한 과정들이 축제가 지역 특유의 향토이미지를 형성시킨다는 주요 사례가 될 수 있다.

한 예로 영국의 글래스고우(Glasgow)는 1960년대 침체된 항구와 부정적인 산업도시 이미지에서 1990년 '유럽의 문화도시' (European Cultural Capital)로 지정되는 영광과 함께 문화관광도시로 이미지를 확고히 하게 되었다. 그 배경에는 각종 예술 · 문화이벤트, 가든 페스티벌(Garden Festival), 미술관, 박물관의 특별전시회 등의 범도시적 차원의 이벤트관광전략이 있었기 때문이다 (Law, 1994).

1995년 한국의 지방화 원년에 개최된 광주비엔날레는 광주의 기존 항쟁의 도시이미지를 예향(藝鄕)의 이미지로 전환시키는데 큰 효과를 거두었다. 문화이벤트 개최를 통해 지역발전을 꾀한다는 취지로 기획된 광주비엔날레는 수백억원에 이르는 큰 돈을 투입하여 적자를 보지 않고 문화행사를 치를 만큼 국내 문화환경이 성숙되어 있지 않은 상황에서 국내 단일 문화행사로 최대인 1백 64만 명의 방문객을 유치하면서 재정면에서도 20억원 가량의 흑자를 기록하였다. 지방화시대에 처한 지금

광주비엔날레의 성공은 지역이벤트가 내부적 문화보존과 지역주민 결집력 도모라는 차원에서 벗어나 지역을 홍보하고 지역경제 활성화의 역할이 부가되어져야 한다는 것을 입증하였고, 다른 지방자치단체에 많은 자극을 주어 지역이벤트 움직임을 시켰다.

또 다른 국내 사례로는 '부산국제영화제'를 들 수 있다. 부산은 그 동안 문화 도시에 대한 이미지보다는 주로 문화적 요소가 부족한 항구도시로서의 대외적 이미지를 가지고 있었던 것이 사실이다. 그러나, 지난 1996년부터 시작된 '부산국제영화제'는 이러한 도시에 대한 고정관념을 변화하는데 효과적인 역할을 해오고 있다. 부산국제영화제는 특히 사회 · 문화적 측면에 있어 지역에 미친 영향이 크다고 할 수 있는데, 이는 국내 · 외적으로 부산의 영화문화 이미지를 새롭게 창출해 냄으로서 이벤트를 통한 지역의 이미지 개선효과를 창출시켰다.

부산국제영화제는 "서울 아닌 지방"에서 치러지는 영화 축제라는 한계를 극복하고자 노력한 결과, 지난 2000년 제5회 축제에는 국내외 초청인 3,000명, 55개국 207개 작품 초청, 18만 2천명 유치라는 결과로 아시아 최고 영화제로 평가받았으며, "국제영상도시 부산"이라는 새로운 도시이미지 창출에 있어 부산국제영화제가 결정적인 역할을 했다는 평가를 받게 되었다.

결과적으로, 아시아에 제대로 된 영화 문화 시장이 없기 때문에 부산국제영화제가 새로운 영화 시장으로서 성장하게 됨은 물론이고, 부산의 이미지를 문화 영상도시로 만들어 냄으로 인하여 도시의 이미지를 활용한 문화 산업 개발 전략이 추진되고 있다(정동채, 2001).

또한, 영화산업을 진흥하기 위한 노력의 하나로 전문 영상벤처센터가 운영되기 시작했으며, 부산의 영화제작 관련업체들이 영상벤처센터를 중심으로 결집돼 산업 인프라를 구축하는 직 · 간접적인 결과를 가져왔다.

끝으로 기존의 개성적인 이미지가 있는 지역이 관광이벤트를 통해 보다 강화된 이미지 창출 또는 업그레이드(Upgrade)형 이미지 구축을 추구하게 하게된 사례들은 특산물 또는 문화산업으로 유명한 곳에서 쉽게 찾아 볼 수 있다.

보령머드축제는 '머드'라는 독특한 소재로 특히 외국인 관광객의 높은 참여를 보이고 있는 점이 특징 중 하나임.

'인삼'으로 유명한 충남 금산에서 금산인삼제라는 축제를 개최하지만 주민단합형축제를 1996년부터 문화관광축제로서 전환시키면서 인삼의 관광상품화 프로그램이나 금산인삼체험 등을 통해 업그레이드 전략을 실천해왔고, 2006년 세계인삼엑스포를 준비하고 있다.

충남 보령은 대천, 무창포 등의 해수욕장, 꽃게, 굴 등 풍부한 해산물, 해안관광 이미지가 강한 곳이다. 최근 보령은 갯벌 진흙으로 만든 화장품과 관광이벤트인 '머드축제'를 개발하여 보다 세련된 보령 이미지와 부가가치 창출을 시도하고 있다.

4. 관광이벤트를 통한 지역의 비수기 극복

지나치는 관광루트로서 강원도 인제군은 소양호 상류에서 빙어축제를 개최함으로써 겨울철 새로운 관광시즌을 창출하였고, 전체 방문객의 약 60%를 서울 · 경기 지역에서 유치하고 있다.

세계 모든 관광지가 공통적으로 머리를 싸매고 고민하는 것은 "어떻게 하면 비수기의 계절적 변수를 극복할 수 있을 것인가?" 하는 질문일 것이다. 최근 비수기 타개의 적극적인 해결책으로 관광이벤트 전략이 환영받고 있다. 그것은 바로 이벤트 개최를 통하여 관광성수기를 연장하거나, 새로운 관광시즌을 창출해 낸다는 것인데, 세계적인 추세는 북부지역의 관광장애 요인인 겨울 기후를 스키 경주대회나 겨울카니발, 심지어는 추위를 참는 '내한(耐寒)페스티벌' 과 같은 동계 이벤트를 개최하여 새로운 관광시즌을 창출해 내고, 남쪽 지역의 무더운 계절에는 관광이벤트 등으로 계절적 변수를 극복하려는 시도를 하고 있다.

이러한 시도의 가장 모범적 사례는 캐나다 퀘벡(Quebec)의 유명한 겨울축제(Winter Carnival)이다. 퀘벡의 겨울축제는 최근 TV 등 방송매체에서 얼음을 깨고 카누경기를 하는 스포츠 이벤트를 보여줘 한국에도 친숙한 축제이다. 이 축제의 유래를 살펴보면 1950년대로 거슬러 올라간다. 퀘벡시의 연중 2월과 3월은 전통적으로 이 도시의 중요한 경제 수입원인 관광의 비수기일 뿐만 아니라 이 지역경제가 가장 침체되는 시기였으나, 이 지역 상공단체들의 제안에 따라 1954년에 퀘벡 겨울축제가 근대적 형태를 갖추면서 본격적으로 시작하여 점차적으로 성공을 거두면서 전통적인 겨울 비수기가 일년 중 가장 중요한 관광성수기로 탈바꿈하게 되었다. 뿐만 아니라 이 겨울축제의 명성 때문에 퀘벡의 독특한 관광이미지를 낳게 되었다.

이러한 사례를 통하여 관광이벤트 전략의 독특한 장점을 파악하게 된다. 많은 관광지에서 주민들이 그들 고유의 축제를 비수기 때 개최하기를 선호한다. 이러한 비수기 때 개최되는 축제들은 지역주민들이 방문객들을 유치하기 위해 더욱 적극적으로 참여하고, 지역 고유의 향취가 더욱 풍기는 이벤트들로 구성하기 위해 안간힘을 쓰기 때문이다. 이러한 이벤트전략이 성공적일 경우 비수기는 존재하지 않게 될 것이다.

비슷한 경우로서 미국 미네소타(Minnesota)주(州)의 세인폴(St. Paul)시(市)의 겨울축제(Winter Carnival)를 살펴볼 필요가 있다. 이 도시는 미니애폴리스(Minneapolis) 옆에 위치하여 '쌍둥이 도시', '역사적 도시'로 알려진 곳이고, 미국에서도 살기 좋은 도시로 자주 꼽히지만, 이 지역의 '겨울추위'라면 많은 미국인들이 혀를 내두르는 악명 높은 도시이기도 하다. 겨울에 이 도시에 엄습하는 폭설 때문에 '미국에서 제일 눈 잘 치우는 곳'으로 알려져 있기도 하다.

이러한 겨울과 눈이라는 이 지역의 관광과 경제적 측면의 장애요인을 극복하기 위해 1886년부터 이어져 내려오는 세인폴 겨울축제의 전설을 토대로 거대한 '얼음궁전'(Ice Palace)을 조각하는 등 대형이벤트로 확대시켜 관광객 유발은 물론 지역경제를 활성화하는 데 성공했다. 이렇게 해서, 연중 가장 추운 시기인 1월 말에서 2월 중순의 폭설과 겨울추위 때문에 고질적인 관광이미지 문제를 안고 있었던 이 지

겨울철 태백시의 지역활성화 프로젝트로 태백산도립공원내에서 개최되는 태백산눈축제는 국제눈조각전시회, 전국눈조각경연대회, 이글루카페, 겨울놀이마당 등 다양한 프로그램들이 선보이고 있으며, 철도청과 연계하는 눈꽃환상열차가 효과적인 관광객유치전략으로 평가되었다.

역은 겨울축제의 개최를 통해 겨울과 눈을 오히려 관광매력화하고, 미국에서 가장 큰 규모의 겨울축제로 발돋움하게 되어 근접지역이나 다른 주(州)의 관광객도 유치하고 있다.

일본에서도 창의성을 바탕으로 한 관광이벤트전략으로 관광객의 발길을 끌어 모으고 있다. 일례로 겨울 기온이 영하 30도를 기록하는 혹한(酷寒) 지역인 홋카이도는 추위를 거꾸로 이용해 '추위페스티벌'을 개발했다. 추위 페스티벌 프로그램의 하나로 '인간 내한(耐寒)테스트'가 있는데 이것은 관광객을 '추위보험'에 들게 하고 추위가 심해지는 밤부터 새벽까지 얼음집(이글루) 안에서 하룻밤을 보내게 하여 무사히 보낸 사람에게는 인정서를 주는 것으로 이것이 큰 반응을 가져와 방문객이 날로 늘어나고 있다고 한다.

이러한 겨울철 비수기 극복 및 새로운 관광시즌 창출시도는 국내에서 강원도지역을 중심으로 적극적으로 이루어지고 있는데 인제빙어축제, 태백산눈축제, 대관령눈꽃축제 등이 대표적 사례라고 할 수 있다. 또한 이러한 전략은 2001년 '한국방문의 해'에도 응용되었는데, 방문의 해 기획이벤트인 'Fun Ski & Festival'은 저가일변도였던 스키상품을 지양하고 고품격의 참여형 동계 상품을 개발하여 겨울 비수기 기간 동안 동남아 관광객을 집중 유치할 목적으로 한국관광공사에서 기획한 체험형 스키투어로서 2000년 12월부터 2001년 3월까지 총 12회에 걸쳐 용평스키장과 무주리조트에서 실시하였다(문화관광부, 2001b).

5. 지역을 변모시키는 대형이벤트 전략

세계 박람회나 올림픽같은 대형이벤트(Mega-Event)를 유치함으로써 얻을 수 있는 효과 중 가장 대표적인 것은 그 이벤트가 끝났을 때 그 지역 주민들이 사용할 수 있게끔 만든 공공 시설 및 사회 하부구조의 건설을 들 수 있다. 대형이벤트를 준비하기 위해 진행된 공공투자사업은 매우 눈에 띄고, 기능적인 건축물을 건조하여 이벤트의 '유산' (Legacy)으로 남게 되는데, 예를 들면 이벤트의 프로그램과 직접 관련된 건물들에서부터 '도로체계 정비', '교통시설 확충' 등의 사회간접자본에 이르기까지 다양하다. 다시 말해서 대형이벤트 준비작업으로 도시의 전경이 좀더 미화되고 더욱 도시화되는 도시 개발을 이루게 된다는 것이다. 이러한 도시개발 촉진제의 역할 때문에 대형이벤트를 서로 유치하기 위해 각국의 정부로부터 적극적인 지원을 받게된다.

여러 가지 사례를 통해 보면 일련의 연속적인 대형이벤트(Mega-Event)를 유치한 개최도시가 유치준비로 인해 도시모습을 변형시키면서 더욱 매력적인 국제 도시로 부각된 경우들이 있다. 가장 전형적인 예로 프랑스의 '파리' (Paris)를 들 수 있는데 1855년부터 1990년까지 파리는 다섯 번의 세계박람회를 거의 11년을 주기로 개최하였다. 이러한 다섯 번의 세계박람회 개최가 파리의 '사회 하부구조 기반' (Infrastructure)을 크게 변화시켰는데 예를 들면 새로운 공원 조성, 센(Seine)강 주변 환경정비사업, 교량건설, 지하철시설 확충 등을 들 수 있다(정강환, 1992).

두 번째 사례로 캐나다의 몬트리얼(Montreal)을 들 수 있는데, '69 엑스포(Expo)와 '76 하계올림픽의 유치가 몬트리얼의 도시계획과 디자인의 변혁에 큰 자극이 되었다. 우리나라의 경우 '86 아시안 게임과 '88 하계 올림픽을 유치한 서울은 한강 환경정비사업, 도로 정비사업, 지하철 개통 등의 일련의 '도시미화사업' 등으로 도시의 외형이 변화하였다.

지난 2000년 독일에서 개최된 '2000 독일 하노버 엑스포' 의 경우도 대형 이벤트(Mega-Event)를 통한 지역 활성화 사례로 꼽을 수 있다. 〈표 2-7〉에서 볼 수 있듯이 하노버 엑스포에 총 투자액 2조 848억 원을 투자한 결과 엑스포 개최지 주변의 주거단지 조성, 철로 증설 및 도로 개선을 통한 운송 시설 등의 직접적인 시설투자를 통해 약 68억 마르크 (한화로 약 4,134억 원)의 투자 유발 효과를 가져왔다.

<표 2-7> 2000 독일 하노버엑스포 (EXPO 2000 Hanover)-BIE공인 등록박람회 World' s Fair 성과요약

■구 분	· 행사주제 : 인간, 자연, 기술 (Mankind-Nature-Technology) · 행사부제 : 건강과 영양, 주거와 일, 환경과 개발, 정보와 통신, 레저와 이동성, 교육과 문화 · 개최기간 : 2000. 6. 1 ~ 10.31 (153일간) · 운영시간 : 09:30 ~ 21:30 (12시간 운영) · 회장규모 : 총 면적 160만㎡ (약 48만평) · 입 장 객 : 총 3,905만 2,933명 (일일 평균 25만 5,27명) · 참가규모 : 160개국 13개 국제기구 (비공식 포함 총 207개 기관 단체)
■투 자 및 수 익	· 총 투자액 : 2조 848억원 · 투자내용 - 독일연방정부 : 40% - 니더작센 주정부 : 30% - 하노버 시정부 : 6% - 독일 산업연합회 : 20% - 기타 : 4% · 수입액 : - 입장료 : 1조 998억원 - 마케팅(부스판매 등) : 5,893억원 - 기타 : 1,580억원
■주 요 성 과	· 경제효과 - 약 68억 마르크 (4,134억원)이 투자 유발 효과 : 엑스포 현장의 주거단지 조성, 철로 증설 및 도로 개선 등 - 엑스포 관련 투자 유발 효과, 고용창출, 관람객 지출에 의한 경제효과 : 176억 마르크 (1조 700억원) - 중앙 정부의 세수 수입 증가 45억 마르크 (2,736억원) · 고용창출효과 : 10만명 이상의 새로운 일자리 창출 · 기타 효과 : 하노버 지역의 운송시설 및 주택단지 개발

* 자료 : 1) 하노버엑스포 2000 홈페이지 - www.expo2000.de
2) 유로진 홈페이지(2000년 6월호) - http://eurozine.net

지난 1995년 이루어진 필자의 '대전엑스포 전후비교(前後比較)를 통한 관광영향 분석'에 따르면, 기대했던 이미지 개선의 무형적 효과는 미미한 반면 도로정비, 도시개발의 유형적 효과가 매우 뚜렸했던 것으로 나타났다(정강환, 1995).

또한, 2002년 개최된 '안면도 국제 꽃박람회〈표 2-8 참고〉'는 충남의 가장 큰 대형이벤트(Mega-Event)로 여겨지고 있으며, 박람회 개최효과는 안면도의 지역개발을 10년 이상 앞당기는 결과를 가져왔다는 평가를 받고 있다. 구체적인 예로 박람회장으로서 접근성 개선을 위한 주 진입도로 확장공사, 해안관광도로건설, 진입도로의 경관조성을 위한 가로수식재, 가로등 배너설치, 꽃길조성사업, 종합주차장 설치 등은 물론 진입도로 주변의 주거환경 개선사업으로 지역의 불량 주택정비, 빈집정비 등을 실시한 점들이 가장 뚜렷한 태안 지역 개발효과라고 할 수 있다.

〈표 2-8〉 안면도 꽃박람회 접근성 개선을 위한 사업 내용

사 업 내 용	세 부 추 진 사 항

진입도로 경관조성	• 행사장 북측 진입도로 조성
	  – 약 1.3km의 보도, 중앙분리대 등에 가로수 식재
	  – 입구 상징조형물, 가로등 배너, 걸이화분 설치
	• 해안관광도로 조성
	  – 약 500m 북측진입로 접속부분에 가로등 배너 설치
	  – 박람회 앰블럼을 이용한 꽃탑 설치
	• 해변도로 조성
	  – 오션캐슬과 박람회장간 400m 공한지에 유채파종
	  – 가로등 배너 설치

박람회장 주진입도로 확충	• 33.6km 4차선 도로 조성 • 해안도로를 제외한 전구간 대상확포장 실시 • 2002년 3월 목표로 해안관광도로확충 추진
진입도로변 주거환경 개선사업	• 정비대상 815개 선정 (불량주택 465, 빈집정비 341, 마을정비 9) • 1999년부터 연차 사업으로 추진
꽃길 조성 사업	• 주 진입도로 28km에 18개소 조성 • 서산 A지구 방조제 도로변 유채꽃길 조성(2.6km)

* 자료 : 정강환 (2002b)

안면도 국제꽃박람회에서는 열악한 접근성을 개선하기 위해 축제장 인근의 주변도로를 새롭게 개통시키거나 정비작업을 실시함으로써 대형 관광이벤트 유치를 통한 지역개발효과를 높였다.

대형이벤트의 유치는 도시의 레크리에이션 시설이나 관광시설을 크게 확장시키는데, 이벤트 준비로 설계된 건축물들이 이벤트 후 관광 · 레저용도로 사용되는 사례가 많다. 1915년에 개최된 샌프란시스코(San Francisco)세계박람회, 1958년의 벨기에의 브뤼셀(Brussels)세계박람회, 1970년의 오사카(Osaka) 박람회 등으로 각 개최 도시가 도시공원 부지와 시설을 마련하게 되었으며, 세계박람회의 주제 건조물인 파리의 '에펠탑'(Eiffel Tower)이나 시애틀의 '스페이스 니들'(Space Needle)은 유명한 관광 명소로 남아 아직도 도시의 관광 수입원이 되고 있다.

이벤트와 직접 관련된 시설이 아니더라도 개최도시의 관광산업 규모가 대형이벤트를 지원하기 위해 확대된다는 것이다. 예를 들면 호주 서부의 프리멘틀(Fremantle)시(市)는 1987년의 '아메리카 컵'(America's Cup) 유치를 지원하기 위해 2억 7천만 달러의 '카지노 오락센터'(A Casino-Entertainment Center)를 설립하였고, 호텔 시설을 확충하였다.

6. 지역의 각종 문화관광 시설의 관광이벤트를 통한 동적 활성화

국제적 시각에서 볼 때 리조트, 박물관, 유적지, 시장, 쇼핑센터, 주제공원(Theme-Park), 스포츠 경기장 등 유명한 관광매력물들이 점차 특별 이벤트를 그들 시설의 활성화 프로그램의 일부로 포함하는 추세를 보이고 있다. 그에 따른 잠재적 혜택을 크게 4가지로 나열해 볼 수 있다.

첫째, 각종 관광이벤트 개최를 통해 관광시설의 정적인 분위기를 다이나믹하게 전환시켜, 그 동안 유치못한 잠재고객들을 유도함으로써 관광매력물과 시설에 새로운 활력을 불어 넣는다. 둘째, 많은 사람들이 관광지는 일생에 한 번 방문으로 충분하다는 일반적 인식을 갖는데, 그것은 관광지가 마케팅을 통해 극복해야 하는 과제이기도 하다. 많은 경우 관광매력물과 시설에 이벤트를 개최함으로써 재(再)방문을 유도한다. 셋째, 여행일정에 특정 관광명소의 방문 일정이 없으면서 그 지역에 머물고 있는 이른바 '친구나 친지를 만나러 온 방문객'(VFR : Visiting Friends and Relatives)들을 유치할 수 있는 파급효과가 있다. 이러한 경우는 특히 친구·친척집을 방문하기 위해 자동차로 장거리를 여행하는 경우 여행 도중에 이벤트 홍보로 충동방문을 유발할 수 있다. 넷째, 특정 관광매력물과 관광시설에 이벤트 개최를 통해 TV, 라디오, 신문 등 미디어의 관심을 끌어 홍보효과를 강화할 수 있다.

구체적 관광시설의 이벤트 프로그램 사례를 살펴보면, 먼저 리조트의 경우 주위의 레저·관광잡지나 때때로 위성 TV를 통해 무주리조트나 용평리조트의 이벤트 광고나 이벤트 개최일정을 보면 이벤트가 리조트(Resort)의 운영활성화에 얼마나 중요한지를 알 수 있다. 요즘 추세는 이러한 스키리조트가 사계절 전천후 관광목적지로의 탈바꿈을 꾀하면서, 특히 여름철에 이벤트를 개최함으로써 홍보 효과를 높이고, 객실점유율을 높이고, 단지 스키를 즐기는 리조트가 아니라 그 이상의 이미지를 고취시키려 하고 있다.

이런 전략을 가장 성공적으로 이끈 사례가 스키리조트로 세계적인 명성을 얻고 있는 미국 콜로라도(Colorado)주(州)의 애스펀(Aspen) 리조트이다. 여기서는 예술제(art festival)를 개최하여 큰 인기를 누리고 있으며 하계시즌에 줄리아드 음악원과 제휴하여 초여름부터 가을에 걸친 기간 동안 음악과 발레스쿨을 개최하여 전세계의 많은 학생들을 집결시키고 있고, 키신저가 이사를 맡은 '인문연구소'를 개설하여 세계의 경제인, 문화인 대상의 세미나를 자주 개최하여 비수기에도 안정된 체재객을 획득, 지역경제안정을 도모하고 있다(미쓰비시 연구소, 1991).

다음으로 역사 · 문화유적지를 보면, 일반적으로 역사 · 문화유적지 방문은 정적(靜的)인 경험과 비교적 진부한 안내자 해설들로 해서 선뜻 재방문(再訪問)의 의욕이 나질 않게 된다. 예를 들어 수학여행 방문단 같은 경우에는 커다란 교육적 잠재성이 있지만 동적인 요인은 크게 부족하다. 그래서 역사 · 문화유적지도 이벤트를 통해서 새로운 재도약을 시도하고 있다. 특히 외국의 경우 많은 역사 · 문화유적지 운영자들은 단순하고 정적(靜的)인 전시, 진열에서 상호 작용적(Interactive) 관광명소, 살아있는 역사의 현장으로 변화를 시도하면서 이벤트와 접목(接木)을 꾀하고 있다.

유럽의 문화유적지들의 경우 더 많은 외국관광객들을 유치하기 위해 극장식 무대처럼 사용되고 있다고 묘사하였는데, 시대별 의상이벤트, 마차행렬 등의 퍼레이드

현존하는 조선시대 읍성 중 대표적인 해미읍성이라는 역사문화유적지에서 매년 개최되는 서산해미읍성 역사체험 축제에서 현감퍼레이드 장면.

에든버러 밀리터리 타투 (Edinburgh Military Tattoo)라는 관광이벤트의 직·간접적 영향으로 에든버러 성(城)은 연간 백만명 이상의 관광객을 유치하는 등의 마케팅효과를 얻고있다.

(parades), 빛과 음향을 사용한 장려한 쇼(son et lumi re), 성당의 음악축제가 인기 있는 이벤트들이다. 그러나 이러한 추세에서 쟁점이 될 수 있는 것은 이러한 역사·문화유적지들이 이러한 이벤트 운영이나 이벤트로 해서 급증한 관광객 인파로 손상을 입을 수 있다는 것이다.

이벤트 전략이 가장 활발히 시행되는 곳은 뭐니뭐니 해도 테마파크, 즉 주제공원이다. 주제공원을 운영하기 위한 가장 잘 알려진 마케팅 원칙은 새로운 볼거리를 주기적으로 첨가하여 여러 번의 반복 방문을 유도한다는 것이다. 이 중 이벤트나 축제가 오락프로그램에서 빼놓을 수 없는 중요한 역할을 한다. 그래서 일반적으로 주제공원(Theme Park)들은 처음 설계할 때 부터 실내·야외 오락이벤트를 위한 시설들을 계획한다.

미국 플로리다(Florida)주(州)의 세계적으로 유명한 '디즈니월드' (Disney World)의 '엡콧센터' (Epcot Center)는 설계디자이너들이 '세계박람회' (World Fair)식 접근법을 이용하였는데 관람객의 이동, 고정 및 이동식 오락프로그램, 중앙의 호수와 주위의 대규모 장관(壯觀)에 중점을 두고 그 잠재성을 극대화하였다. 밤에 연출되는 레이져와 폭죽을 터뜨리는 쇼는 마치 일생에 한 번 있는 세계박람회 현장을 방불케 한다.

2001년 대전사이언스페스티벌의 특징은 엑스포과학공원의 유휴공간 및 전년행사시 침체 공간의 활용도를 향상시킨점과 축제방문객의 취향을 연령대별로 고려한 점 등을 꼽고 있다.

관광이벤트를 통해 지역의 침체된 테마파크 시설의 활성화를 가져온 최근 국내 사례로는 지난 2000년에 처음 개최된 '대전 사이언스 페스티벌'을 꼽을 수 있다. 지난 '93년 대전 엑스포 개최 후 침체기에 있던 엑스포과학공원이라는 테마파크를 활성화하는데 중요한 역할을 한 사례라 할 수 있다.

특히, 엑스포 과학공원이라는 지역의 정적 테마파크를 배경으로 개최되는 대전 사이언스 페스티발은 첫째, 무료개방형 축제가 아닌 입장료부과형 축제를 통해 침체기에 있는 엑스포과학공원을 활성화시키는데 기여하였고, 둘째, 축제개발을 통해 엑스포과학공원의 소프트웨어 부재 문제를 해소하는데 긍정적이었으며, 셋째, 주변의 '국립중앙과학관', 'KAIST(한국과학기술원)', 대덕연구단지 연구소들과 적극 연계한 '사이언스벨트' 개념의 '과학관광'의 시도를 통해 방문객 유치에 성공했다는 점과 대전의 과학도시 이미지를 강화시키는데 긍정적인 역할을 했다는 점이다. 지방공사 엑스포과학공원 통계에 의하면, 개최 원년인 지난 2000년에는 10일 간의 축제기간 동안 엑스포과학공원을 유료 입장한 축제방문객만 12만명, 무료입장방문객들이 약 7만명, 연계행사장 방문객들이 약 4만 4천명으로 총 23만명(중복 방문객을 제외하고 약 21만 여명으로 추산함) 이상의 축제방문객을 유치해 지난 '93 대전엑스포 개최 이후 가장 많은 공원입장객을 유치하는 성과를 거두었으며, 실제로 이 수치는 전년 같은 기간 대비 5배 이상의 방문객 수이다. 한편, 제2회 축제인 2001년도에는 동시기에 대규모 박람회 (경기 세계도자기엑스포)에 의한 서울, 경기권 관광객 분산과 전반적인 경제침체로 인한 관광욕구의 저하 등의 악조건을 염려했으나, 전년대비 약 24.6%(약 28만 8천 명)의 축제방문객 증가율을 나타내는 성공적인 결과를 가져왔다.

이외에도 대전 사이언스 페스티벌은 부행사장 개념으로 설정된 KAIST(한국과학기술원), 국립중앙과학관, 대덕연구단지, 갑천 등 과학을 주제로 주변 과학관련시설의 관광자원화에 긍정적인 역할을 하였다. 그러므로 테마파크 활성화 전략으로 적극적인 축제 연계프로그램 개발을 통한 방문객 유치를 통해 주변 관광시설 활성화에도 긍정적인 영향을 미친 것으로 평가되었다.

〈표 2-9〉 제1회, 제2회 대전 사이언스페스티벌 축제방문객비교

구 분	엑스포과학공원	연계행사	누 계
제1회 (2000년)	188,046명 • 유료 : 115,494명 • 무료 : 72,552명	43,872명	231,918명
제2회 (2001년)	245,027명 • 유료 : 146,073명 • 무료 : 98,954명	43,000명	288,027명

※ 엑스포과학공원과 연계행사장간 중복방문객은 약 10%로 추정하고 누계에서 감산.
※ 연계행사장 : 연구단지 탐방, 갑천 인력선 축제, KAIST 로봇올림피아드, 국립중앙과학관

＊자료 : 지방공사 대전엑스포과학공원 (2001)

7. 관광이벤트를 통한 지역의 특화산업 진흥

지방화시대에 지자체가 지역의 특화산업을 지역축제와 연계시켜 지역의 특화산업이미지 강화는 물론 관광객 유치, 지역경제 활성화, 특화상품 재고정리 등 다양한 효과를 누리고 있다.

일본 기후현 세끼시는 인구 10만 명이 안되는 소도시로서 옛날부터 일본도는 물론 각종 칼을 만들어 내는 도물(刀物)공업으로 유명하였다. 1967년 지역의 특화산업인 도물업을 활성화하고자 당시 시장의 주도로 해서 200개의 도물점포가 시내의 노상에 집결하는 것으로 시작된 '하모노(刀物)축제'는 매년 10월에 개최되면서 20만의 방문객을 끌어들여 지역특화산업 활성화에 큰 기여를 하고 있다. 특히 축제기간 동안은 부엌칼, 가위류, 전통공예품, 공구류의 도물류를 염가에 판매하는 시장을 형성하여 효율적인 재고정리의 기능은 물론 칼이라는 특화산업의 명성을 더욱 강화시키고 있다.

2001년 개최된 경기세계도자기엑스포의 근간이라고 할 수 있는 이천 도자기축제는 도자기를 지역특화산업으로 부각시킨 국내 관광이벤트 사례이다. 지난 1995년을 기점으로 지역축제에서 관광상품화 일환으로 시도된 이천도자기축제는 방문객들의 높은 반응으로 이제 문화관광산업의 영역으로 확장시킨 모범사례가 되었다. 아울러 매년 증가하는 도자기 매출실적을 포함한 높은 관광경제효과를 창출하고 있으며 축제 방문객들로 관광객이 차지하는 비중도 60% 이상을 차지하고 있어 관광축제로의 전환을 이루어냈다. 1995년 총 방문객 25만명 유치로 큰 변화를 이루었던 시도가 1999년에는 약 5만명 이상의 외국인을 포함 총 1백만명을 상회하는 축제방문객을 유치하는 대형축제로 성장하였다. 이천도자기축제와 더불어 지역의 특화산업으로 정착된 도예촌은 축제기간 중 축제장의 도자기 판매부스와 도예촌 현장에서 약 30억 5천만원의 매출액을 기록한 것으로 공식 집계되었다. 1995년 6억원 규모에 비하면 축제를 통한 도자기 판매효과만 볼 때 경제효과면에서 5배 이상의 성장을 거둔 것으로 나타났다. 참여한 지역 요장(窯場)도 1995년 54개에 불과하였으나 1999년 170개의 요장이 참여함으로써 축제를 통하여 지역의 특화산업을 부양시키는 생산적 축제의 모범사례로 평가받았다.

일본 도야마현(富山縣)의 토가촌(利賀村)은 젊은이들이 줄어들고 있는 인구과소 산촌지역이었다. 그런데 연극이벤트 전략의 도입으로 지역문제인 인구과소현상이 해결되고 새로운 모습으로 탈바꿈했다. 연극이벤트 전략으로 지역이 진흥되고 활성화되었다(서영신, 1994).

이 마을이 인구과밀도시의 하나인 도쿄도(東京都)의 무사시노시(武藏野市)와 자매결연을 하면서 주민간 교류가 진척되고 마을의 전통가옥을 이용해 문화촌으로 만들어 보려는 구상을 하던 중 동경의 전위연극 극단의 관계자가 이 지역을 방문하여 전통가옥을 연극창조의 거점으로 활용하겠다는 제안을 했다. 마을이 이 제안을 받아들여 전통가옥을 개조하여 극장을 만들었다. 이렇게 해서 벌인 전위극단의 첫해 여름 연극이벤트에서는 전국 각지에서 3천여명의 팬들이 몰려들었고 토가마을의 민박가옥은 방이 부족할 지경에 이르고, 지역특산품의 판매로 예상밖의 수익을 안겨 주었다. 이로써 마을과 전위극단의 신뢰가 더욱 돈독해졌고, 1982년에는 재단법인 국제무대예술연구소가 설립됨과 동시에 세계연극제를 개최하게 되었다. 이 마을에서는 이벤트에 대한 전폭적인 지원을 하여 1천만엔을 예산에 편성, 현과 공동으로 실행위원회를 만들고, 야외무대, 화장실, 숙박시설, 식당, 교통, 의료문제 등에 투자하였다. 특히 야외무대는 전통가옥의 문화촌 주변에 건립하여 야간조명을 받으면 자연경관과 어울려 환상적인 분위기를 연출해내 지역이벤트 명소로 떠오르게 되었다.

1982년 제1회 세계연극제는 2주간의 축제로서 1만 3천여 명이 토가마을을 방문하였고 지역경제 효과는 물론 지역주민들에게 자긍심을 안겨주었다. 이 연극축제는 그 후 매년 여름에 개최되면서 인구과소 문제해결에도 진척을 보이며, 이 지역에 생명력을 불어 넣었으며 예술활동의 거점인 국제무대예술연구소의 입지를 더욱 강화시키고 있다.

우리나라의 경우 문화예술자원이 서울에 집중되어 있는 현실을 감안할 때 지방에서 국제적인 규모의 현대문화행사를 매년 정기적으로 개최한다는 것은 그리 쉬운 일이 아니다. 그러나 1989년이래 매년 정기적으로 '춘천인형극제' 라는 인형극 행사를 개최해 온 춘천이 좋은 반응을 얻고 있으며, 행사규모의 확장과 함께 문화예술의 도시로 발돋움하고 있다. 문화자원이 빈약한 지방도시 춘천에서 1989년 바른손(주)이 춘천어린이회관을 위탁경영하면서 다양한 문화예술프로그램 개발의 하나로 시작된 춘천인형극제는 1회 축제에 15개 극단(해외극단 1개)이 참가해 7,500명의 관객으로 시작했던 것이 지난 2000년에는 75개 극단(국내극단 69개, 해외극단 6개)이 참가하는 규모의 국제 행사로 확대되었다. 축제 기간동안 어린이회관 · 문화예술회관 · 평생교육정보관 · 체육회관 공연장과 명동거리 및 지하상가 이벤트홀에서 모두 1백 50차례 공연하였다.

춘천인형극제의 개최를 통해 지자체의 예산지원이 미미한 가운데에서도 국내 인형극단들은 행사를 꾸준히 이어오며 춘천이 자랑하는 문화 아이템을 구축했다. 축제의 브랜드가치가 높아지면서 국비 20억, 도 지원비 10억, 시에서 46억원이 투입돼 지난 2001년 5월에는 인형극장도 건립됐다. 509석 규모의 객석과 인형박물관을 갖춘 국내 첫 인형극 전용극장으로서 축제 기간 이외에도 인형극, 마임극, 연극 등 다양한 예술물들을 상설로 공연하고 있다.

또한, 춘천인형극제와 함께 춘천의 대표적인 이벤트로 자리잡고 있는 '춘천 국제 마임축제' 는 지난 1989년에 처음으로 개최되었으며, 94년에는 미국과 일본 등의 외국 마임팀이 참여하고, MBC와 공동개최를 하게되어 본격적인 축제의 모습을 갖추기 시작하였다. 제12회를 맞이한 2000년에는 국내 10개 전문 마임 극단과 다수의 아마추어 들이 참가하였으며, 프랑스, 일본, 캐나다, 영국 등 8개국 11개 외국 마임극단이 참가하는 국제적인 규모의 축제로 성장하였다. 또한, 이러한 축제의 발전에 힘입어 2000년 8월에는 세계적인 마임축제인 프랑스 미모스마임축제와 독일 하노버 EXPO 종교예술축제에 공식 초청을 받는 성과를 올리기도 하였다. 축제의 볼거리로는 도시 곳곳에서 벌어지는 마임공연 퍼레이드와 거리 마임공연, 극장공연, 야외공연, 찾아가는 공연 등을 들 수 있으며, 특히, 마임의 불모지였다고 하는 우리나라에서 이와 같은 풍경은 마치 외국의 문화도시를 방문한 것 같은 이국적인 모습을 자아내 춘천을 찾는 관광객들에게 즐거움을 제공하고 있다. 춘천은 그 동안 마임축제를 통해 순수예술 분야인 마임을 독립적인 예술의 한 장르로 발전시켰고, 춘천이라는 한국의 작은 도시를 세계적인 문화의 도시로 만드는데 큰 역할을 하고 있다 (춘천국제마임축제조직위원회, 2000).

참고문헌

· 김춘식 · 남치호(2002)	「세계축제경영」, 김영사.
· 문화관광부(2001a)	「2001년 관광동향에 관한 연차보고서」, 문화관광부.
· 문화관광부(2001b)	「2001 문화관광축제 종합평가보고서」, 문화관광부.
· 미쓰비시연구소(1991)	「리조트사업전략」, 국제산업정보연구소.
· 서영신(1994)	「지방경영시대의 선택」, 나남출판.
· 이태희(2003)	「축제 브랜드 경영론」, 대왕사.
· 재단법인 세계도자기엑스포(2001)	「세계도자기엑스포2001경기도 성과분석 및 백서」, 경기개발연구원.
· 정강환(1992)	Percieved Post-Olympic Socio-cultural Impacts by Residents from a Tourism Perspective: A Case Study in Chamsil, Seoul, Korea, Ph. D. Dissertayion, University of Minnesota, USA.
· 정강환(1995)	「'93엑스코 전후비교를 통해서 본 대전시에 미친 관광영향연구」, 「관광학연구」 제19집 제1호, 한국관광학회.
· 정강환(2001a)	「문화관광축제 평가 및 방문객분석 제23회 금산인삼축제」, 배재대학교 관광이벤트연구소.
· 정강환(2001b)	「문화관광축제 평가 및 방문객분석 제4회 충주세계무술축제」, 배재대학교 관광이벤트연구소.
· 정강환(2002a)	「제16회 이천도자기축제 평가 및 방문객분석」, 배재대학교 관광이벤트연구소
· 정강환(2002b)	「안면도국제꽃박람회의 개최를 통한 기대효과」, 「월간이벤트」 2002년 5월호, 월간이벤트.a
· 정동채(2001)	「지역축제의 문제점 및 활성화 방안」, 2001년도 국정감사(문화관광부) 정책자료집 5
· 지방공사 대전엑스포과학공원(2001)	「문화관광축제 평가 및 방문객분석 대전사이언스페스티벌 2001」, 배재대학교 관광이벤트연구소
· 춘천국제마임축제조직위원회(2000)	「2000년 춘천 국제마임축제 보도자료」, 춘천국제마임축제조직위원회.
· 충청남도(2002)	「2002 안면도 국제꽃박람회 평가 및 개최효과분석」, 배재대학교 관광이벤트연구소
· Getz, D.(1991)	Festivals, Special Events & Tourism, New York: VNR.,
· Law, C.(1994)	Urban Tourism: Attracting Visitor to Large Cities, London: Cassell Publishing.
인터넷 참고자료	유로진(2000년 6월호) 홈페이지 http://eurozine.net 하노버엑스포 2000 홈페이지 http://www.expo2000.de

EVENT

관광이벤트의 실제와 전략

Ⅲ장

Ⅲ. 관광이벤트의 실제와 전략

1. 축제 조직자의 관광이벤트 시각 부족

축제 조직자나 이벤트 기획자가 그들이 관여하는 축제나 이벤트의 발전과 성장을 위해 관광이벤트개념을 이해하는 것은 매우 중요한 일이며, 특히 지역축제의 경우 축제의 주류를 이루는 지역주민들외에도 외지에서 축제를 보러오는 '관광객'을 이해하는 작업은 지역축제의 관광이벤트화에 중요한 첫걸음이라고 할 수 있다.

외지의 관광객들이 축제에 와서 만족한다면 구전, 인터넷 등 여러 매체를 통해 축제에 대한 인식이 강화되는 것은 물론 개최지역의 이미지가 개선될 것이다. 또한 축제의 소재를 이해시키고, 계몽하는 효과로 문화산업 경쟁력 강화 및 특산품 홍보 판촉효과를 거둘 수 있다. 관광객들의 축제에 대한 만족은 축제장내 식음료 및 쇼핑비 지출은 물론 축제장 외의 교통비, 숙박비, 유흥비 등의 지출을 자극하여 거시적으로 지역경제 활성화 효과와도 직결되게 된다. 이렇게 이벤트 또는 축제가 관광이벤트화로 성공하게 된다면 축제조직자는 시비(市費) 또는 도비(道費)의 보조금을 더욱 많이 받게 될 것이고, 기업에서의 협찬금 역시 받게 될 확률이 더욱 높아지며, 지역주민들로부터 적극적 참여를 유도할 수 있는 잠재성도 더욱 증대될 수 있다. 그러므로 좀더 나은 지역이벤트를 창출하는데 축제 조직자가 관광이벤트적 시각을 갖는 것이 매우 중요하다는 것을 알 수 있다.

관광객유치에 무게를 두는 관광이벤트와 지역내 주민화합단결을 도모하는 주민지향형 지역축제와의 차이점은 축제의 추구목표, 축제경영전략의 유무, 적극적인 마케팅전략의 도입에서 나타난다. 그러나 아직까지는 상당수 축제 조직자들은 자신이 관여하는 축제의 관광이벤트로서 잠재성을 보지 못하고 있고, 일부 축제 조직자들은 지역주민이 아닌 외지의 관광객을 중심으로 유치하여 지역축제가 상업화될 수 있다는 염려와 경영전략이나 경제효과 등이 강조되는 관광이벤트 전략에 일부러 반대하기도 한다. 이것은 실제로 상당수의 축제조직자들이 그들 축제의 목표를 지역주민들로 한정짓거나 지역사회 문화보존 측면에 초점을 두기 때문이기도하다. 그러나 최근 다른 지역에서 축제를 통해 지역활성화가 이뤄지는 사례들을 보면서, 또는 지방화시대의 축제가 효과적인 지역의 홍보수단으로 떠오르는 것을 인식하면서 '관광이벤트' 에 대한 개념을 새롭게 이해하고 좀더 적극적인 관심을 보이고 있다. 그러나 아직까지는 일반적으로 축제 조직자에게 축제가 관광이벤트화가 되는 것이 명시(明示)된 목표가 아니며, 단지 조직자들의 조그만 고려사항일 뿐이다.

관광이벤트 시각에서 이벤트(축제)는 관광상품과 마찬가지로 고객에게 전달되어지는 '소프트웨어' 의 내용과 서비스에 의해 그 가치와 경쟁력이 결정되어지는 무형(無形)상품이다. 그러므로 축제 조직자는 고객에게 특별한 경험을 제공해 주거나 특별한 분위기를 창출할 수 있는 '소프트웨어(프로그램)' 나 '서비스' 등의 무형적 요소 개발에 적극적 관심을 두어야 관광이벤트적인 측면이 강조될 수 있다. 다시 말해서 관광이벤트 시각에서는 축제조직자가 마치 공연기획자처럼 이벤트 프로그램에 좀더 적극적으로 참여하여 주제반영형 프로그램들이 많이 구성되어있는지 또는 핵심방문객들이 어떤 프로그램들을 선호하고 있는지 확인해야 하며, 편의시설 등의 고객지향형 서비스를 비중 있게 배려해야 한다는 것이다.

특히 종합적인 축제경영 계획 또는 마케팅 계획을 수립하는 것은 대부분 축제조직자들이 시도조차 하지 않는 부분들로써 관광이벤트를 효과적으로 실현하는데 바탕이 된다는 것을 알아야 한다. 관광이벤트 전략에 매우 적극적인 미국 · 캐나다의 경우도 이러한 점들을 강조하고 있다. 미국 · 캐나다 등을 중심으로 한 서구의 지역축제들 가운데 관광이벤트로 볼 수 있는 축제들과 우리나라 축제들의 차별화되는 점을 몇가지 꼽는다면 첫째, 국내는 관주도형 축제들이 많아 공무원들이 축제조직자를 맡는 경우가 많은 반면에 서구지역은 전문스탭들을 계약직 등 보수를 지급하는 축제조직자로 구성하여 경영개념을 도입, 운영한다는 차이점이 있다. 둘째, 국내는 대부분 무료개방형 축제인 반면 서구지역의 관광축제들의 상당부분이 입장료를 부과하는 유료형축제를 도입하고 있다는 점이며, 셋째, 서구지역의 관광축제들이 협찬(Sponsorships)에 많은 노력을 기울이며, 축제 재원에 있어 자생력을 높이고 있는 반면, 국내의 대부분 지역축제들은 관주도형으로 '기부금품모집규제법'에 저촉을 받고 있어 정부보조금에 전적으로 의존하여 재원에 있어 축제자생력을 키우고 있지 못한 실정이다. 끝으로 서구지역 관광축제들은 축제경영개념을 도입하고 흑자수익을 내는 전략을 수립하고 있으며 다음축제에 재투자되거나, 참가기관들에게 배분되는 점들은 국내 관광축제들이 재원확보 전략으로 적극 검토해 보아야하는 사안들이다.

입장료부과형축제로 성공적인 '뉴질랜드 호키티카 와일드푸드 페스티벌'(Hokitika Wildfoods Festival)은 2002년에 당일 입장은 15달러, 사전예약은 12.5달러, 5세 ~ 16세 3달러, 5세미만은 무료로, 입장료에 있어서도 세분화전략을 시도했고, 축제 개최 3달전부터 입장권 예약에 들어갔다.

현재 국내에는 대부분의 경우 대형이벤트와 규모가 큰 관광축제들의 주관기관들만이 세심한 경영과 마케팅 계획과정을 실행하고 있는 모습을 보이고 있는 실정이다. 그러나 관광이벤트 시각에서는 모든 축제 조직자들이 이런 체계적인 접근과 관련된 개념과 방법들을 인지(認知)하여야만 된다. 그것은 효과적 경영과 마케팅 계획이 모든 이벤트와 축제 개발 및 운영에 실행되는 것이 이상적이기 때문이다. 그러나 대부분의 이벤트와 축제들은 다소 비형식적이거나 자연발생적으로 시작되었으며, 주로 소규모의 비영리(非營利) 단체들에 의해 운영되고 인력부문의 한계점을 비전문적 자원봉사자들로 충당하는 실정이다. 또한 축제와 이벤트에 대한 전문 스탭이 없이 그들 직업의 조그만 일부로서 이벤트에 대한 책임을 맡고 있는 비전문 스탭에 의해서 운영되는 경우가 대부분인 실정이다. 그 결과 실제로 축제와 이벤트의 마케팅 계획이나 종합적인 운영에 미비한 모습을 보여주고 있다.

그래서 어떠한 축제조직이 전통과 역사성을 가지고 있든 없든 미래지향적이고 발전적인 축제가 되기 위해서는 축제 조직자들은 공식적이든 비공식적이든 간에 특정한 스타일의 관광이벤트 시각과 마케팅 계획을 전개해야 할 것이다. 이렇게 되지 않는 경우 축제를 선호하고 애착심을 갖는 방문객들이 감소하게 되고, 축제(이벤트) 조직기관은 발전적 의욕보다는 매년 반복되는 매너리즘에 빠질 수밖에 없다. 나아가서 중앙정부 및 지방정부의 지원이나 협찬금이 삭감될 수 있는 잠재적인 위험요소를 수반하게 될 것이다.

2. 관광이벤트 시각에서 이벤트와 축제의 최종목표

관광이벤트의 시각에서 이벤트나 축제가 추구하는 최종목표를 논의하는데는 몇 가지의 표본적인 예들을 살펴볼 수 있다. 각각의 축제나 이벤트가 추구하는 최종목표가 다르겠지만 '관광이벤트' 라는 추세에 비추어 볼 때 지역축제의 경우 과거에는 사회 · 문화적 측면의 최종목표에 많은 비중을 두었다면 현재는 조직적 · 경제적 · 관광마케팅 측면의 최종목표에 무게 중심이 옮겨가는 추세에 있다고 볼 수 있다.

보다 구체적으로 예를 들면 조직적인 측면에서 자원봉사자의 참가를 최대화한다든가 이벤트 제작비를 낮출 수 있는 효율성 증대 등에 목표를 둘 수 있고, 경제적 · 재정적 측면에서는 행사장내의 이벤트 수입과 수익의 극대화를 추구한다거나, 이벤트관광객들을 개최지역 내에 유치하여 지역경제 수익의 극대화를 추구하는 등에 초점을 맞추며, 관광마케팅 측면에서 적극적이고 진보된 마케팅전략으로 총관람객의 증가, 방문객시장 확장과 숙박관광객 유치 및 관광시즌을 연장시키는 것을 최종목표의 표본으로 들 수 있다〈표 3-1 참고〉.

또한 최종 목표는 수년 간의 일관된 이벤트 축제의 활동을 유도할 수 있을 만큼 확고한 것이어야 하지만 한정적인 것만을 고집하지 않는 유동적인 측면도 갖추어야 한다. 정해진 최종목표는 정기적으로 재검토 되어야 하며 변화하는 환경과 평가결과에 융합하는 '적용성' 을 가져야 한다.

게츠(Getz, 1991)의 주장에 따르면 최종목표는 '최종 도출 목표' 나 '과정목표' 로 나눌 수 있는데, '최종 도출목표' 는 이벤트와 축제가 추구하는 궁극적인 결과와 관련이 깊으며, '과정목표' 는 이벤트축제 조직이 형성되고 운영되는 그 자체의 방식을 포함한다고 하였다. 과정목표를 성취하는 도중에 최종 도출목표를 위한 발전이 항시 이루어질 수 있기 때문이다. 그러므로 최종 도출목표와 과정목표는 이벤트 및 축제의 발전을 위해서 서로 보조를 맞추어야만 한다.

이러한 최종목표와 성공의 징후들(indicators)이 〈표 3-1〉에 열거되어 있다. 여러 가지 다양한 측면에서 최종목표와 성공의 징후들이 나열되었지만, 각 아이템들이 관광적 측면과 어떻게하면 효과적으로 연계관계를 가질 수 있는지를 고려하는 것이 중요하다.

〈표 3-1〉 축제와 이벤트의 최종목표와 성공의 징후의 표본

최 종 목 표	표본 성공의 징후 표본
① 조직적인 측면 자원봉사자의 참가 최대화 효율성 증대 네트워크(Networks)의 개발 · 증가	 낮은 이탈율(Turnover Rate) 낮은 이벤트 제작비 정치적 지지와 참가단체의 수
② 사회문화적 측면 예술과 스포츠의 활성화 그리고 여가 기회의 창출 지방단체의 지도력 강화 문화유산보존 촉진 지역 시설의 개선 지역주민들의 지지와 자긍심의 촉진	 고양(高揚)된 인식 : 참가자의 수 참여단체의 수, 규모, 재정능력 : 연계 프로젝트를 위해 모금한 기금 프로젝트에 투자 주민들에 태도조사(Attitude Surveys) : 대중투입(Public Input) : 미디어 리포트
③ 경제적 · 재정적 측면 이벤트 수입과 수익의 극대화 지역경제 수익의 극대화 많은 지역주민들에 혜택 배분 지역주민들이 감당해야 할 비용부담(Costs)의 최소화	 예산 흑자(Budget Surplus) 관광객 지출(Tourist Expenditure) : 지역소득(승수) : 비용-수익 비율 : 고용승수 혜택의 광범위한 배분 : 외적손해 (External Costs)를 측정
④ 관광마케팅 측면 향상된 마케팅으로 총관람객의 증가 고객시장 확장과 숙박 관광객 유치 관광시즌을 길게 연장시키고 방문객의 체재일수를 늘림 매력적인 관광지 이미지의 홍보	 특정 표적시장의 확장을 충족 숙박 관광객의 수와 비율 숙박시설의 객실점유율에 영향 고양(高揚)된 소비자 인식과 긍정적 태도
⑤ 환경적 측면 공해와 생활환경 파괴 극소화 환경보전에 기여	 야생생물 조사 : 수질 변화 추세 환경보호사업

* 자료 : Getz (1991)

3. 관광이벤트를 통한 지역 관광시설 / 산업에 대한 경제 파급효과 확산

관광이벤트의 수입문제를 좀 더 구체적으로 살펴보면, 관광이벤트 조직자에게는 모든 이벤트 관람객이 이벤트 개최 장소내에서 소비한 총지출로 발생하는 이벤트 수입이 중요한 재정적 지표이며, 관광의 관점에서는 개최지역을 방문한 이벤트 관광객이 음식, 숙박, 쇼핑으로 지출한 '관광지출과 그로 인한 경제파급효과' 가 '이벤트 수입' 보다 중요한 의미를 갖는다.

다시 말해서 이벤트행사장내에서 소비한 이벤트지출과 여행중이나 이벤트 개최 지역내에서 소비한 관광지출에는 서로 다른 의미가 있다는 것이다. 관광 지출은 이벤트 지출과 달리 지역상권과 관광 · 숙박업체에 소득이 배분되는 보다 광역적인 효과가 있으며, 소득증대효과가 높다는 측면에서 이벤트관광 측면과 지역개발 측면에서 더욱 중요한 의미를 가질 수 있다.

지역주민 보다는 다른 지역의 관광객 유치에 지역 이벤트나 축제가 얼마나 성공적인가 하는 정도에 따라 이벤트 개최 장소 밖에서 앞서 언급한 관광지출이 증가할 것이다. 그것은 이벤트 관광객이 많을수록 이벤트 장소 주변의 숙박시설이나 식당, 오락시설, 관광지 등에서의 관광지출이 비례적으로 증가할 것이기 때문이다. 한 가지 사례로 미국 텍사스(Texas)의 갤베스톤(Galveston) '디킨스 온더 스트랜드' (Dickens on the Strand)라는 지역축제를 들 수 있다. 1987년 이벤트 방문객 조사에서 밝혀진 바에 따르면 이벤트 방문객의 총지출은 7백 5십만 달러였고, 그 중 이벤트 장소에서의 지출은 전체 지출의 54%였다.

이벤트 장소 외에 갤베스톤의 주요 관광 명물인 '갤베스톤 아일랜드' (Galveston Island)라는 주제공원(theme park)에서의 지출은 28%를 차지하였고, 나머지는 그 외 다른 곳에서 지출한 것으로 나타났다. 또한 '디킨스 온더 스트랜드' (Dickens on the Strand)의 경우 이벤트 장소에서 방문객의 1인당 지출금액은 40.55달러였고, 주제공원인 '갤베스톤 아일랜드' (Galveston Island)에서의 1인당 지출액은 25달러였다. 이러한 사례는 관광이벤트가 지역경제 또는 지역관광에 얼마나 많은 경제적파급효과를 주고 있는지를 단적으로 알 수 있게 해준다.

매년 2월에 유럽의 관심거리가 되는 '가면축제'로 유명한 이탈리아의 베니스 카니발(Venezia Carnevale)은 효과적인 관광이벤트로서 지역의 관광업계에 매우 커다란 경제파급 효과를 안겨 주고 있다. 카니발이 시작되면 2월의 관광비수기로 고전하던 호텔업계가 일제히 호텔요금을 올리는데도 100%의 객실 점유율을 유지하게 된다. 전체 호텔 투숙객의 80%는 카니발을 보기 위해 멀리 오스트리아, 독일, 미국, 일본 등에서 오는 국제관광객들이며, 이들 방문객들로 인해서 베니스 지역의 식당들이 카니발 기간 동안 약 40% 고객증가 효과를 누리게 된다. 뿐만 아니라 저녁 7시면 문을 닫던 베니스 지역의 많은 기념품 및 가면 상점들은 밤늦게까지 영업시간을 연장하여 많은 매출액 증가를 만끽하기도 한다.

122개의 섬들과 400여 개의 다리가 하나의 도시를 이루는 물의 도시 이태리 베니스에서 2월에 개최되는 베니스카니발은 2002년의 경우 약 40만 명의 방문객 유치로 지역경제 활성화에 큰 기여를 하였다.

4. 관광이벤트 전략을 통한 관광의 지리적 확산과 관광이벤트 전담부서

국가차원에서의 전천후 관광지화를 통한 관광활성화 전략으로 관광이벤트의 장소와 개최기간 등의 분산을 이용하여 관광수요를 다른 여러 곳으로 확산하는 것이 가능하다. 특히 세계 각국에서 국제관광객을 유치하기 위한 '방문의 해'를 대표적 사례로 찾아볼 수 있다.

뉴질랜드의 경우를 살펴보면 전통적으로 국제관광객들이 몇 개의 유명 핵심관광 명소만을 찾는 것이 전형적 관광형태였다. 그러나 관광이벤트 전략을 통해 관광지 밖의 외곽지역으로 관광객들을 분산시키는데 큰 역할을 하고 있다. 설령 각각의 이벤트 자체가 국제 관광객을 유치할 만한 충분한 '관광유인력'(觀光誘引力)을 갖추지 못할지라도 그 이벤트들은 국가 전체를 홍보하는데 도움을 주며 패키지투어(Package Tour)의 일부 프로그램으로 일익을 담당하고 있다. 예를들면 뉴질랜드는 북섬의 '오클랜드'와 남섬의 '크라이스트처치'의 2개도시를 중심으로 국제관광 패키지가 이루어져 있으나, 북섬의 경우 웰링턴의 '국제예술축제'(International Arts Festival)나 남섬의 경우는 크라이스트처치의 관광객을 끌어들이는 호키티카 야생음식축제(Hokitika Wildfood Festival) 등이 관광객 분산기능을 담당하는 관광이벤트 사례라고 할 수 있다.

캐나다 온타리오(Ontario)지역의 경우 지역의 소도시들이 관광이벤트형의 지역축제 개최를 통해 주요 대도시의 내국인과 심지어는 외국 관광객들까지 버스관광으로 유치함으로써 주요 관광핵심지인 대도시의 관광 집중으로부터 지리적인 관광 확산을 가능케 하였다(Getz, 1991).

그러나 이러한 지리적 확산 등의 관광이벤트 전략을 체계적으로 실천해 나가기 위해서는 관광이벤트 전담부서가 필요하다. 예를 들면 1987년에 뉴질랜드 관광홍보부(New Zealand Tourist and Publicity Department)는 산하기관에 관광이벤트 담당부서를 만들어 국내 이벤트 축제에 대한 데이터 베이스(data base)를 구축하고, 국내 · 국제이벤트 조직체와 협조체계를 만들고, 관광 잠재성이 큰 축제를 기술적 · 재정적으로 지원하고, 대형이벤트를 유치할 수 있는 잠재력을 가진 곳을 결정하고 타당성 조사를 하는 등의 성공적인 사례를 보여주었다.

우리나라도 최근 관광이벤트의 효과가 입증되면서 문화관광부에서는 지방축제의 문화관광상품화 노력의 일환으로써 관광이벤트 전략을 전담 수행할 수 있는 관광국(觀光局)내의 팀을 두어 운영하고 있다. 문화관광부 관광국(觀光局)내의 팀은 매년 문화관광축제의 발전잠재성이 높거나 축제개최 후 관광객 유치 및 경제효과 등이 높은 축제에 대하여 홍보 및 축제 예산지원 등을 실시하고 있다. 지방화시대의 개막과 함께 지방축제를 문화관광상품화하려는 문화관광축제의 시도는 시범적으로 실시한 1995년 이천도자기축제의 성공적인 개최를 시작으로 하여 1996년부터는 지원 대상범위를 더욱 확대하여 금산인삼제, 진도영등제, 부산자갈치축제, 광주김치축제 등 8개의 지역축제를 문화관광축제로 지정하여 본격적인 관광이벤트 시스템을 구축하였다. 1997년에는 남원춘향제, 강릉단오제, 안동하회탈축제 등이 포함되어 11개로 지원 범위가 늘었으며, 1998년은 한라산 눈꽃축제, 보령머드축제 등 7개 축제가 편입되어 18개 축제로 증가하였다. 1999년에는 청도소싸움축제, 영암왕인축제 등이 늘어 21개 축제가 문화관광축제로 지정되었으며, 2000년에는 1996년에 지정된 수에 비해 3배가 증가되어 고성공룡나라축제, 대전사이언스페스티벌 등 총 25개의 문화관광축제가 지정되어 지방축제의 관광이벤트화 노력을 지속적으로 확대하였다.

2004년 현재 문화관광축제는 지정축제 23개와 예비축제 14개를 합쳐 37개의 축제가 문화관광축제로 지정되었다. 〈표 3-2〉는 연도별 문화관광부 지정 문화관광축제에 대한 현황을 보여주고 있다.

<표 3-2> 연도별 문화관광부 지정 문화관광축제

년 도	지정수	축 제 명
1996	8	이천도자기축제, 금산인삼제, 진도영등제, 부산자갈치축제, 광주김치축제, 춘천인형극제, 완도 장보고축제, 수원성축성 2백주년행사
1997	11	고양세계꽃박람회, 남원춘향제, 강릉단오제, 진도영등제, 강진청자문화제, 금산인삼제, 이천도자기축제, 남도음식축제, 안동하회탈축제, 부산자갈치축제, 백제문화제
1998	18	한라산눈꽃축제, 한국전통주와 떡축제, 진도영등축제, 모시문화제, 충주전통무술축제, 보령머드축제, 고인돌축제, 금산인삼제, 강진청자문화제, 이천도자기축제, 양양송이축제, 안동국제탈춤페스티벌, 난계국악축제, 통영나전칠기축제, 남도음식축제, 부산자갈치문화관광축제, 광주김치대축제, 내장산단풍축제
1999	21	대관령눈꽃축제, 청도소싸움축제, 한국전통주와 떡축제, 영암왕인축제, 진도영등제, 충주(수안보) 전통무술축제, 여주도자기축제, 서천모시문화제, 남원춘향제, 무주반딧불 축제, 보령머드 축제, 강진청자문화제, 금산인삼제, 이천도자기축제, 통영나전칠기축제, 양양송이축제, 영동난계국악축제, 안동국제탈춤페스티벌, 부산자갈치축제, 익산보석축제, 광주김치대축제
2000	25	한라산눈꽃축제, 대관령눈꽃축제, 청도소싸움축제, 한국의 술과 떡축제, 영암왕인축제, 서천모시문화제, 진도영등제, 남원춘향제, 하동야생차축제, 무주반딧불축제, 보령머드축제, 고성공룡나라축제, 강진청자문화제, 대전사이'언스페스티벌, 금산인삼축제, 난계국악축제, 충주세계무술축제, 안동탈춤페스티벌, 양양송이축제, 통영나전칠기축제, 여주도자기박람회, 이천도자기축제, 광주김치대축제, 익산보석문화제, 부산자갈치축제
2001	30	대관령눈꽃축제, 한라산눈꽃축제, 정월대보름들불축제, 한국의 술과 떡축제, 영암왕인축제, 한산모시문화제, 청도소싸움축제, 고희남원춘향제, 대구약령시축제, 진도영등축제, 하동야생차축제, 춘천국제마임축제, 보령머드축제, 강진청자문화제, 고성공룡나라축제, 대전사이언스페스티벌, 무안연꽃축제, 무주반딧불축제, 금산인삼축제, 김제지평선축제, 영동난계국악축제, 안동국제탈춤페스티벌, 풍기인삼축제, 화성문화제, 양양송이축제, 충주무술축제, 통영나전칠기축지, 광주김치대축제, 부산자갈치축제, 익산보석문화축제
2002	29	진도영등축제, 영암왕인문화축제, 경주한국의 술과 떡축제, 청도소싸움축제, 정월대보름들불축제, 남원춘향제, 대구약령시축제, 춘천국제마임축제, 기장멸치축제, 하동야생차축제, 한산모시문화제, 세계태권도문화축제, 강진청자문화제, 보령머드축제, 고성공룡나라축제, 대전사이언스페스티벌, 무안연꽃축제, 무주반딧불축제, 금산인삼축제, 난계국악축제, 충주세계무술축제, 안동국제탈춤페스티벌, 통영나전칠기축제, 풍기인삼축제, 양양송이축제, 김제지평선축제, 부산자갈치축제, 강경전통맛갈젓축제, 광주김치대축제
2003	23	영암왕인문화축제, 경주 한국의 술과 떡잔치, 진도영등축제, 한산모시문화제, 함평나비축제, 남원춘향제, 대구약령시축제, 춘천국제마임축제, 하동야생차축제, 보령머드축제, 강진청자문화제, 대전사이언스페스티벌, 무주반딧불축제, 금산인삼축제, 양양송이축제, 안동국제탈춤페스티벌, 김제지평선축제, 충주세계무술축제, 난계국악축제, 부산자갈치축제, 강경젓갈축제, 광주김치대축제, 풍기인삼축제
2004	문화관광축제 23	하동야생차축제, 춘천국제마임축제, 대구약령시한방문화축제, 보령머드축제, 충주세계무술축제, 무주반딧불축제, 한산모시문화제, 경주 한국의 술과 떡잔치, 김제지평선축제, 아산성웅이순신축제, 양양송이축제, 진도영등축제, 광주김치대축제, 진주남강유등축제, 풍기인삼축제, 함평나비축제, 춘향제, 난계국악축제, 부산자갈치축제, 강경 젓갈축제, 금산인삼축제, 강진청자문화제, 안동국제탈춤페스티벌
	예비축제 14	인제빙어축제, 남도음식문화큰잔치, 팔만대장경축제, 강화고인돌축제, 봉화송이축제, 서귀포칠십리축제, 보성다향제, 전국민속투우축제, 연천구석기축제, 서울약령시축제, 효석문화제, 지리산한방 · 약초축제, 이천햅쌀축제, 울산고래축제

* 자료 : 문화관광부, 한국관광공사 자료를 토대로 편집작성

문화관광축제 추진 주체로서 문화관광부는 〈그림 3-1〉에서 보이는 바와 같은 구조를 통해 육성대상 축제의 선정, 관련기관의 참여유도, 그리고 관광이벤트 개발 및 홍보지원, 재원보조, 관광상품화 등을 총괄하고 있다. 한편, 한국관광공사는 축제 종합홍보물을 제작하여 해외지사를 통한 배포, 모객 광고 등의 해외마케팅을 실시하고 관광이벤트 개발 및 홍보물 제작 자문을 실시하고 있다. 각 시 · 도 · 군 · 구는 직접적인 행사추진은 물론 민간기관에서 축제운영을 주도할 경우 각종 행정지원과 국내홍보, 여행업 설명회, 지역 주민 및 업계의 참여를 유도하고 있다. 각 주최기관은 행사기획과 진행을, 여행업계는 축제 패키지상품을 개발 · 판매하고 있다.

이에 앞서 '1994년 한국방문의 해' 준비를 위해 한국관광공사 내에 조직된 '행사본부' 가 한국의 최초 관광이벤트 전담부서로 의의를 가지지만, '방문의 해' 행사준비를 위한 단기성 조직이었다는 인식이 강하다. 그 이후 조직이 행사처, 21세기 행사부 등의 이름으로 변경되어오다가 지금은 '이벤트팀' 으로 트라이애슬론, 태권도대회, PGA 골프대회 등의 관광객 유치형 스포츠 행사를 지원하거나 직접 개최하는 등의 역할을 하고 있고, '지차체협력부' 에서는 국내 문화관광축제들을 연계 · 지원하고 관광이벤트의 관심을 확산시키는 역할을 하고 있다.

<그림 3-1> 문화관광부(관광개발과) 문화관광축제사업의 추진체계도(1999)

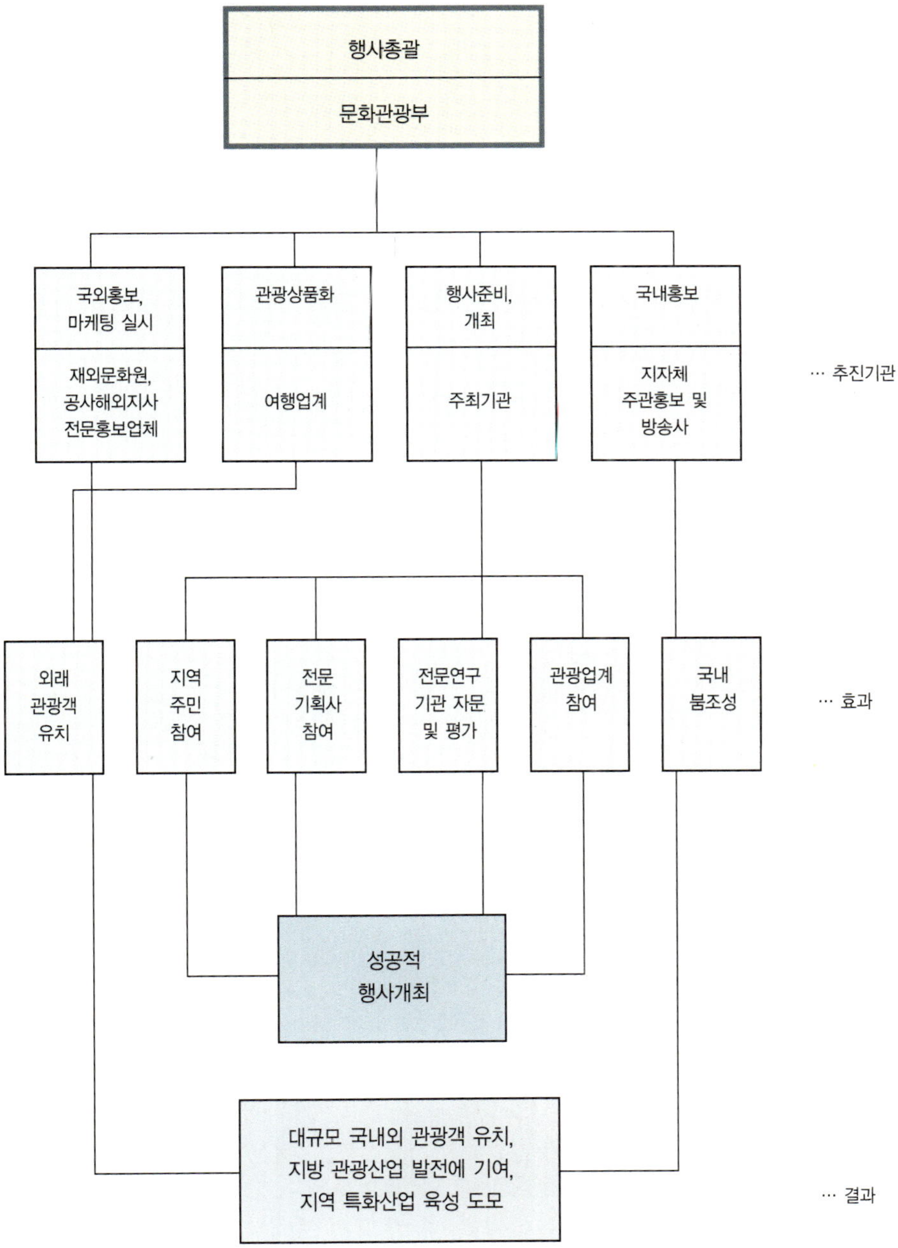

5. 관광이벤트와 축제의 주제설정

어떻게 관광이벤트와 축제의 주제를 개발하고 관광이벤트의 모든 부분에 주제를 일관되게 반영시킬 것인가? 모든 관광이벤트는 주제를 가지고 있는데 주로 지역의 문화유산이나 특유 생활방식을 기념하고 경축한다. 그러나 주제는 단지 기념하는 대상물 이상의 의미를 갖는다. 그것은 주제가 관광이벤트나 축제의 모든 부분에 스며들어 관광이벤트나 축제를 단일화하고, 또 주제는 프로그램의 방향과 일관성을 제시하기 때문이다. 그래서 관광이벤트 방문객들이 관광이벤트를 쉽게 이해할 수 있는 근거를 마련해 주는 것이다. 그러므로 주제를 이벤트에 현실화한다는 개념은 즉, 이벤트 프로그램들에 일관성을 부여하고, 이벤트의 이미지를 생성하는 것이 된다.

미국 '플로리다 스테이트 페어'(Florida State Fair)의 딸기를 형상화한 놀이시설. 딸기라는 농산물 테마를 강렬하게 느낄 수 있다.

오렌지 농업조합에서 참가한 플로리다 스테이트 페어의(Florida State Fair) 오렌지 판촉 체험행사 중 휴게시설에서도 '오렌지'라는 주제를 느낄 수 있게끔 연출하였다.

우선 주제는 지역의 문화와 지역주민들의 열망을 반영한 지역만이 갖고 있는 향토적인 것이 되어야 할 것이다. 국제적으로 영국 에든버러의 군악대축제(Military Tattoo), 캐나다 캘거리의 스템피드(Stempede), 오스트리아 짤스부르크의 음악축제, 독일 뮌헨의 맥주축제로 불리는 10월축제(Oktoberfest), 일본 삿포로의 눈축제 등이 주제 설정의 대표적 사례로 꼽을 수 있으며, 국내에서는 이천도자기축제, 진주 남강유등축제, 금산인삼축제, 보령머드축제 등이 지역성을 반영한 적합한 이벤트 주제설정의 대표적인 사례들이다.

특히 우리나라는 지방화시대 개막과 함께 지역 특성을 살리는 주제가 설정된 관광이벤트가 더욱 중요해지고 있다. 그런데 여기서 가장 경계해야 할 것이 성공한 다른 지역이벤트를 모방하는 것이다. 지방화시대의 개막과 함께 개최되었던 광주 비엔날레의 성공을 계기로 많은 지역에서 비엔날레 아이디어를 도입하려 했던 것이 사실이며, 부산국제영화제의 성공을 계기로 타지역에서 영화제 벤치마킹 사례들이 다수 있었던 것이 사실이기 때문이다. 주제선정에 있어 모든 주민이 만장일치로 찬성해야 하는 것은 아니더라도 지역의 몇몇 민간단체나 공공단체가 주제에 대한 믿음(철학)이나 강렬한 희망이 있어야 할 것이다. 독특한 주제는 창조해 내기가 점점 더 어려워지고 있다. 창조성과 일종의 유머감각을 반영한 주제가 주의를 끄는 데 성공적인 경우가 있으며, 시대변화에 따른 시기적절한 주제도 인기를 끄는 경우가 많다.

대전 유성구에서 지역의 3가지 유명한 소재(온천, 과학, 농업)를 건강(Bio)이라는 주제로 통합시켜 개최한 유성건강페스티벌의 '건강아로마테마탕' 프로그램.

〈표 3-3〉을 참조하면 최근 국내의 문화관광축제로 지정된 축제들에서 경쟁력있게 나타난 축제 주제들을 살펴보면 자연체험, 갯벌체험, 겨울체험 등의 생태관광형 주제들이 가장 많이 지정되었었고, 도자기, 나전칠기, 모시 등의 토산공예품, 인삼, 송이, 녹차 등의 전통재배 농산물, 김치, 젓갈, 민속주 등의 전통식음료 등이 주요 지정 축제들의 주제로 파악되었다.

관광이벤트 주제는 상호보완 효과를 위해 개최지역의 주제와 연계할 수 있다. 몇몇의 경우 지역성을 듬뿍 담은 이벤트를 개최하여 성공함으로써 지역의 이미지를 강화한 사례들도 있다. 그래서 몇몇 지역은 한 두 가지 관광이벤트의 효과적인 개최 결과로 그 지역의 이미지를 새롭게 생성하고 강화시킨 사례들도 있어 관광이벤트의 개최지역에 대한 장기적 효과를 증명하기도 한다.

그렇다고 한 지역에 여러 이벤트들이 있는 경우 모든 이벤트를 일관된 지역적 주제에 연결시킬 필요는 없다. 여러 가지 주제로 구성된 이벤트들의 다양성 자체가 또한 큰 가치가 있고, 매력성이 있기 때문이다. 예를 들면 스포츠나 레크리에

이션을 위한 이벤트 속성 때문에 지역적인 주제와는 연결되지 않지만 구체적이고 다양한 주제를 가진 관광이벤트들도 이미 많이 있다. 그러나 어쨌든 지역적인 특색을 잘 반영한 관광이벤트들은 잘 연계시키면 훌륭한 패키지 관광상품으로 개발될 수 있다.

또한 주제를 관광이벤트에 잘 반영시켜 홍보에도 큰 효과를 나타내기 위해서는 여러 가지 측면을 고려해야 할 것이다. 우선 관광이벤트 자체의 명칭에서 반영되는 것이 가장 중요하고, 로고와 마스코트를 통해서, 이벤트 장소와 디자인을 통해서, 이벤트 프로그램과 이벤트의 서비스를 통해서, 음식과 음료를 통해서, 판매하는 기념품, 일관된 광고형식과 스타일, 이벤트 방문객들에게 이벤트의 특정 혜택을 강조함으로써 이벤트의 주제반영에 효율을 높일 수 있다.

<표 3-3> 문화관광축제의 주제별 분석

축제의 주제	비율 (%)	연도별 · 주제별 선정 현황 (개)								
		계	2002	2001	2000	1999	1998	1997	1996	1995
생태관광 (자연체험, 겨울체험, 갯벌체험 등)	22.4	32	7	9	6	4	4	1	1	
토산공예품 (도자기, 나전칠기, 보석, 도시)	18.9	27	3	4	6	6	4	2	1	1
전통재배(인삼, 송이, 녹차, 약령시)	13.3	19	5	5	3	2	2	1	1	
전통음식 (김치, 맛깔젓, 전통주, 자갈치시장)	14.6	21	4	3	3	3	4	2	2	
스포츠레져(전통무술,소싸움)	7.0	10	3	2	2	2	1			
국악	6.3	9	2	2	2	2	1			
신앙, 고인돌, 탈춤	4.9	7	1	1	1	1	2	1		
민속놀이	4.9	7	1	1	1	1		2	1	
역사유물	2.1	3		1				1	1	
구국선양	1.4	2							1	1
기타(멸치, 마임, 사이언스)	4.2	6	3	2	1					
합 계	100.0	143	29	30	25	21	18	10	8	2

＊자료 : 정두진 외 (2002)

〈표 3-4〉 세계의 지역축제 주제별 분류

주 제	축 제 사 례
(농업) 특산물	금산 인삼축제 미국 멘도타(Mendota) 옥수수축제 (Sweet Corn Festival) 미국 길로이 마늘축제(Gilroy Garlic Festival)
(전통/공업)특산물	일본 세끼시의 칼[刀物] 축제 이천의 도자기 축제 이태리 베니스 카니발(가면)
지역의 기후 / 지형적 특성	미국 세인폴 겨울축제 (Winter Carnival) 캐나다 퀘벡 겨울 (Winter Carnival) 일본 삿포로 눈축제
꽃(식물)	미국 패사디나 로즈 퍼레이드 말레이지아 꽃축제 (Floral Fest) 캐나다 오타와 튤립축제
음식/음료	홍콩 요리축제 미국 시카고 음식축제 (Taste of Chicago) 독일 뮌헨 맥주축제(Oktoberfest) 광주 김치축제
역사적 사건/인물	영국 에든버러 군악대 (Military Tatoo) 남원 춘향제 캐나다 스트랫포드 세익스피어축제
문화(연극)	춘천 인형극제 일본 토가무라 연극축제 프랑스 아비뇽 연극제
문화(음악)	오스트리아 짤즈부르크 음악제 독일 바이로이트 음악축제 영동 난계국악축제
과학	영국 에든버러 사이언스 페스티벌 호주 캔버라 사이언스페스티벌 대전 사이언스페스티벌

'김치'라는 주제를 선점하기 위해 광주광역시 관광과에서 개발 개최하고있는 '광주김치대축제', 옆의 사진은 김치판매코너를 구경하고 있는 외국인들의 모습.

6. 관광이벤트와 축제의 가격전략

축제와 이벤트는 가격전략 측면에서도 일반적인 공산품과는 매우 다른 특성이 있다. 그것은 많은 이벤트들이 대중에게 무료로 개방하고 있는 대신에 필요한 이벤트 행사에 소요되는 비용을 이벤트 상품을 판매하거나, 보조금, 협찬금 또는 다른 재원조달 방법으로 충당하고 있기 때문이다. 혹시 수익을 얻는다면 참여그룹, 상인들, 이벤트 기자재 공급자들에 한정되는 경우가 많다.

마케팅 믹스에서 중요한 요소로서 이벤트의 가격전략은 홍보와도 깊은 연관이 있다. 입장료를 받는 이벤트와 일반에게 무료로 개방되어 있는 이벤트를 홍보함에 있어서도 매우 다른 전략 방안이 필요하다. 또한 가격은 '장소' 와도 관련이 있는데 특히 이벤트를 거리나 공원에서 개최하는 경우 통제하기가 어렵기 때문에 입장료 부과가 어렵다. 전문적인 공연단이 출연하는 축제의 경우나 시설기자재 운영비가 많이 드는 이벤트의 경우에는 적어도 투자액을 회수할 정도(A Break-Even Point)의 가격전략을 수립해야 할 것이다. 그리고 가격은 관광이벤트와 깊은 관련이 있는데, 방문객들은 '무료로 개방된 이벤트' 와 '가격을 부과하는 이벤트' 에서 근본적으로 다른 기대를 가지고 있고, 이벤트 조직자 측면에서는 창조적이고 매년 무엇인가 조금씩 색다른 관광이벤트를 개발하기 위한 비용 마련에 가격의 역할이 있기 때문이다.

일반적으로 지역단체와 공공기관이 개최하는 축제의 경우 무료로 개방되는 경우가 많다. 이것이 바로 축제가 갖는 매력의 일부라 할 수 있는데, 특히 그 지역 주민들에게는 더욱 그렇다. 국내 대부분의 지역축제는 무료개방형이라 할수 있으며 무료시스템을 지역주민들이 당연하게 여기고 있으며 관주도 성격 때문에 주관하는 측이나 방문객들이 축제에 대한 가격전략에 민감한 편이라고 할 수 있다. 미국과 같은 서구선진국에서는 국내와 비교관점에서 유료형 축제를 많이 찾아볼 수 있으나, 무료개방형 축제도 다수 존재한다. 미국 남캐롤라이나(South Carolina)주의 축제계획법을 살펴보면 축제의 매력을 확대하기 위해서는, 방문객들이 참여하는데 드는 비용을 최소화해 주어야 한다는 것이다. 차라리 입장료 부과보다는 축제에 새롭게 투자되는 부분만을 재원마련으로 충당하거나, 다른 방법으로 기금을 마련(Fund-raising)하는 것이 더욱 효과적이라고도 한다. 무료로 개방된 축제나 참가비용이 거의 들지 않는 이벤트는 잠재수요의 참여결정을 부추기고, 지역을 방문하는 관광객들의 즉흥적인 방문 결정을 유도하기도 한다. 그래서 "이 지역이 항상 무엇인가 떠들썩하게 벌이고 있구나"하는 인상을 심어 주게 된다.

일반대중들은 축제나 이벤트에 입장료를 부과하는 것이 '공공적인 기념축하' 보다는 '오락'에 더욱 치중할 것이라는 선입관을 갖게 된다. 역시 수준 높은 축제일 것이라는 기대도 입장료 부과에 따라 더욱 강화되기도 한다. 그렇기 때문에 축제는 이러한 기대를 충족시켜 주어야 한다. 그래야만 축제 방문객 시장도 좀더 금전적 여유와 시간적 여유가 많은 방문객을 유치할 수 있고, 사전 방문 계획을 세우는 것에 대한 중요성을 인식할 수 있다.

결과적으로 이러한 새로운 고객 시장을 만족시키기 위해 관광이벤트 홍보나 프로그램 또한 재구성될 수 있다. 관광의 관점에서 축제에 입장료를 부과하는 것은 복합된 결과를 가져올 수 있는데, 관광객들은 소비하는 분위기이므로 관광이벤트를 위해 기꺼이 돈을 지불하려고 할 것이지만, 반면 지역주민들은 그렇지 않다. 또한 양질의 관광이벤트는 입장료 부과로 금전적 수익을 창출할 수 있고 핵심 고객시장을 더욱 쉽게 유인할 수 있다. 다른 한편으로 바람직한 지역 이미지를 강화하고, 축제장내 지역주민과 관광객간 상호접촉을 유인하기 위해서는 관광객들에게 무료로 이벤트 활동과 멋진 장면을 연출하는 것이 효과적이기도 하다. 그러므로 효과적인 관광이벤트 전략은 같은 이벤트에 무료적인 측면과 유료적인 측면을 적절히 복합하는 것이다. 입장료를 부과하는 축제의 경우 축제 조직자들은 지역주민들의 지지와 참여를 얻는데 신경써야 할 것이다. 미국 텍사스 갤베스톤(Galveston)의 '디킨스 온더 스트랜드'(Dickens on the Strand)는 지역주민들의 지지와 참여를 얻어

내어 외부지역 방문객들을 효과적으로 유인한 성공적인 사례이다.

앞서 언급했듯이 국내의 경우는 대부분의 지역축제들이 입장료 없이 방문객들에게 무료로 개방되고 있으나, 최근 일부 지역축제나 지방박람회 성격의 대형이벤트들을 중심으로 입장료를 받는 사례가 늘어나고 있는 추세에 있다. 또한, 최근 나타나고 있는 또 다른 축제의 가격전략으로 축제장 전체 입장료를 부과하는 대신에 별도의 체험 프로그램이나 주제전시 프로그램 등의 일부 프로그램을 유료로 전환하여 수익성을 높이는 노력을 하고 있다.

<표 3-5> 국내외 축제의 입장료 부과 사례

구 분	축 제 명
국내사례	청도소싸움축제 (청도) 고양꽃박람회 (고양) 춘천국제마임축제 (춘천) 대전사이언스페스티벌 (대전) 안동국제탈춤페스티벌 (안동) 무주반딧불축제 (무주) 양양 연어축제 (양양) 경주문화엑스포 (경주) 청주공예비엔날레 2001 (청주) 2001 세계도자기엑스포 (경기) 청주항공엑스포 2000 (청주) 진주 남강유등축제 (진주)
국외사례	니스 카니발 (프랑스) 망똥레몬축제 (프랑스) 오레곤 섹스피어 축제 (미국) 프린지 페스티벌 (영국) 오아하카 구엘라궤차 축제 (멕시코) 2002 페스 성악축제 (모로코) 하우스텐보스 튤립축제 (일본) 밀워키 아이리쉬 페스티벌 (미국) 르네상스 페스티벌 (미국)

7. 관광이벤트와 축제의 비용추정과 재원조달

과거의 선행 경험이 이벤트 비용산정에 가장 좋은 데이터 근거가 될 수 있지만, 새로 이벤트를 계획하여 기존 이벤트 프로그램에 변화를 주고, 갑작스런 '인플레이션'(Inflation)으로 인한 이벤트 기자재 가격상승 등의 통제할 수 없는 외부적 영향을 고려 할 때 추가적 비용을 추정해야 하는 것은 당연하다. 다시 말해서 모든 이벤트관련 자본내용과 운영비용을 계산함은 물론 외부적 영향에 의해 고려되어져야 하는 추가적인 비용들도 함께 포함해야 할 것이다. 규모가 크고 정교한 운영을 하는 이벤트 조직체의 경우는 기회비용까지도 고려하여, 이벤트에 투자함으로써 놓치게 되는 기회들도 반영비용으로 환경 변화에 따른 예비비도 포함해야 할 것이다.

또한 갚아야 할 부채와 같은 장기 채무 등도 반영하게 한다. 이러한 면밀한 관점에서 비용추정이 되어 재원조달 전략이나 가격전략이 수립되지 않으면 감당할 수 없는 재정문제에 봉착하게 된다.

일반적으로 이벤트 · 축제의 예산 구조는 주로 행사비, 시설투자비, 홍보비, 추진운영비 등으로 구성되어 있으며, 이벤트나 축제의 특성과 처한 상황에 따라 예산구조상의 각 부문별 예산 비율은 다소 차이가 있을 수 있다. 다음 〈표 3-6〉은 국내 주요 관광이벤트들의 예산 구조를 비교한 표이다.

〈표 3-6〉 국내 관광이벤트의 부문별 예산비중 비교표

구분 \ 이벤트	2002 대전사이언스 페스티벌	2000 안동국제탈춤 페스티벌	2000 경주문화엑스포	'97고양 꽃박람회
행 사 비	55%	39%	44%	43%
시설투자비	9%	17%	20%	44%
홍 보 비	22%	15%	10%	12%
추진운영비	14%	29%	26%	1%
합 계	100%	100%	100%	100%

* 자료 : 각 관광이벤트 결과 보고서를 토대로 편집작성

<표 3-7> 예산규모에 따른 주요 국내 관광이벤트 분류(2002년 기준)

예산규모에 따른 구분	축 제 명	개최횟수
1억원 미만	이천 설봉문화제(3천만원) 계룡산산신제(4천 4백만원) 해운대축제(4천 6백만원) 신탄진 봄꽃제(5천 1백만원)	16회 5회 20회 13회
1억원 ~ 3억원 미만	남한산성 문화제(1억원) 대관령눈꽃축제(1억 5천) 양양송이축제(2억 1천만원) 춘천 마임축제(2억 7천 5백 만원) 기장멸치축제(2억 9천만원) 대구약령시축제(2억 6천 3백만원)	7회 10회 5회 14회 6회 25회
3억원 ~ 5억원 미만	강경젓갈축제(3억 5천만원) 부산자갈치문화관광축제(3억 8백만원) 광주김치대축제(3억 4천만원) 여주도자기박람회(4억원)	6회 7회 9회 14회
5억원 ~ 10억원 미만	서울프린지페스티벌(5억 2천만원) 남양주 야외공연축제(6억원) 강릉 단오제(6억 3천만원) 수원화성문화제(7억 8천 8백만원) 대전사이언스페스티벌(8억 1천 4백만원) 세계태권도문화축제(8억 9천만원)	5회 2회 미상 39회 3회 5회
10억원 ~ 30억원 미만	서울드럼페스티벌(13억원) 충주세계무술축제(15억원) 부천국제판타스틱영화제(19억 8천 3백만원) 전주국제영화제(20억원)	4회 5회 6회 3회
30억원 이상	전주세계소리축제(32억 9천 8백만원) 부산국제영화제(33억원) 청주국제공예비엔날레(42억 2천 5백만원) 광주비엔날레(84억 5천 9백만원)	2회 7회 2회 4회

* 자료 : 문화관광부(2003)

또한, 〈표 3-7〉은 국내 주요 유명 이벤트 · 축제의 전체 예산규모에 따른 세부적인 분류를 시도해 본 것이다. 분석에서 볼 때 '군' 단위보다, 대도시 중심의 이벤트 축제들이 상대적으로 큰 예산규모를 가지고 있으며, 특산물형 주제의 축제들보다는 영화 · 공연 등의 예술장르형 이벤트들이 상대적으로 높은 예산 규모를 가지고 있다.

관광이벤트 재원조달 측면에서 입장료 수입이 없는 경우 이벤트 조직자는 협찬금, 보조금, 기금마련 행사, 부스 임대, 기념품판매 등에 의존해야 한다. 그런데 이벤트 기금을 마련하기 위한 행사를 하는 것 자체는 현실적으로 상당히 아이러니한 이야기이며, 축제를 통한 재원을 마련하지 못하는 경우 항상 예산수립 문제 때문에 고민해야하고 불확실한 축제보조금이나 협찬금으로 계속해서 매년 어려움을 겪어야 한다는 것이다.

주위에서 자주 접하는 지역축제와 같은 무료개방 이벤트가 더욱 큰 성공을 거두기

대전엑스포과학공원이라는 테마파크 활성화프로젝트로 실시되는 입장료부과형 축제인 대전사이언스페스티벌.

위해서는 새로운 프로그램 개발이나 시설 설치 등으로 더 많은 예산을 수립해야하며 이렇게 지속적인 투자 일변도로 더욱 많은 돈을 잃어야 한다는 논리를 어떻게 생각해야 할 것인가? 특히 관주도형 축제에서는 매년 축제예산 증액을 위해 의회를 설득해야 하고, 오히려 예산이 삭감됨으로 인해서 갑작스런 행사규모 축소를 어떻게 해결해야 할 것인가? 이러한 상황에 대한 대안으로 외국의 성공적인 관광이벤트 사례를 살펴 본다면 입장료를 부과하는 것이 매우 도움이 될 수 있다. 그래서 이미 미국의 몇몇 축제 조직자들은 그들의 축제에 입장료를 부과하기 시작했으며, 입장권 대신 출입증 역할을 하는 뺏지시스템을 도입하였다. 만약 재원조달에 특별한 방법이 없는 경우 대부분의 축제나 많은 이벤트들은 효과적인 판매부스 임대계획을 세우거나, 상품, 로고, TV 중계의 허가권을 팔거나 하는 방법을 고안한다.

이벤트에 입장료를 부과하는 경우 잠재적인 영향들을 고려해야 한다. 높은 가격을 매길수록 관광, 여가상품에 대한 수요가 낮아진다는 것을 감안한다면 이벤트

구미선진국에서는 민간주도형 축제가 많이 있으며, 특히 문화관광상품으로 개최되는 미국 플로리다주의 르네상스페스티벌. – 옆의 사진은 르네상스페스티벌이 입장료부과형 축제로서 매표소도 중세시대 분위기의 테마반영을 한 점이 독특하다.

조직자들은 이벤트에 대한 가격인상 등으로 나타나게 될 영향들을 예상할 수 있어야 한다. 하지만 불행하게도 축제와 이벤트에 대한 수요의 탄력성은 아직까지 조사된 것이 없다. 그래서 이벤트 조직자들이 직접 경험하거나 비교를 하지 않는 이상 그 예상은 착오를 유발할 수 있다.

입장료를 부과하면 이벤트의 이미지에 어떤 변화가 있을까? 예견 가능한 것은 이벤트 방문객 시장이 기존의 방문객 시장보다 좀더 돈과 여유가 있는 시장으로 바뀔 것이다. 전체 방문객 수의 감소는 증가된 재원수입에 따라 충분히 상쇄되어져야 할 것이라는 점이다. 이벤트가 평판이나 이미지가 안 좋은 경우 가격의 부과로 관광이벤트의 질이 좋아짐으로써 방문객 수요가 증가할 수 있다.

다른 잠재적 위협요인을 고려한다면 이벤트에 대한 입장료 부과가 기존에 지원받고 있는 협찬금, 보조금을 위협할 수도 있다. 어떤 이벤트 내용의 변화가 있고 그 때문에 비용이 증가되고, 홍보비용도 증가한다면 손익비교를 좀더 명확히 하여 입장료 부과로 생기는 잠재영향을 분석하는 것이 좋다. 특히, 이벤트가 예상된 수입액을 충족시키지 못하고 적자를 유발한다면 심각한 일이다. 상황이 극심한 경우 이벤트를 그만두어야 하는 상황에도 직면하게 된다. 이러한 상황의 심각성이 가격에 영향을 주게 되는데 입장료의 부과는 자립할 수 있는 이벤트 수입액과 적자분의 차이로 파악하면 될 것이다.

관광이벤트의 보조금과 관련된 이슈로 다음 〈표 3-8〉은 국내에서 개최된 비교적 큰 규모의 관광이벤트들을 중심으로 이벤트 재원조달 현황을 분석한 것이다. 사례에 나타난 행사들은 대부분 국책 사업규모로 행사에 많은 재원들을 감당하기 위해 국비, 도비, 입장수입, 기타수입 등 다양한 재원에 의존하고 있다는 것을 알 수 있으며, 그 가운데에서도 특히, 국비, 도비 및 시비에 대한 의존도가 매우 높은 것을 알 수 있다.

〈표 3-8〉 주요 관광이벤트 재원조달 사례 분석

이 벤 트 명	총 사업비	국비	도비 및 시비	기타
2002 안면도 국제 꽃박람회	380억원 100%	39%	54%	7%
2001 세계도자기엑스포	498억원 100%	13%	55%	32%
2000 경주세계문화엑스포	355억원 100%	28%	35%	37%
1999 강원 국제관광엑스포	480억원 100%	25%	40%	35%
1997 고양세계 꽃박람회	100억원 100%	35%	60%	5%

* 자료 : 각 행사 결과 보고서를 토대로 편집작성

"연중 어느 때를 이벤트 및 축제의 개최시기로 잡는가?" 또는 "일주일의 무슨 요일로?", "얼마의 기간동안을 계획할 것인가?" 등은 관광이벤트를 위한 시간전략의 핵심질문들로서 관광이벤트 개최의 성패와 연결되는 중요한 고려사항이다.

일반적으로 축제전문가들은 10일 동안의 행사기간에 두 번 주말을 맞이하게 하는 이벤트 일정이 관광객 유치를 최대화하는데 이상적이라고 한다. 1983년에 발표한 스페셜 이벤트 리포트(Special Event Report)에 따르면 8일에서 14일간이 축제를 위한 최적의 행사기간으로 제시되었는데, 이 기간이 중요한 계기를 마련할 수 있는 충분한 시간이 되며 또한 잠재방문객이나 방송매체에 일종의 긴박감을 형성할 수 있는 짧은 시간도 되기 때문이다.

그런데 국내 지역축제의 경우 1일에서 3일이 대부분으로 매우 짧은 편이다. 지역활성화를 위한 관광상품으로 지역축제를 발전시키기 위해서는 최소 3일 이상이 되어야 할 것이며, 1995년 이천 도자기축제에서 시작된 10일간의 관광전략형 축제도 다수 개발되어야 할 것이다(정강환, 1996a). 최근에는 국가지정 '문화관광축제'를 중심으로 짧았던 축제 개최일 수가 조금씩 증가하는 추세를 보였다고 할 수 있다. 다음의 〈표 3-9〉는 2002년 문화관광축제들의 개최 일수에 따른 분석한 결과이다. 이를 보면, 문화관광축제들 가운데는 '정월대보름들불축제'의 개최 일수가 2일인 것을 제외하고는 대부분이 4일 이상의 시간전략을 택하고 있다. 특히, 전체의 약 52%가 주말을 전후한 4일내지 5일 동안 축제를 개최하고 있는 것으로 분석되었다. 또한, 6일~7일 개최일 수를 가진 문화관광축제의 경우는 전체의 약 28%이며, 일주일을 넘는 축제는 약 18%로 분석되었다. 한편, 문화관광축제 가운데 가장 오랫동안 개최하는 축제는 '대전사이언스페스티벌'로 11일 동안 축제를 개최하는 것으로 나타났으며, 엑스포과학공원이라는 테마파크(Theme Park)에서 개최하는 장소적 특성이 깊이 관련되어 있다고 할 수 있다.

<표 3-9> 시간 전략 : 2002년 문화관광축제의 개최일수에 따른 분류

구 분	개최일	축 제 명	개최기간
3일 미만 (3.5%)	2일 (3.5%)	정월대보름들불축제	2. 23 ~ 2. 24 (2일)
4일~5일 (51.7%)	4일 (31.0%)	영암왕인축제 진도영등축제 기장멸치축제 하동야생차축제 고성공룡나라축제 무안연꽃축제 통영나전칠기축제 난계국악축제 김제지평선축제	4. 6 ~ 4. 9 (4일) 4. 26 ~ 4. 29 (4일) 5. 16 ~ 5. 19 (4일) 5. 24 ~ 5. 27 (4일) 8. 8 ~ 8. 11 (4일) 8. 15 ~ 8. 18 (4일) 9. 30 ~ 10. 3 (4일) 9. 28 ~ 10. 1 (4일) 10. 3 ~ 10. 6 (4일)
	5일 (20.7%)	춘천국제마임축제 무주반딧불축제 풍기인삼축제 양양송이축제 부산자갈치축제 광주김치대축제	5. 8 ~ 5.1 2 (5일) 8. 23 ~ 8. 27 (5일) 10. 2 ~ 10. 6 (5일) 10. 2 ~ 10. 6 (5일) 10. 9 ~ 10. 13 (5일) 10. 16 ~ 10. 20 (5일)
6~7일 (27.6%)	6일 (10.3%)	남원춘향제 대구약령시축제 한산모시문화제	5. 4 ~ 5. 9 (6일) 5. 7 ~ 5. 12 (6일) 6. 1 ~ 6. 6 (6일)
	7일 (18.2%)	한국의 술과떡축제 보령머드축제 강진청자문화제 충주세계무술축제 강경전통맛갈젓축제	3. 30 ~ 4. 5 (7일) 7. 20 ~ 7. 26 (7일) 7. 27 ~ 8. 2 (7일) 9. 27 ~ 10. 3 (7일) 10. 12 ~ 10. 18 (7일)
1주일 초과 (18.2%)	9일 (3.5%)	청도소싸움축제	3. 9 ~ 3. 17 (9일)
	10일 (10.3%)	세계태권도축제 금산인삼축제 안동국제탈춤페스티벌	6. 28 ~ 7. 7 (10일) 9. 6 ~ 9. 15 (10일) 9. 27 ~ 10. 6 (10일)
	11일 (3.5%)	대전사이언스페스티벌	8. 9 ~ 8. 18 (11일)
(100%)	(100%)	누 계	

* 자료 : 문화관광부 (2003) 편집작성

한편, 이벤트 개최기간이 몇 주간 또는 몇 달간 계속되는 대형 이벤트(Mega events)는 추가 수요를 창출할 수 있는 기존의 활동이나 뉴스의 초점이 될 수 있는 홍보력을 가지고 있다는 장점이 있다. 단기형의 이벤트들은 이러한 잠재성을 가지고 있지 못하며 해마다의 홍보활동이나 이벤트 개최 전에 관심을 끌기 위한 홍보나 광고에 크게 의존한다. 반면에, 장기형의 이벤트는 한 번 개최로 끝나는 경우가 많으며, 그래서 이벤트 자체가 완전히 실패로 끝나는 가능성을 내재하고 있고 단기형의 연례축제는 해마다 비교적 일정 관람객 수나 일정 수입이 반복되는 편이다.

무엇보다도 잠재방문객들이 참가하기 쉽고, 인원동원이 쉬운 시기를 선택하는 것이 중요하다. 우리 나라의 지역축제들은 대부분 5월과 10월을 전후하여 개최시가 집중되어 있는데, 이 시기는 농어민들이 생업에 한창 분주한 시기이며, 축제참여 학생이나 공무원들도 매우 바쁜 시기이다. 그러므로 기존의 축제준비와 운영에 무리가 있고, 미흡한 점들이 많이 노출되었던 것이 사실이다.

〈표 3-10〉과 〈그림 3-2〉는 2002년 국가 지정축제인 '문화관광축제'를 개최시기별로 분석한 결과이다. 이는 문화관광축제의 선정 과정에서 보여진 지정축제들의 시기적 분석에 따른 결과로 국내 전체 지역축제의 개최시기에 따른 분석결과와는 다소 차이를 보일 수 있으나, 축제의 계절적 분포에 있어 여전히 겨울에 개최되는 축제가 상대적으로 매우 낮은 것을 확인할 수 있다. 이와 관련하여 기존 일반축제들이 봄과 가을에 집중되어있던 것과는 달리 최근 6~7년 사이에 여름형 문화관광축제가 지속적으로 개발 · 증가되어 봄, 여름, 가을간의 격차가 크게 줄었지만, 아직도 겨울 시즌은 문화관광축제 지정이 미약한 것으로 나타났다. 겨울축제가 문화관광축제로 지정되는데 애로사항이 있는 것은 문화관광축제가 개최기간의 주제체험이 명확해야하는데 비해 눈 체험, 겨울체험은 일기변화로 인해 불확실한 측면이 자주 드러나기 때문이다.

이에 지역축제를 관광이벤트화 하는 전략에 있어 타 축제와 시기적 경쟁을 피하기 위한 방법으로 겨울시즌 또는 비수기에 개최할 수 있는 지역 축제를 개발하는 시기적 전략도 배려할 필요가 있다.

〈표 3-10〉 2002년 문화관광축제 개최시기별 분석

계절구분 (비율)	월별 (비율)	축 제 명	개 최 기 간
봄 (38.0%)	3월 (7%)	청도소싸움축제	3. 9 ~ 3. 17 (9일)
		한국의 술과 떡축제	3. 30 ~ 4. 5 (7일)
	4월 (7%)	영암왕인축제	4. 6 ~ 4. 9 (4일)
		진도영등축제	4. 26 ~ 4. 29 (4일)
	5월 (17%)	남원춘향제	5. 4 ~ 5. 9 (6일)
		대구약령시축제	5. 7 ~ 5. 12 (6일)
		춘천국제마임축제	5. 8 ~ 5. 12 (5일)
		기장멸치축제	5. 16 ~ 5. 19 (4일)
		하동야생차축제	5. 24 ~ 5. 27 (4일)
	6월 (7%)	한산모시문화제	6. 1 ~ 6. 6 (6일)
		세계태권도축제	6. 28 ~ 7. 7 (10일)
여름 (20.6%)	7월 (7%)	보령머드축제	7. 20 ~ 7. 26 (7일)
		강진청자문화제	7. 27 ~ 8. 2 (7일)
	8월 (14%)	고성공룡나라축제	8. 8 ~ 8. 11 (4일)
		대전사이언스페스티벌	8. 9 ~ 8. 18 (11일)
		무안연꽃축제	8. 15 ~ 8. 18 (4일)
		무주반딧불축제	8. 23 ~ 8. 27 (5일)
가을 (44.9%)	9월 (17%)	금산인삼축제	9. 6 ~ 9. 15 (10일)
		난계국악축제	9. 28 ~ 10. 1 (4일)
		충주세계무술축제	9. 27 ~ 10. 3 (7일)
		안동국제탈춤페스티벌	9. 27 ~ 10. 6 (10일)
		통영나전칠기축제	9. 30 ~ 10. 3 (4일)
	10월 (21%)	풍기인삼축제	10. 2 ~ 10. 6 (5일)
		양양송이축제	10. 2 ~ 10. 6 (5일)
		김제지평선축제	10. 3 ~ 10. 6 (4일)
		부산자갈치축제	10. 9 ~ 10. 13 (5일)
		광주김치대축제	10.16 ~ 10. 20 (5일)
		강경전통맛갈젓축제	10. 12 ~ 10. 18 (7일)
겨울 (3.5%)	2월 (3%)	정월대보름들불축제	2. 23 ~ 2. 24 (2일)
(100%)	(100%)	누 계	

〈그림 3-2〉 2002년 문화관광축제 개최시기별 분석

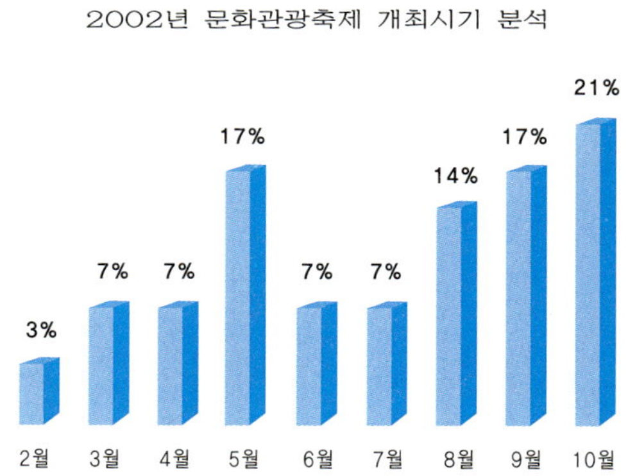

* 자료 : 문화관광부 (2002) 편집작성

관광이벤트의 개최 시기를 결정함에 있어 예측가능하고 기억하기 쉬운 시기를 선택하는 것도 중요한 시간전략 가운데 하나이다. 세계적으로 유명한 독일 뮌헨의 '10월축제(Oktoberfest)' 나 영국 글래스고우의 '오월축제(Mayfest)' 와 같은 것들도 축제명에서 개최시기를 강조하고 있다.

특정 요일을 기준으로 한 이벤트 기간 설정도 발전전략으로 중요하다. 서양의 유명 카니발이나 축제에서는 예를 들어 매년 2월의 둘째 주 금요일부터 셋째 주 목요일 등의 요일기준으로 이벤트 개최시기를 결정하기도 한다. 우리 나라의 지역축제의 일부 경우는 음력기준으로 개최되고 있어 체계적인 관광상품화 추진에 장애요인이 되고 있다. 이것은 양력관점에서 보면 매년 개최일자가 변경된다는 뜻으로, 특히 외래관광객에게 소개하고, 상품화하기 위해서는 관계기관과 주최측이 양력기준으로 정할 수 있도록 해야 하겠고, 내외적 사정으로 자주 변경되는 축제개최일자도 가능한 고정 개최되도록 배려해야 할 것이다.

앞에서 서술한 바와 같이, 관광이벤트에 있어 시간전략을 수립하는 과정에서 고려해야 할 사항들이 매우 많다. 다음의 사례들은 최근 새롭게 개발된 지역 이벤트들로서 이벤트 시간전략을 효과적으로 수립한 경우들이다.

봄의 절정기에 개최되는 한산 모시문화제는 공휴일이나 국경일을 포함시키는 시간전략으로 관광객유치를 극대화시키고자 하였다.

갯벌진흙을 온몸에 바르는 여름철의 보령 머드축제는 대천해수욕장의 개장시기에 개최하여 여름철 성수기를 연장하는 효과를 거두고 있다.

금산에서의 하루 미래가 건강해지는 가을의 금산인삼 축제는 추석과 연관된 축제개최시기를 설정함으로써 축제를 통한 쇼핑 효과를 높이고 있다.

겨울의 눈속에서 눈조각을 즐기는 태백산 눈축제는 1월 중순(2003년 10회의 경우 1월 8일 ~ 1월 26일, 9일간)에 개최되어 태백산 겨울 등반시즌과 접목한 겨울성수기를 유도해 내어 지역경제 활성화 효과를 높이고 있다.

[사례 1] 2000년 대전 사이언스페스티벌의 개최시기 결정

지난 2000년 처음으로 개최된 '대전 사이언스페스티벌'의 개최시기 전략을 분석해 보며, 축제의 개최시기를 결정함에 있어 우선 국내 축제 개최시기를 월별로 분석한 결과를 토대로 축제 개최시기를 선정하였다. 전국의 주요 지역축제 중 약 80%가 4~5월과 9~10월에 집중 되어있는다는 점을 감안하여 치열한 모객 경쟁을 피하기 위해 축제 개최 빈도가 상대적으로 낮은 8월을 축제 개최 적기라 판단한 것이다. 또한, 8월이 방학 시즌이라는 점이 학생들을 포함한 가족 방문객의 모객에 용이할 것으로 판단하여 축제 개최 시기를 8월로 선정하였다.

〈그림 3-3〉 2000년도 제1회 대전사이언스 페스티벌의 시간전략 (개최시기 설정)

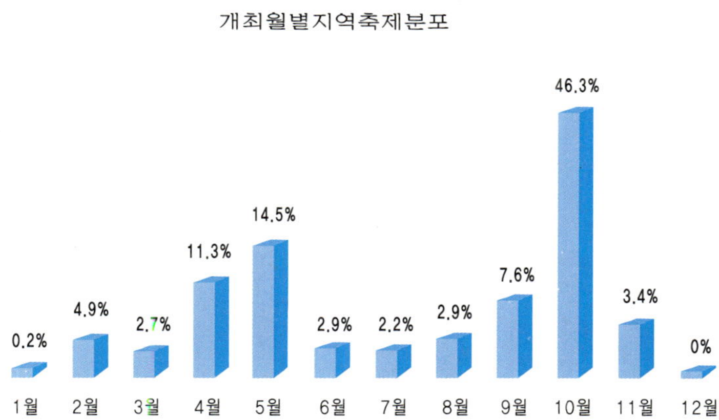

- 전국의 주요 지역축제 중 약 80%가 4~5월과 9~10월에 집중되어 있어 해당시기의 축제간 치열한 모객 경쟁이 예상됨.
- 축제 홍보에 있어 유명한 축제(이천도자기축제, 금산인삼제, 인쇄박람회, 광주비엔날레 등)가 집중된 9~10월의 경우 보도매체 등과의 협조가 용이하지 않을 것으로 판단되며, 특히, 동시기 '시드니 올림픽' 개최로 인하여 언론의 협조가 불가능할 것으로 예상됨.
- 6~8월 중 특히, 8월의 경우 대체로 규모있는 축제가 희박하며, 방학시기이므로 학생을 포함한 가족대상의 모객이 용이할 것으로 판단됨.

* 자료 : 지방공사 대전엑스포과학공원 (2000)

[사례 2] 2000년 해미읍성 역사체험축제 개최시기 결정

지난 2000년 처음 개최된 서산 해미읍성 역사체험축제에서도 여러 가지 요인을 고려한 결과를 토대로 축제 개최시기를 선정하였다. 우선, 타 국내 축제와의 경쟁적 시기를 회피하기 위하여 인근 지역축제들의 개최시기를 피하였다. 또한, 지역의 특산물들을 축제 상품으로 활용하기 위하여 특산물 수확시즌을 고려하였으며, 환경적 요인을 고려하여 6월말에 시작되는 장마와 여름의 무더위를 회피하고자 하였다. 그밖에도 지역 특성상 농업인구 비율이 높은 점을 고려하여 농번기인 4~5월을 피하는 시간전략을 활용하였다.

〈표 3-11〉 2000년도 제1회 서산 해미읍성 역사체험축제의 시기전략

가. 고려사항

구분	내용
경쟁적 시기회피	• 처녀 행사로서 규모 및 경험면에서 성숙한 타축제 개최시기를 회피함. ⇒ 4~5월(서천, 무주) / 9~10월(이천, 금산)경 대표적 관광축제 집중. • '서산문화제'가 하반기 축제로서 10월에 개최되므로 행사의 집중성 확보를 위하여 제안된 축제는 상반기 실시가 효과적임.
특산물 수확기	• 축제의 생산성을 높이기 위하여 지역 특산품 판촉시기 고려. ⇒ 서산 6쪽마늘 수확시기 6월, 생강 동반출하 가능.
환경적 요인고려	• 축제의 안정적 전개를 위하여 장마, 더위, 추위 등 기후 불안정 시기 회피. ⇒ 6월말 예상되는 장마 회피, 7월 · 8월 무더위 예상.
추진용이성	• 지역 특성상 농업 인구의 비중이 높은 점을 고려하여 농번기 회피로서 지역민 참여율 향상. ⇒ 축제의 주요프로그램에 지역민 참여 유도, 관광 비수기 전략으로 추진 필요성 설득 가능.

나. 시기 설정

경쟁 상황, 지역적 특성을 고려하고, 특히, 축제의 생산적 목표를 고려할 때 마늘과 생강의 수확시기인 6월경이 최적

예) · 관광축제 시기 : 전국축제 중 72%가 4월, 5월, 10월에 집중됨(문화관광부).
· 특산물 축제 개최시기 : "6월의 경우 특산물 판촉 유리"
농림부 지원 39개 축제 중 7~11월 이외 축제 전무(全無)

* 자료 : 배재대 관광이벤트연구소 (1999)

9. 효과적인 개최장소 설정

각종 이벤트와 축제 개최장소의 지리적 위치는 개최성공에 직결되는 주요 요인으로 '편리한 교통접근성'이 담보되어 누구나 쉽게 찾을 수 있는 장소가 중요하다. 가급적 지역 중심가의 거리, 광장, 공원 등을 행사장소로 선택하는 이유도 이러한 맥락에서이다. 교통편의 경우 지역중심의 작은 이벤트는 가까운 거리에 있는 주민중심의 방문객들을 위한 교통편을 주로 고려하겠지만, 관광이벤트전략으로 보는 지역축제의 경우 외지에서 오는 관광객들을 위한 교통편에 대한 고려를 더해야 할 것이다. 개최장소는 누구나 찾을 수 있는 지명도가 있는 곳으로 하는게 중요하며, 그렇지 않은 경우 이전의 다른 이벤트로 생기는 잠재방문객들의 개최장소 방문경험율을 고려해 본다거나 개최장소 근처의 유명 건물 밀집 상황을 조사하는 환경요인도 고려해야 할 것이다.

최근 외국의 지역축제에서는 지역경제활성화 차원에서 쇼핑센터들과의 연관관계를 고려하는 측면도 배려되고 있다. 오스트레일리아의 2대 도시인 멜번에서 개최되는 뭄바축제(Moomba Festival)의 경우에는 오랫동안 도시 중심부에서 축제가 개최되면서 축제방문객들을 도시중심부에 위치한 쇼핑센터들에 연계시켜 긍정적인 영향을 미친 것으로 평가되어왔으며, 최근 멜번시 근교에 대형 쇼핑몰들이 많이 생겨나 도시 중심부의 쇼핑센터들이 상대적으로 약화되면서 축제를 도시 중심부에 위치한 수변공간과 공원에서 개최하는 것이 도심부의 쇼핑센터 활성화를 위해 더욱 중요해진 경우도 있다.

또한 '방문객 통제'(Crowd Control) 역시 장소전략에서 세심하게 고려해야 한다. 이것에 대한 준비가 미비한 경우 또는 문제가 생기면 이벤트장소에서 사고, 범죄가 발생하기 쉽다. 이벤트 방문객들은 대부분 '안전'을 원하고 있으며, 사고가 생기면 이벤트의 전체적인 이미지에 치명적인 영향을 주기 때문에 이벤트 장소의 동선계획과 사고예방에 주의를 기울여야 할 것이다. 이러한 이유들 때문에 최근 미국이나 오스트레일리아 등 서양권에서는 이벤트에 대한 보험문제가 이벤트업계에서 더욱 큰 뉴스의 초점이 되고 있다.

도시중심부의 수변공원에서 개최되면서 쇼핑센터와의 연계를 시도하는 호주의 가장 큰 거리축제로 알려진 멜번의 뭄바축제.

그리고 '장소의 적합성' 도 파악해야 하는데 지역축제의 경우 개최장소 근처의 상황이 가급적 주택이 적은 지역으로서 장소근접지역 주민들의 불평을 줄일 수 있는 곳이 적합하다. 대규모 방문객이 한꺼번에 운집하는 축제의 경우에는 장소자체가 전환능력이 있어야 하는데 서울의 동숭동 대학로나 금산읍내 인삼 약초시장 거리처럼 거리를 차단함으로서 축제장 내를 대규모 보행인들로 가득 메울 수 있는 급전환이 가능하거나, 김제 지평선 축제의 벽골제 공원이나 무주 반딧불 축제가 개최되는 한풍루 공원처럼 한적한 공간에 군중이 운집할 수 있는 이벤트장소로의 전환이 가능한 도시공원 등이 주로 알맞은 축제장소로 꼽힌다. 아울러 많은 교통량을 감당할 수 있는 주차장 수용능력도 중요한 장소선정의 고려사항이다.

축제장소는 일반적으로 '집중형'과 '분산형'의 두 가지로 나뉜다고 볼 수 있다. 오세아니아 지역의 사례들을 예로 든다면 오스트레일리아 멜번의 뭄바축제(Moomba Festival)가 한곳에서 모든 축제프로그램을 구경할 수 있는 '집중형'이라면, 뉴질랜드 웰링턴의 국제예술축제(International Arts Festival)나 프린지축제(Fringe Festival)의 경우는 3주나 4주의 오랜기간 동안 시내 곳곳의 공연장, 미술관, 강당, 야외광장 등에서 개최되는 '분산형'의 대표적 형태라고 할 수 있다.

호주 멜번시의 뭄바축제는 도심중심부 수변공원에서 개최되는 장소집중형의 대표적 사례.

도심곳곳의 공연장, 미술관 등에서 분산 개최되는 장소 분산형의 대표적 사례인 뉴질랜드 웰링턴의 국제예술축제 - 2004년 초청된 한국공연단의 웰링턴시 갤러리 앞 야외광장에서 퍼포먼스하는 모습.

그러나 우리 나라의 일부 지역축제들은 집중형으로서 효과가 극대화 될 수 있는데도 불구하고 이벤트장소가 너무 산발적으로 흩어져 있어 아쉬움이 많은 경우가 있다. 가급적 축제 프로그램들이 한 장소에 집중되거나 인접장소에 연계되어 지역주민들은 물론 외지 방문객들이 걸어서 최단시간에 여기저기를 갈 수 있는 장소전략이 필요하다. 축제 행사장소가 서로 멀리 떨어져 있으면 축제 방문객들의 효과적인 유치에 문제가 생기고 축제가 목적하는 의미나 효과를 약화시킬 수 있다.

이벤트장소가 지니는 이미지나 화제성도 이벤트 프로그램과 어우러질 수 있는지 고려되어야 한다. 이벤트 전문가 골드블랫(1995)의 경험을 예로 들 수 있다.

> 조지타운이라는 곳에서 소규모 극장을 시작하게 되었다. 이 지역 주민들은 인근에 있는 사우스웨스턴 대학을 제외하고는 연극을 구경하지 못하고 있었다. 읍장과 몇몇 공무원을 만나 논의해 본 결과, 조지타운은 텍사스 중심부에 있는 인구 만 여 명의 작은 시골마을에 지나지 않지만 극장이 성공할 가능성이 있다는 결론을 얻었다.
> 극장을 하자면 관중석 등 필요한 시설이 있어야 하므로 그 즉시 장소 물색에 나섰는데, 마을 가운데 광장에 있는 데이비스장의사 건물이 괜찮아 보였다. 주인인 암피 데이비스가 지난 30년간 장의사를 운영해 온 건물인데, 이제는 교외로 이전하려 한다는 것이었다...그 다음 문제는 사람들이 30여 년 넘게 자기 친구나 친척들의 장례를 치렀던 곳에서 연극을 관람하고 싶은 생각이 들게 할 만한 연극작품을 선정하는 것이었다. 마을 재판소 건물에 있는 역대 판사들 초상화를 살펴보다가, 연극을 보러 온 사람들이 가장 실감나게 하려면 죽음을 연상시키는 뭔가 괴기하고 섬뜩한 것을 무대에 올려야겠다는 생각이 떠올랐다. 그래서 한 노인을 살해해서 다락방에 숨겨둔 두 자매 이야기인 《아스닉과 늙은 레이스》라는 연극을 선택했다. 그렇게 하고 나니 또 다른 문제가 생겼다. 최근 남편을 사별한 나이 든 부인들은 그 아픔이 되살아나 리허설에 못오겠다고 했다...그리고 출연자들도 불편한 것이 한두 가지가 아니어서 사실 마음 속으로는 걱정이 많았다. 그러나 그것은 기우에 지나지 않았다. 입장권이 순식간에 팔려 나가기 시작한 것이다... 그리하여 연장공연을 거듭해야 했으며, 그렇게 시작된 극장이 올해로 20년을 맞고 있다.

그리고 추운 날씨나 우천 등의 기후적 요인 역시 이벤트의 성패를 좌우하기 때문에 이벤트를 위한 '전천후 장소'가 중요하다. 최근의 이벤트 방문객들은 정교한 이벤트 전용시설을 기대하고 있기 때문에 각 지역들이 이벤트를 통한 문화도시로 나아가는 데는 이벤트 전용시설의 확보가 중요하다. 일본 구마모토현 오구니 마찌의 경우 조그만 산간 온천마을에서 이벤트 사업으로 부흥한 문화마을로 탈바꿈하는 데는 지자체 단체장을 중심으로 단결하여 1980년대 말에 지역의 특산물인 삼나무를 주재료로 건립한 '오구니 돔'(목조의 지역 체육관), '유우 스테이션'(버스터미날과 전시관), '목혼관'(회의 및 연수숙박시설) 등의 이벤트 전용시설들이 있었기 때문에 가능하였다(김인철, 1994).

대규모 축제의 경우 한정된 지역에 수십여개 또는 수백 개의 이벤트 프로그램들을 짧은 축제기간 동안 수행해 나가려면 이벤트 전용시설로는 역부족이며, 다수의 이벤트 공간이 필요하게 된다. 이러한 이벤트 장소 부족문제를 극복하기 위해 영국 에든버러 프린지 축제의 경우 쓰이지 않는 도시의 식당건물, 선술집, 평일에 비어있는 교회건물까지 축제장소로 이용하여 이벤트 전용장소에 대한 투자비용없이 효과적으로 장소전략을 펴는 사례도 있다.

뉴질랜드 웰링턴에서 개최되는 프린지 축제 프로그램중 세인폴 성당에서 매년 개최되는 미술전시회 프로그램으로 미술 작가들이 성당을 직접 섭외하여 진행하는 독특한 전략이다.

또한 경쟁력있는 장소전략으로 주행사장을 여러 개의 부행사장과 연계시키는 전략을 실행할 때 관광효과를 극대화시킬 수 있다. 그 예로서, '대전 사이언스 페스티벌'의 경우에는 '대덕연구단지'라는 사이언스 벨트에서 축제가 개최되는 특이성을 활용하여 엑스포과학공원을 주행사장으로 하고 '국립 중앙과학관', '대덕 연구단지', 'KAIST', '대전과학교육원' 등 여러 개의 부행사장들을 셔틀버스로 잇는 주변 연계행사장 전략을 활용하였다. 그 결과 관광객 유치효과를 엑스포과학공원 뿐만 아니라 대덕연구단지와 인근 지역 전체로 확산시킬 수 있었다. 이러한 장소전략은 이천도자기축제에서도 찾아볼 수 있다. 축제 주행사장과 부행사장인 이천 도예촌과 해강 도예박물관 등의 주변 요장들을 셔틀버스로 연계하는 전략을 적용시켰다. 이처럼 테마(theme)로 연결되는 주행사장, 부행사장을 연계하는 전략은 최근 관광이벤트에서 활용도와 효율성이 높은 장소전략으로 평가되고 있다.

〈그림 3-4〉 제1회 대전 사이언스페스티벌의 장소전략

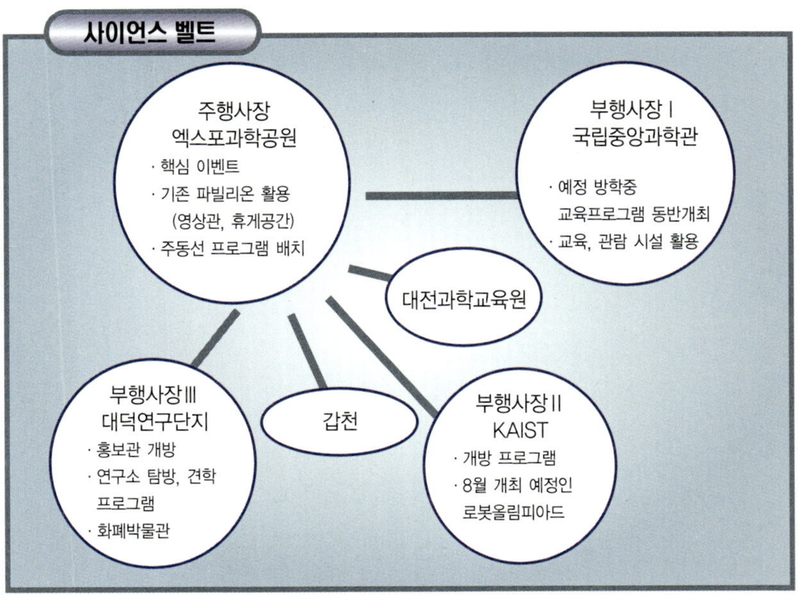

* 자료 : 지방공사 대전엑스포과학공원 (2000)

<그림 3-5> 제1회 대전 사이언스페스티벌의 주제별 공간구성도

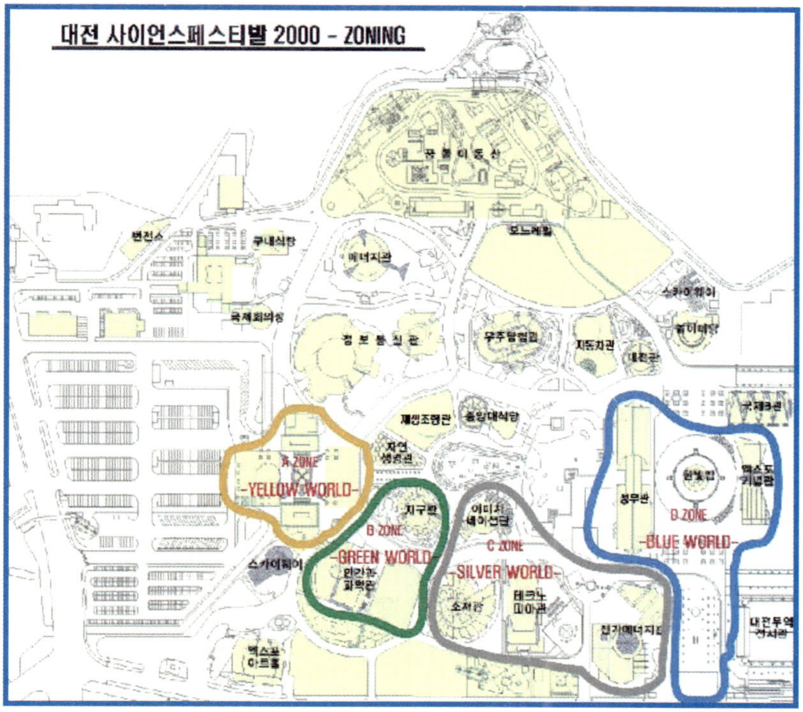

＊ 자료 : 지방공사 대전엑스포과학공원 (2000)

10. 특색있는 이벤트 프로그램 구성과 프로그램 매너리즘(mannerism) 타개

곡성심청축제 2002 기간 중 실시된 효녀심청선발대회는 외모중심의 선발기준에서 벗어나 효행, 선행, 봉사활동 등의 심사에 60%의 비중을 두고있고 나머지 용모, 예절, 맵시, 말씨 등에 40% 비중을 두고 있다.

최근 세계의 많은 축제 조직자들이 언급하는 가장 경계해야 하는 부분이 축제 프로그램 또는 내용에서 매너리즘(Mannerism)에 빠지는 것이다. 이것은 축제 방문객들에게 가장 매력적인 관광이벤트를 만드는데 가장 큰 장애요인이 되기 때문이다. 매년 축제 프로그램 구성과 내용에 전혀 변화가 없이 똑같은 내용을 반복한다는 것은 축제 방문객들의 만족도를 낮추는 지름길이다.

우리나라의 경우 아직까지도 차별성있는 축제에 대한 개념인식이 잘 안 되고 있는 실정이다. 그래서 전국 어디서나 거의 유사한 종목들을 서로 모방하면서 짧은 시간에 행사를 치르기에 급급했다. 결국 축제 이름은 다르나 각 지역축제의 프로그램 내용들이 미녀아가씨선발대회, 농악, 노래자랑, 체육대회 등 공통인자들을 포함한 대동소이한 프로그램 구성으로 더욱 매너리즘의 문제점을 보여주고 있다. 사실 이벤트 프로그램에 대한 매너리즘 문제는 축제관련 세미나, 워크숍, 교육연수 등에서도 가장 빈번히 제기되었던 문제점들이기도 하다. 예산이 부족한 사정으로 새로운 행사종목을 개발하지 못하고 예년 행사를 거의 그대로 답습하는 실정이라는 재정적 한계도 있지만, 다른 지역문화제들과는 차별성을 둘 수 있는 프로그램에 더 많은 비중을 두는 것이 축제의 장기적인 발전전략에 중요하다.

프로그램 구성에서도 종전처럼 기준 없이 각종 이벤트를 마구 끌어들여 종합예술제 형식으로 전개하는 식이어서는 곤란하다. 이벤트 프로그램 구성은 해당 지역의 문화적 배경 및 지역적 특성을 깊이 고려한 것이어야 한다. 다시 말해서 지역의 전통문화와 현대의 지역문화가 잘 반영된 독창적인 프로그램이 각광을 받을 수 있고 지역 활성화에도 도움이 된다. 예를 들면 강릉단오제에서 강릉사투리경연대회를 개발하여 좋은 반응을 얻었던 점, 진주에서는 임진왜란 중 진주대첩에서 이용된 것으로 알려진 '유등'을 진주개천예술제 프로그램의 일부로 반영하다 적극적 개념에서 진주남강유등축제로 독립시켜 전통과 현대 · 국제성을 가미한 대형프로그램으로 확대 시킨 점, 남원춘향제에서는 흔히있는 미녀선발대회의 테두리를 벗어난 이도령선발대회를 운영하는 점 등을 들 수 있다.

2003년 진주남강유등축제의 가장 흥미있는 프로그램으로 파악된 세계 등(燈) 전시구역에는 전년에 참여한 중국, 대만, 일본 이외에 태국, 인도, 남아공화국 등 총 24개국이 참가하였다.

몸바축제의 베리스트리트 목욕통 노젓기(Berry Street Bath Tub Dash)는 베리스트리트 빅토리아(Berry Street Victoria)라는 130년 전통의 어린이 가정복지단체가 주관하는 행사로서 유명인들도 참가하여 스포츠형 행사이면서도 주로 웃음을 자아내는 재미있고 독특한 행사라고 할 수 있다.

특히 마라톤, 테니스대회처럼 각종 체육행사를 문화축제 프로그램에 집어넣는 것은 가급적 줄여가든지 또는 지역특성에 맞게 토착화하는 것이 중요하다. 예를 들면 외국의 모래축제나 눈축제의 경우에는 모래와 눈을 이용한 체육행사가 가능하고, 가면축제로 유명한 이탈리아 베니스카니발의 경우 가면을 쓰고 말경주대회를 한다거나 이색의상을 입고 축구경기를 하는 경우들을 참고할 수 있다.

오스트레일리아의 대형 지역축제로 알려진 몸바축제(Moomba Festival)의 목욕통을 강위에 띄워 노젓는 경주 행사인 '베리스트리트 목욕통 노젓기'(Berry Street Bath Tub Dash)도 체육행사를 지역문화적 측면과 유머적 측면에 가미한 독특한 행사라고 할 수 있다.

〈그림 3-6〉 제1회 대전사이언스페스티벌 기획을 위한 잠재방문객 사전조사결과 : 가장 자녀에게 유익한 과학분야 기획 과정에서 프로그램 테마를 사전조사를 통해 결정한 사례

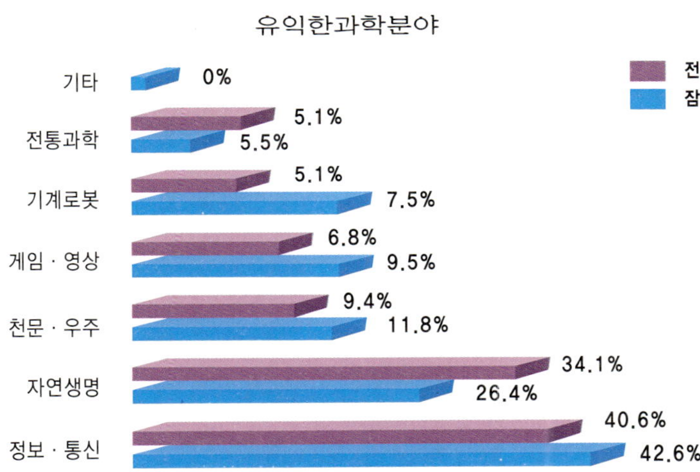

* 자료 : 지방공사 대전엑스포과학공원 (2000)

프로그램 기획을 단계별로 체계적으로 수립한 사례로서 대전사이언스페스티벌은 수많은 과학분야의 프로그램 활용이 가능했지만, 효과적인 프로그램을 선정하는 과정에서 우선, 잠재방문객 조사를 통해 경쟁력있는 프로그램 테마를 정하고, 정해진 분야에 따라 보다 구체적인 프로그램을 개발한 사례로서 참조할 수 있다〈그림 3-6참조〉. 특히, 분야별로는 생명공학(Bio)과 컴퓨터, 디지털(Digital) 분야에 대한 잠재방문객들의 관심도가 매우 높은 것으로 조사되어 이를 활용한 구체적인 축제 프로그램들을 개발하였다〈표 3-11참조〉.

〈표 3-11〉 제1회 대전사이언스페스티벌 기획에 반영된 축제프로그램 구성
: 잠재방문객의 의견을 반영하여 주제공간 및 프로그램 편성

구 분	행 사 명	내 용
B Zone Bio World	유전자가 여는 미래	- 인간게놈 프로젝트, 식물게놈 프로젝트, 인간유전자지도전시, Q&A코너, DNA 이중나선구조 만들기, 바이오관련 벤처기업전시
	생명의 비밀	- 동물 탐구 복제동물(복제 소전시), 실험동물, 하등동물, 생명체발생관련, 인간 유전자 도입마우스등 전시, 인공장기개발 - 인체 체험 놀이를 통한 신체변화 측정, 신체부위별 체온 측정, 폴라로이드와 비디오 촬영 등의 체험 및 사람의 조직세포를 인체 해부표본과 함께 전시
	환경수호 대작전	- 환경을 보호하기 위한 인간의 노력을 환경과학의 연구현황을 통해 연출
	영상관	- I Max 영화 Alaska 상영(40분)
	야생식물 사진전	- 영국 브리티시 지오그래픽 수상작 전시
	가상과학 박물관 (농업,화석)	- 국내최대 화석, 농업과 관련된 3D로 제작된 사이버과학 박물관
	이야기로 푸는 과학	- 참가단체, 연구단지 과학자의 재미있는 과학강연 - 인체의 심신건강 현장 클리닉
C Zone Digital World	인터넷 생존게임	- 인터넷만으로 행사기간 동안 생존하는 행사
	디지털 만화전	- 21C 과학한국의 모습, 만화 슈퍼 그래픽, 기상천외 쇼킹! 발명 아이디어 만화 스케치관, SF 테크노과학 만화 명랑 퍼레이드, 과학적 만화 그리기 10가지 방법, 사이버 캐릭터 열전, 현장만화 스케치전 등
	로봇 체험교실	- FIRA (레고 닥터, 레고 코리아)
	대덕밸리 디지털 벤처전	- 국내 유명 벤처기업의 첨단과학 기술관련 아이템 소개 및 연구현황 전시
	4차원 환상체험	- 4 Dimension 영상 상영관 운영

* 자료 : 지방공사 대전엑스포과학공원 (2000)

〈표 3-12〉 2002년 문화관광축제의 주요 프로그램

축제명	기 간	주요 프로그램
정월대보름들불축제	2. 23 ~ 2. 24	전통혼례, 집줄놓기, 오름오르기, 행운의 돼지 · 오리몰이 경주 등
청도소싸움축제	3. 9 ~ 3. 17	전국소싸움대회, 한 · 일친선투우경기. 예쁜소뽑기, 한우로데오경기 등
한국의 술과 떡잔치	3. 30 ~ 4. 5	술 / 떡의 실물 · 도구 · 자료 등 전시, 중국서안민속공연 등
영암왕인문화축제	4. 6 ~ 4. 9	왕인설화마당극, 왕인박사도일고대항로대탐사, 백제민속놀이
진도영등축제	4. 26 ~ 4. 29	뗏목놀이, 바닷길 걷기체험, 진도특산품 선물받기 등
남원춘향제	5. 4 ~ 5. 9	춘향제향, 창무극 춘향전, 춘향국악대전, 전통혼례식, 향토야시장 등
대구약령시축제	5. 7 ~ 5. 12	대구국제한의학박람회, 한방요리전, 전국약령시교류전, 우리약초 천연색깔전 등
춘천국제마임축제	5. 8 ~ 5. 12	마임공연(인형극장, 방문공연, 거리공연 등), 도깨비난장, 다임강습회, 강릉 관노가면극 등
기장멸치축제	5. 16 ~ 5. 19	멸치널기, 털기 등 어업현장동행프로그램, 멸치비비기대회, 멸치무료 시식회 등
하동야생차축제	5. 24 ~ 5. 27	차 만들기대회, 어린이 차예절경연대회, 녹차 특별전시회, 올해의 명차 선정 등
한산모시문화제	6. 1 ~ 6. 6	한산모시옷패션쇼, 한산모시디자인공모전, 모시새벽시장 등
세계태권도문화축제	6. 28 ~ 7. 7	태권도무도대회, 전통무예체험, 태권도연수, 전통예술공연 등
보령머드축제	7. 20 ~ 7. 26	머드마사지체험, 머드게임, 머드테마거리퍼포먼스, 갯벌체험, 셀프머드마사지체험, 머드조각체험 등
강진청자문화제	7. 27 ~ 8. 2	청자여름캠프운영, 청자야외영화제, 청자함께만들기, 청자빚기체험, 천년의꿈마당극, 강진청자 특별전 등
고성공룡나라축제	8. 8 ~ 8. 11	고성오광대공연, 고성농요, 공룡해상퍼레이드, 세계공룡발자국화석전시, 내가만든공룡전시 등
대전사이언스 페스티벌	8. 9 ~ 8. 18	국제로봇올림피아드, 애니멀로봇경연대회, 전통과학으로의여행, 테크노 뮤직 및 아트쇼 등
무안연꽃축제	8. 15 ~ 8. 18	동남아국가 참여 불교문화제, 풍물길놀이, 연꽃가요제, 국악공연등
무주반딧불축제	8. 23 ~ 8. 27	반딧불이 신비탐험, 반딧불이 생태체험관 운영, 남대천 뗏목타기등
금산인삼축제	9. 6 ~ 9. 15	세계민속페스티벌, 개성인삼특별전, 전통민속놀이, 인삼캐기여행, 금산인삼동의보감, 약초썰기체험 등
난계국악축제	9. 28 ~ 10. 1	전국국악경연대회, 국악학술대회, 난계숭모제, 악학대상시상, 난계국악단공연 등
충주세계무술축제	9. 27 ~ 10. 3	국내외 무술시연, 무술패션 퍼포먼스, 명장퍼레이드, 전통무예도 탁본뜨기, 병장복 의상체험 등

축 제 명	기 간	주요 프로그램
안동국제탈춤페스티벌	9. 27 ~ 10. 6	탈춤공연, 제32회 안동민속축제, 하회선유줄불놀이, 탈춤워크샵, 탈만들기 등
통영나전칠기축제	9. 30 ~ 10. 3	해상관광 유람선 운항, 나전칠하기, 문양그리기, 중요무형문화재 공연 및 동작배우기 등
풍기인삼축제	10. 2 ~ 10. 6	지역문화예술행사, 인삼요리경연, 인삼씨앗뿌리기, 인삼캐기체험 등
양양송이축제	10. 2 ~ 10. 6	송이채취현장체험, 농가홈스테이, 송이보물찾기, 송이요리경진대회 등
김제지평선축제	10. 3 ~ 10. 6	벽골제사, 쌍용놀이, 전통상례재현, 세계쌀음식기획전, 입석줄다리기 등
부산자갈치축제	10. 9 ~ 10. 13	외국인요리경연대회, 장어이어달리기, 맨손으로 활어잡기, 생선회 정량달기 등
광주김치대축제	10. 16 ~ 10. 20	김치담그기 체험코너, 김치포장디자인 공모전, 민속놀이마당 등
강경전통맛갈젓축제	10. 12 ~ 10. 18	젓갈김치담그기, 강경포구 낚시대회, 젓갈김치시식회, 풍물놀이 등

* 자료 : 문화관광부 (2003)

위의 〈표 3-12〉는 2002년 문화관광축제들의 인기있는 주요 프로그램들을 나열한 것이다. 지난 9년간 문화관광축제들이 육성되어 온 결과 축제 프로그램의 전반적인 특성을 보면, 주제체험형 프로그램이 두드러지게 나타나고 있다는 점이다. 특히, 보령머드축제의 '머드체험', 금산인삼축제의 '인삼캐기', 강진청자문화제의 '청자빚기체험' 등의 주제체험형 프로그램이 우세하게 나타나고 있다. 또한, 춘천마임축제의 '마임공연', 안동 국제탈춤페스티벌의 '탈춤공연' 등에서는 공연 프로그램 중심의 특징이 나타나고 있다. 그밖에도 경주 한국의 술과 떡축제, 대구 약령시축제 등에서는 전시프로그램들이 주요 특징으로 나타나고 있다.

강진청자문화제에서 도자기 만들기 체험에 참여하고 있는 어린이 동반 가족단위 방문객.

한편, 최근 축제 프로그램에 대한 연구가 활발하게 이뤄지고 있는 가운데 축제 프로그램 유형에 따라 축제가 특성화되는 경향이 나타나고 있다. 〈표 3-13〉은 축제 프로그램의 유형에 따라 구분되어지는 축제들을 분류한 것이다.

〈표 3-13〉 관광이벤트 프로그램 유형에 따른 축제 특성화

프로그램 유형	축 제 명	대표 프로그램
① 체험 중심형 축제	보령머드축제	셀프머드 마사지체험, 머드탕 체험, 머드 슬라이딩 체험 등
	대전사이언스 페스티벌	과학체험장 'Body World', 인체신비탐험 '눈속으로', 기(氣)-초감각체험, 곤충만들기, 천체망원경만들기, 전통과학체험 등
	인제빙어축제	빙어낚시대회 및 체험, 얼음축구, 눈썰매, 얼음썰매, 빙상볼링 등
② 공연 중심형 축제	춘천국제 마임축제	실내 공식 마임공연, 거리 마임공연, 찾아가는 마임, 굿공연, 도깨비열차 및 도깨비 난장, 어린이를 위한 마임공연 등
	안동국제탈춤 페스티벌	하회별신굿 탈놀이, 고성오광대, 가산오광대, 북청사자놀이, 수영야류, 봉산탈춤, 강릉관노가면극, 양주별산대 놀이 등 (국내 공연단 20개 단체, 외국 7개국 10개 단체)
③ 전시 중심형 축제	광주김치 대축제	김치 전시 및 판매, 김치역사관 전시, 김치와 생활관 전시, 김치문화예술관 전시, 김치 미래비전 전시 등
	장성 백양 단풍축제	국화전시, 단풍나무분재전시, 관광사진전시, 단풍엽서전시 등

우선, '체험형 축제'는 '체험프로그램 중심형 축제'라고 할 수 있으며, 대표적인 축제는 '보령머드축제', '대전사이언스페스티벌', '인제빙어축제' 등을 들 수 있다. '바르는 축제' 마케팅으로 알려진 보령머드축제의 경우 머드마사지나 머드탕 등을 통한 머드체험 프로그램이 축제의 중심 프로그램으로 부각되고 있으며, 그밖에도 머드 슬라이드, 머드 로데오게임 등의 머드를 활용한 스포츠 프로그램들을 통해서도 체험형 축제로 특성화되고 있다. 한편, 대전사이언스페스티벌의 경우에도 무거운 주제라 할 수 있는 '과학'에 대한 내용을 체험을 통해 즐기며 교육효과를 극대화하는 대중과학 추세를 살려 '전통과학으로의 여행', '인체신비탐험 눈속으로', '과학체험장 Body World', '곤충만들기', '천체만원경만들기' 등과 같은 대부분의 축제 프로그램들이 직접 체험할 수 있는 프로그램들로 구성되어 있다. 그밖에 얼음 위에서 개최되는 '인제빙어축제'의 경우에는 얼음 위에서의 빙어낚시 체험 프로그램을 축제의 핵심 프로그램으로 운영중이며, 그밖에도 얼음위에서 체험할 수 있는 '얼음축구', '얼음썰매타기', '빙상볼링' 등과 같은 직접 체험이 가능한 프로그램들 위주로 축제가 특성화되어 있다.

인제빙어축제에서 체험 프로그램으로 실시된 빙어낚시에 참여하고 있는 관광객들의 모습 - 방문객 설문조사에서 가장 인기있는 프로그램으로 밝혀졌다.

다음으로 '공연형 축제'는 구체적인 예술장르별 축제로서 '춘천국제마임축제'와 '안동국제탈춤페스티벌'을 대표적인 사례로 들 수 있다. 춘천국제마임축제는 '실내 마임공연', '거리마임공연', '어린이 마임공연' 등 대부분의 프로그램을 마임공연 프로그램으로 진행함으로서 '공연프로그램 중심형 축제'로서의 특성이 두드러진다. 또한, '안동국제탈춤페스티벌'의 경우도 '하회별신굿 탈놀이 공연', '고성오광대 공연', '북청사자놀음 공연', '봉산탈춤' 등과 같은 국내 20개 단체의 공식 탈춤공연 이외에도 일본, 캐나다, 미국, 중국 등 해외 7개국 10개 단체들의 공연이 축제의 주요프로그램으로 구성되어 있다.

2004 안동국제탈춤페스티벌은 강변축제장과 하회마을에서 '솟구치는 힘, 살아나는 흥'을 주제로 개최되었고, 그동안 국내에 선보이지 않은 독일, 프랑스, 핀란드의 공연단 등이 초청되었다.

마지막으로 '전시형 축제'는 '전시프로그램 중심형 축제'라고 할 수 있으며, 미술, 공예, 만화 중심의 예술장르 또는 특정 특산물 축제로 한정되고 있다. 대표적인 사례로는 '광주비엔날레', '청주공예비엔날레', '광주김치축제' 등을 들 수 있다. '광주김치축제'의 경우 김치전시관이 대표전시 프로그램으로서 보다 세부적으로는 '김치역사관', '김치와 생활관', '김치문화예술관' 등과 같은 별도 전시관으로 나뉘어져있고, 전시프로그램이 핵심 프로그램으로 정립된 경우이다. 또한, '장성 백양단풍축제'도 전시프로그램들이 축제 방문객들이 원하는 주요 프로그램으로 부각되어 있는 '전시 프로그램 중심형 축제'라고 할 수 있다. 축제 방문객들이 대부분 등산객이라는 특성상 짧은 시간동안 관람이 가능한 '전시프로그램'에 대한 관심도가 매우 높은 특징을 가지고 있는 것으로 나타났으며, 단풍축제에서는 '국화전시', '단풍나무분재전시', '단풍엽서전시' 등과 같은 전시프로그램을 운영중이며, 특히, 지난 2001년 제6회 장성 백양단풍축제 평가 결과 평가대상 프로그램 가운데 전시프로그램이 방문객들에게 가장 흥미로운 프로그램으로 평가받았으며, 전체적인 전시프로그램에 대한 만족도도 높게 나타났다. 이러한 전시프로그램 중심형태는 백양단풍축제 프로그램의 독특한 특징이라고 볼 수 있다.

광주김치대축제의 핵심 프로그램인 김치전시관은 2003년의 경우 김치역사관, 김치생활관, 김치세계관의 3개관으로 구성되었고, 이들 전시관에 대한 방문객 흥미도는 '김치생활관'에 대한 흥미도가 가장 높은것으로 나타났으며, 평소 흔히 볼 수 없었던 김치를 많이 접할 수 있었던 점, 옛날과 현대의 김치를 비교할 수 있었던 점 등이 흥미요인으로 나타났다.

한편, 다음의 〈표 3-14〉는 문화관광축제 행사프로그램이 갖고 있는 특성을 알아보기 위해 문화관광부 지정 2000년 상반기 문화관광축제 가운데 4개 축제의 행사프로그램을 일반프로그램과 상설프로그램으로 나누어 주제성, 참여성, 지역성에 따라 분석한 것이다. 분석결과에 따르면 각 축제들은 어느 한 기준에 충실한 반면, 다른 기준에는 미약한 내용을 갖추고 있었다. 따라서, 축제 방문객의 전반적 질적 경험을 위한 프로그램을 위해서는 문화관광축제 행사프로그램 기획과정에서 다양한 기준이 포함되어야 할 것으로 여겨진다(이훈 · 김정은, 2000).

〈표 3-14〉 문화관광축제 행사 프로그램 내용분석 : 주제성, 참여성, 지역성

축제명	일반프로그램	상설프로그램	주제성	참여성	지역성
한국전통주와떡축제	중국 서안시 전통민속공연 조선 줄타기 신라국악예술단 공연 국민 화합 북 공연 풍물 공연 동국예술단 공연 인기연예인 특별공연 아동전통 한복쇼 가래떡 썰기 떡메치기 술,떡 이름 맞추기 누룩 디디기 관람객 노래자랑 민속놀이	한국전통주와 떡명인 · 명기전 전국 명인 · 명기들의 전통주와 떡제작시연 각종 도구 · 자료 전시 닥종이 인형전 동북아 3개국 전통 음식전 세계가면 전시회 예루살렘 고대 사진전 경주남산 사진전 전국 모형항공기 대회 전국 모형 자동차 대회	• 일반프로그램 : 28.6% (4/14) • 상설프로그램 : 40.0% (4/10)	• 체험형 – 일반 : 42.9%(6/14) – 상설 : 20.0%(2/10) • 관람형 – 일반 : 57.1%(8/14) – 상설 : 80.0%(8/10)	• 일반프로그램 : 7.1% (1/14) • 상설프로그램 : 10% (1/10)
			계 : 33.3% (8/24)	체험형 계 : 33.3% (8/24)	계 : 8.3% (2/24)
충주세계무술축제	축하공연 택견매스 게임 국군특공무술시범 경찰악대 연주회 무술 스턴트쇼 전국택견대회 어린이무술왕선발대회 어린이 택견시범 무술 진기명기 호신술배우기 무술단체별 시연 마당극 공연 무술영화제	무술 테마파크라는 이름하의 각종 전시 – 무술도감,무술교본 등의 학술 역사자료 무술수련도구 무술병장기 등의 무기류 무술벽화 무술관련 사진영상전시	• 일반프로그램 : 76.9% (10/13) • 상설프로그램 : 100% (5/5)	• 체험형 – 일반 : 23% (3/13) – 상설 : 0% (0/5) • 관람형 – 일반 : 76.9% (10/13) – 상설 : 100% (5/5)	• 일반프로그램 : 0% (0/13) • 상설프로그램 : 0% (0/5)
			계 : 83.3% (15/18)	체험형 계 : 16.7% (3/18)	계 : 0% (0/18)
서천한산모시문화제	서천 모시문화제 모시새벽시장 풍물놀이 한마당 모시옷 패션쇼 모시진상마당극 저산팔읍 길쌈놀이 시연 덕타령 시연 사물놀이 공연 모시패션쇼 공모전 발표회 두드락 콘서트 주부 농악단 공연 국악예술단초청공연 모시길쌈 경연 전통민속행사경연 민속줄타기 공연 초대가수 공연	짚공예 시연및 전시 공예품 경진대회 향토음식점 운영 모시길쌈 시연 · 체험장운영 모시옷 입어보기 및 사진촬영 모시염색 시연 · 체험장 운영 특산품 판매장 운영 모시패션 디자인 공모전 우수 모시 품평회	• 일반프로그램 : 46.7% (7/15) • 상설프로그램 : 66.6% (6/9)	• 체험형 – 일반: 13.3%(2/15) – 상설: 33.3%(3/9) • 관람형 – 일반: 86.7% – 상설: 66.6%	• 일반프로그램 : 46.7% (7/15) • 상설프로그램 : 66.6% (6/9)
			계 : 54.2% (13/24)	체험형 계 : 20.8% (5/24)	계 : 54.2% (13/24)

축제명	일반프로그램	상설프로그램	주제성	참여성	지역성
여주도자기축제	고신제 도자기아가씨 선발 도립 오케스트라공연 다례재연 도립연극단 공연 기업체의 밤 풍물패 공연 청소년 장기자랑 학생백일장 어버이날행사 분당 무용단 공연 대학인의 밤 환경캠페인 및 기념식 수상스키 · 윈드서핑 전통가마불지피기 공군의장대 시범 도립국악단 공연 아기돼지 · 토끼경주 혼례 재현 도립무용단 공연 푸른 음악회 축제퍼레이드 도공제향 공군에어쇼 무형문화재 목각전 아리랑 연극공연 i TV 특집쇼	전국 세종도예공모전 1일도자기체험 수석전시회 전국 유명 작가 작품초대전 세종대왕 · 명성황후의 만남 민속사진 전시회 현대미술 전시전 국제 유명 도예작가 워크샵 양궁시연	• 일반프로그램 : 18.5% (5/27) • 상설프로그램 : 44.4% (4/9)	• 체험형 – 일반 : 14.8% (4/27) – 상설 : 11.1% (1/9) • 관람형 – 일반 : 85.2% (23/27) – 상설 : 88.9% (8/9)	• 일반프로그램 : 7.4%(2/27) • 상설프로그램 : 22.2% (2/9)
			계 : 25% (9/36)	체험형 계 : 13.9% (5/36)	계 : 11.1% (4/36)

＊( )안의 숫자 = 대상 프로그램 수 / 전체 프로그램 수
＊＊ 자료 : 이훈 · 김정은 (2000)

11. 체계적인 홍보계획 수립과 주요 홍보매체 파악

관광이벤트의 성공 여부에 중요한 역할을 함에도 불구하고 한국 지역축제와 문화이벤트의 준비에서 가장 소홀히 취급해 온 분야 가운데 하나가 '홍보전략' 일 것이다. 특히 지역축제 때 프로그램 확정이나 이벤트진행순서가 뒤늦게 결정되어 축제시작 2, 3주전부터 본격적인 홍보전략에 돌입하고 있는 경우가 많다.

물론 홍보계획에서 중요한 것은 언론매체를 잘 이용하기 위한 대책이 있어야 하는데 이러한 노력과 노하우가 아직까지는 미흡한 실정이다. 구체적으로 언론매체의 후원을 얻어내는 작업, 화제성을 높일 수 있는 보도자료 작성과 적절한 발표시기를 정하는 작업 등에 세심한 노력이 필요하다. 이 경우 지역언론매체는 자신의 이해관계에 대한 타산(打算)으로 축제에 간섭해서는 안되고 오히려 지역문화의 대변매체라는 입장에서 홍보, 후원을 아끼지 않아야 상생관계를 고조시킬 수 있다.

그간 홍보계획이라면 신문 등의 언론매체에 소개되고 축제 안내서나 포스터 또는 현수막의 제작, 배포로 여겨 온 경향이 강하였다. 최근 경향으로 문화관광축제나 중 · 대형 지역 이벤트를 중심으로 홍보전략에 대한 관심이 높아진 것과 '총 축제예산 대비 홍보비 점유비율' 이 꾸준히 늘어나고 있는 것으로 파악되고 있으나, 지역축제의 성공적인 관광상품화를 위해서는 홍보예산과 전략 등에 있어 보다 적극적인 관심과 노력이 필요하다.

미국에서는 좀더 새롭고 예산절감개념의 축제홍보전략을 펴고 있는데, 미국 지역축제의 성공사례를 분석해 보면 축제개최 오래 전부터 지역유지나 유명인사를 통한 더욱 적극적인 홍보전략을 수행하고 있다. 지역유지나 유명인사들에게 축제로고가 그려지고 홍보문안이 삽입된 골프 티셔츠나 뱃지 등을 미리 나누어주어 그들이 참여하는 골프시합은 물론 각종 모임과 이벤트에서 자연스럽게 주의를 끌게 함으로써 홍보효과를 극대화시키고 있다. 일본의 경우 관광홍보루트를 이용하고 있다. 일본 각 현(縣)에서 발행하는 대부분의 관광홍보안내서와 책자에 지역의 유명 축제소개가 빠지지 않고 수록되어 있어 지방 관광기관과 관광업계가 밀접한 관련을 맺고 체계적인 홍보전략을 전개함을 알 수 있다.

'어떤 매체가 축제에 효과적인 매체인가?' 하는 부분은 축제방문객 유치에 주요한 관심사가 되어왔다. 〈그림 3-7〉은 2002년 국내 주요 지역 축제들 가운데 주요 홍보매체별 특징이 두드러지는 사례들을 분석한 것이다. 금산인삼축제의 경우 '구전'에 의한 홍보가 32.6%로 가장 높게 나타나고 있는데, 구전이 높은 비중을 차지하는 경우는 역사가 있는 축제 또는 전국적으로 알려진 축제, 소규모의 작은 축제에서 나타나는 특징이라고 할 수 있다. '서산 해미읍성역사체험축제'의 경우는 '구전'(29.0%)이외에도 '신문' 매체에 의한 홍보효과가 19.5%로 두드러지는 특징을 보이고 있는데 짧은 역사를 가진 축제의 체계적인 홍보전략으로 신문의 집중도를 높인 사례라고 할 수 있다. 특히, 이는 일반적으로 '신문' 매체에 의한 축제 홍보효과가 크지 않다는 점을 감안할 때 '서산 해미읍성역사체험축제'에서 보인 특징적 결과라고 할 수 있다. 또한, '태백산눈축제'의 경우는 전체의 30.5%가 '인터넷' 매체로 나타나, 최근 급격히 부각되는 인터넷의 영향을 보여주는 상징적인 축제 사례로서 30~40대 가족그룹 시장에 주로 어필하고 있다. '광주김치축제'는 'TV' 매체의 점유율이 31.7%로 나타나 가장 높은 비중을 차지하는 것으로 분석되었다. TV 등 방송매체에 대한 높은 비중은 대도시 중심형 축제에서 나타나는 특징 가운데 하나이다.

〈그림 3-7〉 축제별 주요 홍보매체 점유율 분석(2002년)

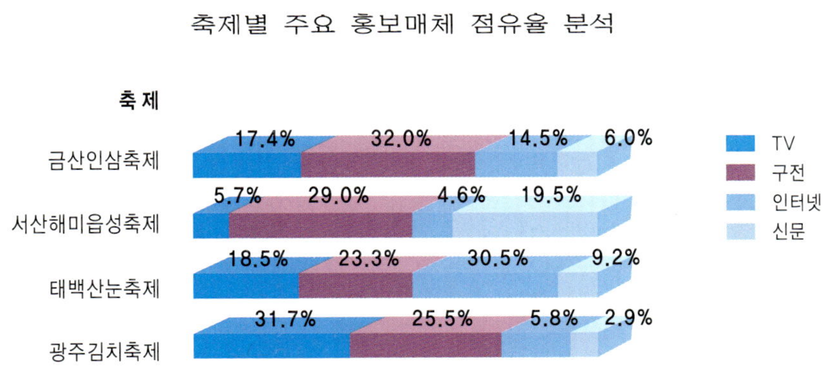

* 자료 : 정강환(2002 a, b, c, d)

또한 축제에서의 인터넷홍보는 축제 방문객들이 축제에 대한 정보를 얻는 수단에서 축제 방문의 최종 선택 매체로서의 역할을 수행하고 있는 것으로 조사되었다.

2003년의 제7회 무주 반딧불축제를 방문한 방문객들을 대상으로 방문객이 축제에 대한 정보를 얻은 경로를 조사한 결과 가장 많은 약 30%가 '인터넷'을 통해 축제에 대한 정보를 얻은 것으로 조사되었으며, 축제방문을 최종적으로 선택하는데 있어 결정요소로 작용한 매체를 조사한 결과에서도 전체 방문객 중 약 35%가 인터넷을 사용하고 있는 것으로 조사되어 인터넷이 무주 반딧불축제를 최종 선택하는데 있어 주요한 매체로서의 역할을 수행하고 있는 것으로 분석되었다. 다음의 〈표 3-15〉에서 보는 것과 같이 방문객들이 축제에 대한 정보수집매체와 최종결정매체를 교차분석을 통해 분석해 본 결과 인터넷을 통해 정보를 수집한 방문객을 제외하고 다른 모든 매체를 통해 정보를 수집한 방문객들, 예를 들면 TV를 선택한 23.6%, 신문을 선택한 28.0%의 방문객들도 축제방문 최종 결정매체로 인터넷을 활용하고 있는 것을 확인 할 수 있다. 또한 방문객들과의 인터뷰 결과에서도 많은 수의 방문객들이 타 매체를 통해 축제에 대한 정보를 습득한 후 인터넷을 통해 구체적인 정보를 확인하고 있다는 인터뷰 결과와 일치하는 결과로 판단된다(정강환, 2003).

〈표 3-15〉 제7회 무주반딧불축제 축제방문결정 최종 정보매체 분석

(단위 : %)

		방문결정 최종매체									
		TV	신문	인터넷	구전	플래카드	초청장	라디오	팸플릿	KNTO	기타
홍보매체	TV	57.9	0.0	23.7	10.5	2.6	2.6	0.0	0.0	0.0	2.6
	신문	16.0	36.0	28.0	12.0	0.0	0.0	0.0	4.0	0.0	4.0
	인터넷	8.0	0.0	79.3	6.9	1.1	0.0	1.1	1.1	0.0	2.3
	구전	3.0	0.0	13.4	74.6	3.0	0.0	3.0	1.5	0.0	1.5
	플래카드	8.0	8.0	8.0	8.0	56.0	0.0	0.0	8.0	0.0	4.0
	초청장	0.0	0.0	0.0	0.0	0.0	75.0	0.0	25.0	0.0	0.0
	라디오	0.0	14.3	14.3	0.0	0.0	0.0	71.4	0.0	0.0	0.0
	팸플릿	5.9	0.0	11.8	5.9	5.9	0.0	0.0	64.7	0.0	5.9
	KNTO	0.0	0.0	0.0	0.0	0.0	0.0	0.0	0.0	0.0	100.0
	기타	0.0	0.0	14.3	0.0	0.0	0.0	0.0	0.0	0.0	85.7

* 자료 : 정강환 (2003)

또한 최근 축제방문객들에 대한 효과적인 홍보전략은 단순히 TV, 신문, 인터넷 등 에만 국한되지 않고 있다. 간접적인 매체로 여겨질 수 있지만 의외로 강한 영향을 줄 수 있는 부분으로 '드라마' 와 '영화' 에 의한 홍보 파급효과를 들 수 있다.

무주반딧불축제에서는 2003년 개봉한 영화 '클래식' 에서 보여진 반딧불이와 KBS드라마 '여름향기' 에 나타난 무주반딧불축제 팸플릿과 포스터를 보고 방문객들이 축제를 방문한 경우가 다수 확인되었다. 이들 영화와 드라마는 주로 여성층이 선호한 것으로 조사되었으며, 연인들과 젊은 부부를 중심으로 한 젊은층의 방문을 유도하는데 영향요소로 작용한 것으로 조사되었다(정강환, 2003).

인기있는 영화나 TV드라마에 삽입된 축제소재관련장면들이 축제방문유도에 직간접적인 영향을 미치고 있다. 영화 '클래식' 과 KBS드라마 '여름향기' 가 2003년 무주반딧불축제홍보에 직간접적인 영향을 미친 사례.

* 사진 출처 : 클래식(http//www.classicromance.co.kr), 여름향기(http://summer.co.kr)

한편, 국내의 경우에도 기존 축제의 주요한 홍보전략은 신문이나 예산이 허락하는 경우 방송을 통한 홍보가 주류를 이루었고, 규모가 적어 홍보예산이 허락되지 않는 축제의 경우 거리에 플래카드를 설치하거나 팸플릿, 초청장 등에 국한된 홍보를 실시하고 있었다. 그러나 최근 4년간 성공적인 지역축제들 가운데 인터넷 홍보 비중이 서서히 증가하는 경향이 나타나고 있다. 인터넷 홍보가 4~5년 전부터 도입되었지만, 주요 홍보매체 비중에서 대부분 5%미만의 점유율을 가지고 있었다. 그러나 최근에는 전체 홍보매체 비중의 30%를 육박하는 수준을 보이는 지역축제들도 나타나고 있다는 점이 '인터넷 홍보증가'의 추세와 효과를 입증하고 있다. 다음 〈그림 3-8〉에 나타나는 것과 같이 축제에서의 인터넷에 의한 홍보결과는 '무주반딧불축제'의 경우 2002년 약 32%의 점유율을 기록하였고, '보령머드축제'의 경우는 17%의 점유율을 기록하였다. 그러므로 각 축제 조직자들은 축제 관광객들의 주요시장이 누구인지를 분석하고 그들의 인터넷 이용성향 등을 보다 세심하게 파악하여 효율적인 축제 홍보전략으로 인터넷을 활용하는 방안이 필요하다.

〈그림 3-8〉 축제별 인터넷 점유율 비교 분석

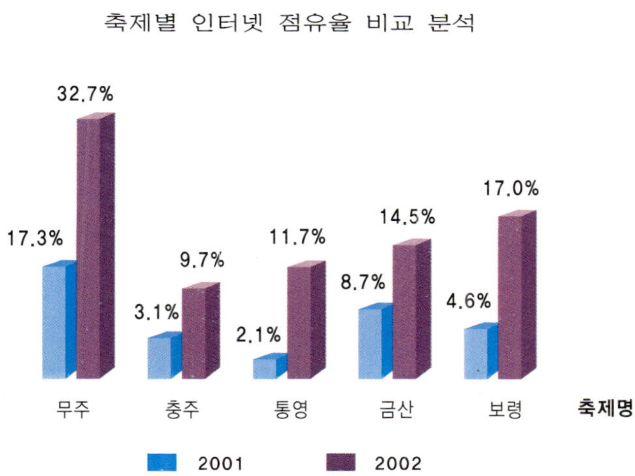

* 자료 : 정강환 (2001 a, b, c, d, e / 2002 a, e, f, g, h) 재작성

아울러 축제 홍보전략의 보다 근본적인 내용을 논하기 위해서는 축제안내서와 포스터와 같은 기본적인 홍보물부터 좀더 면밀하게 제작해야 한다. 특히 국내의 축제안내서의 경우 외부지역 방문객들과 처음 방문하는 지역주민들을 배려한 장소도면을 근거로 한 이벤트 프로그램 순서와 개요부분 구성이 될 수 있도록 보완해야 하며, 규모가 큰 축제의 경우 외부지역에서 축제장소까지 교통 접근도가 안내서에 포함되어져야 할 것이다. 서구의 선진국에서는 안내서의 크기도 축소지향형으로 가지고 다니기 편리하게 제작하고 있으며, 좀더 쉽게 이벤트 프로그램의 정보를 인식할 수 있는 방향으로 변화해 나가고 있다. 영국 에든버러의 군악대축제(Military Tattoo)와 같은 유명축제는 슬라이드나 비디오로 제작하여 판매하면서 홍보도 하고, 재정수입도 꾀하는 '일거양득 효과' 를 얻고 있다.

호주 멜번에서 개최하는 뭄바 축제에서 소형으로 제작된 병풍형 안내서 – 축소지향형으로 가지고 다니기 편리하게 제작되었다.

홍보의 장기적인 전략방안으로는 해당 지역축제의 대표 프로그램이라고 할 수 있는 주요 공연들을 다른 지역축제에서 순회공연한다거나 외국축제와 자매결연, 상호방문 교류를 들 수 있다. 1996년 베니스 카니발의 경우도 이탈리아 국내지역 카니발협회(Carnival Association), 이탈리아 접경지역인 크로아티아의 라빈(Labin) 지역에서 온 카니발 공연단체, 일본 교토의 민간축제공연단체가 자발적으로 참여하여 공연하면서 베니스카니발의 축제분위기도 고조시켰으며 참가단체들이 자기 지역의 관광과 축제도 홍보하는 사례가 있었다. 이렇게 외국축제에 참가하여 교류하는 것도 지역축제의 국제화에 큰 의의를 갖는다. 그리하여 축제 때 서로 공연팀을 교환함으로 해서 서로 축제분위기 활성화에 기여함은 물론 축제에 관한 정보교류도 자연스럽게 이뤄질 수 있다.

〈그림 3-9〉 보령머드축제 인터넷 홈페이지

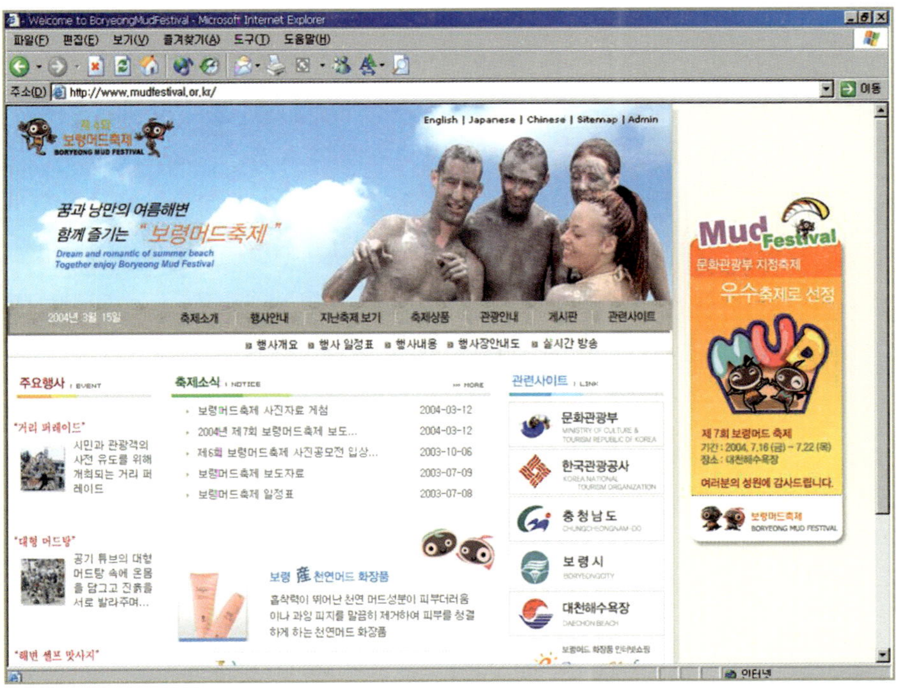

외국의 관광학자들이 강조하는 관광축제의 성패는 축제에 참가하는 지역주민들의 자발적 참여에 달려 있다고 한다. 외국의 성공적인 유명축제의 원동력을 살펴보면 이벤트 프로그램 외에도 주민들의 적극적 참여가 중요하다는 것을 알게 된다. 외국의 성공적인 축제들을 살펴보면 주민들이 축제에 참여할 수 있는 기회와 공간을 많이 마련하고 있다는 점이다. 퍼레이드나 거리 퍼포먼스 등의 축제 프로그램에 직접 참여하거나 안내, 청소, 통제 등의 자원봉사 인력으로 참여하는 기회를 적극적으로 제공하고 있으며 보다 장기적인 참여가 유도되도록 세심하게 관리운영되고 있다. 또한 축제에 대한 '매니아'(Mania)그룹이 조성되도록하여 적극적인 주민참여를 유도시키는 점도 앞서가는 점이다.

우리나라 축제의 관광자원화가 제대로 이루어지지 못하는 것도 지역주민들의 적극적인 참여가 매우 부족하거나, 관 주도성 행사로 인원동원 관점에서 마지못해 참여하기 때문이다. 그것은 축제 조직자 측면에서는 '지역주민 참여'의 중요성이 무시되고 있거나 잘못 인식되어있기 때문이라고 할 수 있으며, 지역주민 측면에서는 참여의 즐거움과 앞서 언급한 축제의 관광자원화를 통해 얻는 사회문화 효과나 지역경제 활성화 효과를 이해하고 있지 못하기 때문이다.

외국의 경우 자발적 참여자의 순수한 봉사 동기도 있겠지만 무엇인가 무형적 · 유형적으로 개인적 · 단체적으로, 또는 단기적 · 장기적인 혜택이 있기 때문에 참여하는 것이다. 축제의 도시로 불리는 영국의 에든버러의 시민들도 막연하게 느꼈던 축제의 경제효과가 스코틀랜드 관광위원회가 조사한 7천 2백만 파운드(864억 원)라는 구체적인 수치로 나타나자 기존의 풍성한 축제에 '새해 축제'(Hogmanay Festival)라는 새로운 축제를 자발적으로 만들어 냈다. 그러므로 중앙정부인 문화관광부나 한국관광공사의 관광이벤트 부서나 지자체가 관광잠재성이 있는 축제 개최 지역 주민들에게 관광이벤트의 중요성과 다양한 지역활성화 효과를 교육 · 설득시키는 프로그램을 실행하여 자발적 참여를 유도하는 방안도 검토해 볼 수 있다.

우리나라의 경우 일부 축제는 관주도성 운영으로 축제인원 동원에서 중 · 고등학생들이 주대상이 되다 보니 그들이 축제의 의미를 알고 신명나게 참여할 수 있는 교육 프로그램의 시행도 중요하다. 과거 공주에서 개최된 백제문화제의 가장행렬에서도 행렬에 동원된 학생들이 백제전통의상을 입고 행진하는 가운데 부끄러워하던 모습을 여러 관람객들이 지적하였다. 동원되는 학생들에게 사전에 백제문화제의 중요성, 역사성, 역사고증을 바탕으로 자신들이 맡게 될 역할과 입게 될 의상에 대한 의미 등을 교육한다면 자부심을 가지고 좀더 적극적으로 참여하게 될 것이며, 전체적으로 신명나는 가장행렬이 될 수 있을 것이다.

온양문화제에 참여하는 대학생 자원봉사자들을 대상으로 한 역사전문가의 이순신장군에 대한 축제전 준비 교육장면.

자발적인 참여는 지역주민들에게만 한정되지 않는다. 다른 지역사회나 대도시로 떠난 그 지역민들은 각 곳에 향우회를 갖고 있다. 적지 않은 이들 향우회는 지역축제에 적극적으로 참여할 수 있는 잠재성이 있는 그룹이다. 이들은 각종 경쟁 또는 경연의 이벤트 종목에 참여시키는 것이 가장 바람직하다. 그것을 통해 그들의 애향심과 공동체 의식이 강화될 수 있다. 향토음식을 통한 난장에 참여, 관광안내, 행사안내 담당 등으로 축제에 참여하는 방법도 가능하다(한국문화정책개발원, 1993).

향우회가 전국 각지에 산재해 있으므로 공문이나 직접 방문을 통해 이들의 참여를 유도하는 작업이 추진해야 한다. 향우회의 규모, 생활 정도 등을 고려하여 그들이 담당할 행사종목을 결정하고 종목에 따라서는 민속의 기예를 학습할 방안을 찾아주는 일도 필요하다. 다른 지역 향우회의 지역축제에 대한 적극적 참여는 지역주민의 축제참여를 크게 고무 · 자극할 것이고 축제 분위기의 형성에도 크게 기여할 것이다.

제9회 하동야생차축제의 자원봉사활동이 가장 두드러졌던 '하동녹향라이온스클럽'의 경우는 여러행사를 지원하였고, 특히 '원두막햇차무료시음회'에 참여하여 주제에 맞는 전통의상을 착용하고, 다식을 직접 만들어 축제방문객들에게 제공하였다. 본 사진은 저자와 인터뷰를 통해 내년도 개선방안을 토의하는 녹향라이온스클럽의 자원봉사 대표들의 모습.

또한 지역주민들의 자발적 참여를 유도할 수 있는 이벤트 프로그램 구성도 중요하다. 주민참여로 시작된 많은 축제들이 규모가 커지면서 관 주도성 운영, 정교하고 대규모적인 이벤트를 위한 군부대 또는 특정기관의 참여로 점차 지역주민들이 축제에서 멀어지게 된 경우도 있다. 삿포로 눈축제의 경우 점차 규모가 커지면서 자위대가 대규모 눈조각지원작업에 적극적으로 참여하게 되고 상대적으로 시민들의 참여가 멀어지면서 관광객들이 온다고 해도 시민들이 즐겁지 않았던 과거 사례가 있다. 즉 시민들의 참여가 문제 되어 "자위대가 눈조각상들을 만들어 관광객이 보러 오는 축제"라는 비판이 있자, 이것에 대해 눈축제 실행위원회는 '62년 눈축제부터 대설상(大雪像)제작의 일부에 시민들의 참가를 모집하는 등 시민 스스로가 만드는 즐거움을 얻는 기회를 늘렸다.

춘천국제마임축제의 경우 성공적인 축제 자원봉사자 활용사례의 하나로 볼 수 있는데, 민간 주도로 조직된 축제조직위원회는 지역의 자원봉사자들을 효율적으로 관리하여 축제의 실행인력 대부분을 자원봉사자로 활용하기도하였다. 특히, 춘천국제마임축제의 경우 운영팀에서 자원봉사자 전원을 관리하는 계획된 자원봉사 조직을 운영하였다. 다음의 〈표 3-16〉은 춘천 국제마임축제의 자원봉사자 활동분야를 구분한 내용이다.

〈표 3-16〉 춘천 국제마임축제의 자원봉사 활동분야

활동분야	역 할
1. 홍보 분야	홍보자료 작성 및 발송, 옥외홍보와 인터넷 홍보. 프레스센터와 안내센터의 안내 및 홍보자료 작성. 축제홍보를 전담할 축제가이드 배치 및 개별관객 안내. 춘천 관광안내 및 기타 축제정보 안내.
2. 마케팅 분야	마임축제의 활성화 및 홍보, 다양한 마케팅 전략을 구사 축제전 붐조성과 프리 이벤트 개발. 지역활성화 및 축제 프로모션 개발 (도깨비열차 운영) 기념품 제작 및 판매. 캐릭터 개발의 상품화작업 등. 협찬부분 개발.(소액협찬, 메인스폰서, 후원업체 및 가맹점 등) 티켓판매 및 공연장별 판매소 관리.
3. 운영 분야	공연장 관리 및 게이트 관리, 티켓판매 및 기념품 판매 보조 축제가이드 및 안내센터 관리 극장 관객통제 및 공연자 보조 (실내 · 외 극장) 공연자 및 자원봉사자 숙소관리 '도깨비난장' 참가자 관리 슈퍼그랜다이저 역할 : 전 부문의 자원봉사자 관리 책임.

＊자료 : 춘천국제마임축제조직위, (2000)

13. 파급효과를 높이기 위한 관광기관 및 관광업계의 적극적 참여

'성공적인 관광이벤트전략' 을 위해 강조할 수 있는 것은 관광기관이나 관광업계가 축제나 이벤트를 관광상품화 시키는데 선도적인 역할을 해야 한다는 것이다. 그러므로 축제와 이벤트의 잠재성을 개발하는데 관광기관과 관광업계는 축제조직자의 훌륭한 파트너가 될 수 있다. 구체적으로 축제조직자의 당면과제인 관광객유치업무를 직 · 간접적으로 도와 줄 수 있으며, 축제의 관광매력을 더욱 촉진시키고 증진시킬 수 있으며, 국내방문객은 물론 외래관광객 시장을 파악하고 유인하기 위한 시장조사와 마케팅 전략을 체계적으로 수행해 나갈 수 있다는 장점을 지니고 있다. 다시 말해서 축제를 실제로 구성 · 준비하는 것은 축제 조직자의 책임이다. 그러나 이러한 구성 준비를 효율적으로 집행하기 위해서는 관광업계와 기관으로부터 자문서비스, 보조 패키지, 연구 · 평가지원을 받는 것이 필요하다.

일본 삿포로 눈축제가 전국적으로 규모가 커지고 체계화된 시점은 일본 여행업계가 관여하면서 시작된다. 제10회 삿포로 눈축제를 위한 실행위원회 설치 등 축제조직이 정돈되어 가면서 일본항공이 국내 유력의 여행사들을 초청하여 눈축제의 관광상품화 가능성을 보여주었다. 그 후 각 여행사들이 눈축제를 상품화하여 눈축제 관광패키지를 만들게 되었다. 관광업계가 적극적으로 개입하면서 눈축제가 전국적 규모로 성장함은 물론 거시적으로 개최도시인 삿포로를 방문하는 관광객들이 증가하게 되었다.

외국의 관광이벤트 시장의 잠재성은 아웃바운드를 전문으로 하는 국내 여행사들이 최근 국제박람회, 산업전시회, 외국의 유명축제를 패키지 상품화한 관광이벤트 상품을 활성화하려는 시도에서 이미 증명되었다. 이벤트 상품의 활성화가 예견되고 있는 것은 그동안 패키지 상품에 의존하던 여행사들이 속속 패키지 일변도에서 벗어나 모객이 쉽고, 수익률이 높은 이벤트 상품을 적극 개발하고 있는 데서 알 수 있다. 관련 업계에 따르면 현재 이벤트 상품을 계획하고 있는 여행사들이 늘어났으며 이와 같은 추세는 목적여행을 선호하는 고객들의 취향에 맞춰 계속 늘어날 것으로 예견된다. 그러나 인바운드의 경우 축제나 문화이벤트의 관광상품화가 미진한 이유로 해서 내놓을 만한 관광상품도 별로 없지만, 축제의 개최일시가 유동적이고, 축제지역의 호텔 등의 관광시설 부족, 당장의 이익을 보장해 주지 못한다는 판단 아래 일반적으로 외면당하고 있는 실정이다. 아주 소수의 여행사들이 축제관광상품을 실험적으로 내놓고 있지만 풀어야 할 당면과제가 많은 실정이다.

한편, 최근 광주 비엔날레, 이천도자기축제 등의 관광상품화 성공으로 인식이 바뀌어 가고 있으며, 구체적인 사례로 문화관광부나 한국관광공사 주최 일반여행사의 상품개발 담당자 회의에서 축제에 대한 관광상품화 가능성 타진에 대해 부정적인 견해가 점차 긍정적인 검토방향으로 변해가고 있음을 찾아볼 수 있다. 이벤트 · 축제 관광상품이 성공을 거두려면, 업계의 책임으로만 떠넘길 수 없으며, 정부 · 업계 · 축제조직체 · 축제 개최지역 주민들간의 이해와 연계 노력이 이루어져야할 필요가 있다.

이에 문화관광부는 문화관광축제 육성 및 지원을 위하여 마케팅 기법 등 축제 운영을 위한 전반적 노하우를 지자체에 제공하고, 인터넷 홈페이지 및 관광공사 해외지사를 통한 국내 · 외 홍보 및 여행업자 · 언론인을 대상으로 축제 개최지 팸투어 실시, 축제담당공무원 교육세미나, 관광컨설팅을 연중 추진하고 있다. 또한, 영어, 일본어, 중국어로 된 홍보 리플렛을 제작하여 공사 해외지사 및 관광관련 기관에 배포하는 등 해외마케팅을 실시하고 있다.

한편 지방자치단체로 하여금 축제 홍보를 위하여 축제 리플렛, 포스터 등의 각종 홍보물을 제작하여 언론매체, 관광관련업계 등에 배포하도록 유도하고 국내외 언론사, 여행사를 대상으로 설명회를 개최하고 있다. 관광상품화을 위해 볼거리, 먹거리, 살거리, 즐길거리를 연결한 관광객 참여행사를 기획하고, 여행업계의 축제관광객 유치활동을 위하여 각 주최기관에 외래관광객 전담요원을 지정, 행사현장 설명, 현지교통 · 숙박 · 식당안내 등을 유도하고 있다. 관광공사 해외지사는 해외모객 활동을 매년 초부터 실시하고 주요 여행업체 대상 현지 초청설명회 개최, 영 · 일본어판의 국외홍보물 제작 · 지원, 행사의 특성을 살린 기념품 및 쇼핑상품개발 등을 통해 축제의 외국인 관광객 유치를 돕고 있다. 다음 〈표 3-17〉은 한국관광공사 내부평가자료를 토대로 2001년 관광공사 지사별 문화관광축제 상품화 실적을 분석한 결과이다. 전체 15개 축제에서 34개 외래 여행사들을 통해 총 2,736명의 외래 관광객을 유치한 것으로 집계되었다.

<표 3-17> 한국관광공사 해외 지사별 2001년도 문화관광축제 상품화 실적

지사명	축제명	여행사명	모객인원	상품내용
홍 콩	한라산눈꽃축제	wing on	117명	서울, 이천, 제주
	한국의 술과 떡잔치	wing on, hong thai 등	53명	서울, 경기, 경주
	청도소싸움축제	Package 여행사	220명	서울, 경기, 경주
	진도영등제	모닝스타	86명	서울, 경기, 전주, 진도
	보령머드축제	Evergloss 여행사	284명	서울, 경기 및 보령
	대전사이언스축제	Package 여행사	355명	서울, 경기, 대전
	무주반딧불축제	Sunflower 여행사	145명	서울, 경기 및 무주
	금산인삼축제	Morning Star Package 여행사	200명	서울, 경기 및 금산
	광주 김치대축제	Package 여행사	180명	서울, 경기 및 광주
방 콕	금산인삼축제	Marco World Tours	25명	서울, 금산, 에버랜드
	수원화성문화제	Marco World Tours	35명	수원, 에버랜드, 속리산
뉴 욕	한라산눈꽃축제	아메리카 투어	13명	서울, 제주
	진도영등제	드림투어	30명	서울, 목포, 진도, 홍도
	안동국제탈춤페스티벌	Festival of Asia	12명	안동페스티벌 견학
	광주김치대축제	America Tour	32명	축제특선
시카고	강진청자문화제	National Art Educators Association	29명	한국도자기 견학
L A	안동탈춤페스티벌	California pacific tour	·	한국의 민속축제
후쿠오카	영암왕인문화축제	긴키니혼투어	40명	왕인축제 등 전남2대축제
	안동국제탈춤페스티벌	JTB	50명	안동 하회마을
	안동국제탈춤페스티벌	다비혼포	251명	탈춤축제, 경북관광
	양양송이축제	니시니혼여행	35명	설악산 관광 및 송이채취
동 경	진도영등제	긴키니혼투어리스트	30명	왕인유적지, 진도영등제
	진도영등제	한큐교통사	40명	왕인유적지, 진도영등제
	진도영등제	타빅스재팬	25명	진도영등제, 광주시내
	양양송이축제	아사히여행사	100명	송이채취, 설악산일원
	안동국제탈춤페스티벌	제펜콤투리스트	14명	안동, 해인사, 경주, 축제
나고야	진도영등제	일본통운	27명	진도영등제
	양양송이축제	일통여행	150명	송이채취체험
오사카	진도영등제	후미트래블	42명	진도영등제 투어
	진도영등제	阪急교통사	78명	〃
	진도영등제	국제여행	5명	〃
	진도영등제	일본에이스관광	15명	〃
	광주김치대축제	트래블닛폰	18명	전라친목회 방한투어
계	15개	34개	2,736명	

※ 자료 : 한국관광공사 홈페이지

결과를 분석해 보면 한국관광공사 해외지사의 주요 외래 관광객 모객 지역은 크게 동남아지역, 미주지역, 일본지역으로 나타났으며, 축제별로는 진도영등제(10개), 안동국제탈춤페스티벌(5개), 양양송이축제, 광주김치대축제(3개), 한라산눈꽃축제, 금산인삼축제(2개), 한국의 술과 떡잔치, 청도소싸움축제, 보령머드축제, 대전사이언스페스티벌, 무주반딧불축제, 강진청자문화제, 수원화성문화제, 영암왕인문화축제(1개) 등인 것으로 나타났다. 또한, 대부분의 관광상품은 축제뿐만 아니라 지역 관광과 연계한 연계관광상품으로 개발되었음을 알 수 있다.

그밖에도 이벤트 기획 지원을 위한 노력으로 지난 2001년 '한국방문의 해'에는 문화관광부와 한국관광공사는 전국의 주요 이벤트를 활용한 '10대 기획이벤트 및 15대 특별이벤트' 개최를 적극 지원하여 지방에 있는 관광이벤트를 육성하고자 하는 노력을 시도하였다.

〈표 3-18〉 2001년 '한국방문의 해' 이벤트 〈10대 기획이벤트〉

활동분야		행사기간	사업주체	장 소	행사내용	총사업비 (단위:백만원)
한국방문의해 개막행사 (평화와 화합의 축제)		2000. 12. 31 ~ 2001. 1. 1	문화관광부, 한국방문의 해 기획단, KBS	광화문네거리	평화와화합의 메시지전달 방문의해 선포 영상레이져쇼 국제적인 대형공연 등	680 국비(방문의 해) 280 협찬 400
눈의 나라 페스티벌	한라산 눈꽃축제	1. 13~ 1. 21	제주도, 제주축제문화 연구원	한라산일대	역사오름트레킹 설원 서바이벌 외국인 도전열전등	225 국비(방문의 해) : 50 지방비 : 155, 기타 : 20
눈의 나라 페스티벌	대관령 눈꽃축제	1. 10 ~ 1. 14	평창군, 대관령눈꽃제위	용평돔경기장	알몸마라톤대회 스노카레이서 등	160 국비(방문의 해) : 50 지방비 : 50, 기타 : 60
눈의 나라 페스티벌	태백산 눈축제	1. 13 ~ 1. 21	태백시, 태백산눈축제위	태백산도립공원등	눈조각전, 오름썰매대회 설상풋살경기 등	200 국비(방문의 해) : 50 지방비 : 137, 기타 : 13
눈의 나라 페스티벌	설악산 눈꽃축제	1. 18 ~ 1. 21	설악눈꽃축제위	설악산일원	눈 · 얼음조각전, 방벽오르기, 예쁜 눈사람 만들기 등	180 국비(방문의 해) : 50 지방비 : 50, 기타 : 80

활동분야		행사기간	사업주체	장 소	행사내용	총사업비 (단위:백만원)
대구섬유 패션축제		4. 23 ~ 5. 31	대구광역시, 대구경북섬유 산업협회 등	패션디자인개발지원 센터 등	대구컬렉션 한복패션쇼, 전통지역 경진 대회등	480 국비(방문의 해):200 시비:148, 기타:132
제주세계 섬문화축제		5. 19 ~ 6. 17	사) 제주세계섬문화 축제조직위원회	제주도 오라관광지구	세계민속공연등 세계타악기페스티벌 세계전통의식체험 세계지도자제주회의	9,000 국비:1,160 문화관광부:960 방문의해:200 지방비:4,840 조직위:3,000
세계태권도 문화축제		7. 1 ~ 7. 20	충청북도, 충청대학	청주실내 체육관, 충청대학	코리아오픈국제태권도 대회 국제태권무도대회 태권도연수교육등	1,050 국비(방문의 해):200 지방비:200 기타:650
세계도자기 엑스포		8. 10 ~ 10. 28	경기도(세계도자기 엑스포조직위원회)	이천, 여주, 광주	세계도자기전시 세계도예인경연의장 세계민속공연 특수영상쇼 국제회의 등	156,900 국비(문화관광부): 10,600 지방비: 145,300
부산국제영화 음악제 (부산국제 락페스티벌)		8. 11 ~ 8. 14 (전야제: 8.10)	부산광역시, 부산문화관광축제 조직위원회	광안리해수욕장	국내외 락그룹 경연대회 및 공연	800 국비(방문의해): 200 지방비:300 기타:300
퇴계탄신 500주년기념		문화축제 10. 5 ~ 10. 31	경상북도, 안동시, 세계유교문화축제 추진위원회	낙동강변 축제장 등	500주년 기념사업 국제학술대회 세계유교문화전시	1,800 국비(방문의해):900 지방비:900
전주세계 소리축제		10. 13 ~ 10. 21	전라북도, 전주세계소리축제 조직위원회	한국소리문화의 전당 등	각국의 전통음악과 현대음악공연 세계전통 음악예술공연 국내외예술단공연 *「한 · 일 친선우호 주간」제정, 「전국비빔밥축제」와 연계	4,200 국비(방문의해): 1,800 지방비:1,600 기타:800
세계 음식 문화 축제	세계 음식문화 큰잔치	10. 18 ~ 10.22	전라남도	낙안읍성 민속마을	국내 · 외 음식전시, 문화교류전	702 국비(방문의해):100 지방비:602
	광주 김치대축제	10. 17 ~ 10.21	광주광역시	광주시립민속 박물관 일원	김치류 전시, 김치체험 코너, 김치백일장대회등	450 국비(방문의해):100 지방비:240, 기타:110

* 자료 : 문화관광부, (2001)

참고문헌

- 골드블랫(우진영 역)(1995) 『스페셜이벤트』, 김영사.
- 김인철(1994) 『일본농촌과 기역활성화 운동』, 나남출판.
- 문화관광부(2001) 『2001년 관광동향에 관한 연차보고서』, 문화관광부.
- 문화관광부(2002) 『2002년 관광동향에 관한 연차보고서』, 문화관광부.
- 문화관광부(2003) 『2002 문화관광축제 종합 평가 보고서』, 문화관광부.
- 배재대학교 관광이벤트연구소(1999) 『서산 해미읍성 역사체험축제 개발 계획에 관한 연구』, 서산문화원.
- 이훈, 김정은(2000) 「문화관광축제 행사프로그램 내용분석」, 『관광개발논총』 제12호, 한국관광개발학회.
- 정강환(1996a) 『이벤트 관광전략 – 축제와 지역활성화』, 일신사
- 정강환(1996b) 「향토축제의 관광자원화 방안」, 전국향토축제 발전세미나, 문화체육부.
- 정강환(2001a) 『문화관광축제 평가 및 방문객분석 제23회 금산인삼축제』, 배재대학교 관광이벤트연구소.
- 정강환(2001b) 『문화관광축제 평가 및 방문객분석 제5회 무주반딧불축제』, 배재대학교 관광이벤트연구소.
- 정강환(2001c) 『문화관광축제 평가 및 방문객분석 제4회 충주세계무술축제』, 배재대학교 관광이벤트연구소.
- 정강환(2001d) 『문화관광축제 평가 및 방문객분석 제4회 통영나전칠기축제』, 배재대학교 관광이벤트연구소.
- 정강환(2001e) 『문화관광축제 평가 및 방문객분석 제4회 보령머드축제』, 배재대학교 관광이벤트연구소.
- 정강환(2002a) 『문화관광축제 평가 및 방문객분석 제24회 금산인삼축제』, 배재대학교 관광이벤트연구소.
- 정강환(2002b) 『제3회 서산 해미읍성역사체험축제 평가 및 방문객 분석』, 배재대학교 관광이벤트연구소.
- 정강환(2002c) 『제9회 태백산눈축제 평가분석 및 방문객 분석』, 배재대학교 관광이벤트연구소.
- 정강환(2002d) 『문화관광축제 평가 및 방문객분석 제9회 광주김치대축제』, 배재대학교 관광이벤트연구소.
- 정강환(2002e) 『문화관광축제 평가 및 방문객분석 제6회 무주반딧불축제』, 배재대학교 관광이벤트연구소.
- 정강환(2002f) 『문화관광축제 평가 및 방문객분석 제5회 충주세계무술축제』, 배재대학교 관광이벤트연구소.
- 정강환(2002g) 『문화관광축제 평가 및 방문객분석 제5회 통영나전칠기축제』, 배재대학교 관광이벤트연구소.
- 정강환(2002h) 『문화관광축제 평가 및 방문객분석 제5회 보령머드축제』, 배재대학교 관광이벤트연구소.
- 정강환(2003) 「2003 국내지역축제의 평가 주요특징 및 추세분석」, 한국관광공사.
- 정두진 외(2002) 「우리나라 문화관광축제의 선정에 관한 특성분석」, 『월간이벤트』2002년 11월호, 월간이벤트.
- 지방공사 대전엑스포과학공원(2000) 『대전사이언스페스티벌 2000 기획에 관한연구』, 배재대학교 관광이벤트연구소
- 춘천국제마임축제조직위원회(2000) 「2000년 춘천 국제마임축제 보도자료」, 춘천국제마임축제조직위원회.
- 한국문화정책개발원(1993) 『향토축제 활성화를 위한 모형개발연구』, 한국문화정책개발원.
- Getz, D.(1991) Festivals, Special Events & Tourism, New York: VNR.

IV장

관광이벤트전략을 위한 방문객 시장분석

Ⅳ. 관광이벤트 전략을 위한 방문객 시장분석

1. 방문객 시장분석의 필요성

평범한 이벤트가 관광이벤트로 부각되기 위해서는 또는 단순한 주민지향형 지역축제가 관광객을 유치하는 관광축제로 전환 · 발전하기 위해서는 방문객에 대해서 세심하게 파악해야 하는 과제가 따른다. 다시 말해서 어떤 방문객층을 대상으로 어떤 이벤트를 실시할 것인지를 분명하게 하지 않으면 '이벤트를 위한 이벤트' 또는 '축제를 위한 축제' 가 되어 발전하지 못하게 된다는 것이다. 지역축제의 경우 공급자인 축제 조직자가 수요자인 축제 방문객들의 변화하는 기호와 욕구를 더욱 깊이 고려해야 하는 방문객지향형 개념이 강조되는 추세이기 때문이다. 그러므로 각각의 축제들에 대한 표적 방문객 시장(Target Visitor Market) 또는 축제방문객 현황을 정확히 파악하는 것이 중요하며, 이러한 시장분석이 근거가 되어 앞으로 축제 프로그램 구성이나 그 외 여러 가지 홍보계획, 인력수급계획, 시설계획에 반영한다면 효과적인 축제의 관광이벤트화 또는 지역축제의 관광상품화가 가능할 것이다.

방문객시장분석에서는 우선 지역주민에 한정하지 않고, 관광객이라고 일컫는 외부에서 온 축제 방문객시장을 파악하는 것이 중요하며, 구체적으로 지역반경에 중심을 둔 시장세분화 또는 성별, 연령별 등 인구 통계적 요소에 따른 시장세분화, 축제 정보매체에 근거를 둔 시장세분화, 축제방문객들의 방문동기에 기준을 둔 시장세분화 등 특정 축제의 성격과 상황에 맞도록 다양하게 분석할 수 있다.

최근 축제방문객 시장분석이 선진국에서는 효과적인 축제의 관광이벤트화 외에 다른 이유 때문에 중요해지고 있는데, 이는 바로 '기업 또는 특정 기관의 협찬(Sponsorships) 유치'와 밀접한 관련이 있기 때문이다. 협찬을 요청하는 데 기업에 축제방문객 분석을 제시하게 되면 기업이 목표로 하는 고객시장과 일치하는 경우 좀더 쉽게 협찬을 유치함은 물론 기업의 적극적인 관심을 유도해 내는 데 도움이 되기 때문이다.

2. 인구통계적 특성을 고려한 방문객 분석

특히 관광이벤트의 경우 이벤트 조직자들이 그지역은 물론 전국적으로 가장 폭넓은 방문객시장을 만족시키기 위해 어떤 범주의 이벤트 프로그램, 이벤트 서비스, 이벤트 상품 등이 제공되어야 하는지 파악할 수 있도록 해야하고, 매우 세부적인 이벤트 주제에 대한 지역의 가장 폭넓은 고객시장(지역주민 시장과 관광객 시장을 포함한 개념)을 유치하기 위해 어떤 홍보전략과 유인방안이 수립되어져야 하는지 파악해야 한다.

그렇지만 특정 이벤트(축제)가 세분화된 핵심 표적시장을 설정했더라도 2차 표적시장도 설정하고 3차 표적시장도 설정하는 등 단순히 핵심표적시장 이상의 범주 고객들을 유치 목표대상에 포함시켜야 한다. 이들 2차, 3차 표적시장이 무시된다면, 이벤트 참가 관람객의 수나 그로 인한 이벤트 수입에 차질을 빚게되며, 모든 지역주민들을 유치한다는 지역 이벤트의 궁극적 목표를 이루지 못하고 이벤트는 실패하게 된다. 심지어는 핵심목표와 관계없는 일반 관객들도 그 이벤트가 보다 많은 사람들로부터 성공적인 이미지를 유발하여 그 인기가 증명될 때까지 이벤트에 연례적으로 참석하지 않게 될 것이다.

〈그림 4-1〉 대전사이언스페스티벌 표적시장

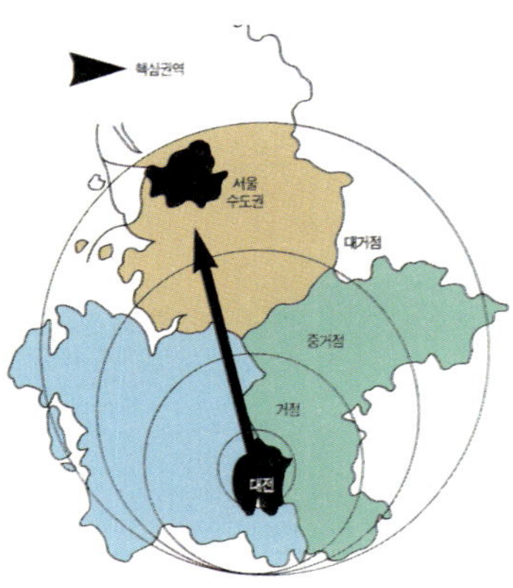

* 자료 : 충청남도 (2000)

방문	핵심지역	접근성	내　용
1차 권역	서울, 안양 수원, 과천	2시간 30분 이내	· 대도시 인구밀집지역 · 높은 소비력 · 학교 밀집 (교육열 왕성) · 관광축제 주요 방문지역
2차 권역	공주권 금산권 청주권 대전권	1시간 내외	· 대전권의 경우 축제장 내 소비지출력 미약 예상 · 접근도 우수 · 엑스포 과학공원에 대한 이미지고착 (비인기 공원)
3차 권역	경기권 천안권	2시간 이내	· 수도권 인접도시의 경우 1차권역의 성향과 유사 · 도농복합, 도시지역의 산발적 위치로 홍보집중도 떨어짐 · 천안권의 경우 천안시를 제외한 지역은 도시적 특성 미약

더욱 중요한 것은 모든 관광이벤트에 있어서 관광객 시장이 고려되어져야 한다는 것이다. 설령 가장 작고, 최근 신설된 이벤트라도 지방 특색을 경험하고자 하는 관광객들에게는 관심의 대상이 될 수 있다. 특히 그 지역을 방문하고 있고 특별한 프로그램을 찾는 관광객들은 아주 작은 홍보활동에도 반응을 보인다.

이러한 측면에서 어떻게 이벤트 방문객들을 분류할 수 있으며, 어떤 타입의 사람들이 특정 이벤트에 참가 · 관람하는지를 파악하는 것이 최우선 과제이다. 즉, 축제와 이벤트 방문객의 시장 세분화를 통해 표적 방문객시장을 분석해 내는 과정을 뜻한다.

어떤 사람들의 그룹이 표적 방문객시장으로 묘사된다는 것은 세분화된 시장이 동질성을 갖고 그 그룹을 손쉽게 알아볼 수 있는 공통된 행동특성이나 사고방식의 특성을 갖고 있음을 뜻한다. 표적 방문객시장은 규모, 숫자로 측정할 수 있는 그룹이어야하고, 관심의 가치가 될만한 특성들, 예를들면 '경제적으로 부유하다', '특수이해집단으로 구분한다', '웰빙(Well-Being) 추구성향이 강하다' 등으로 표현할 수 있다. 끝으로, 이벤트 조직자들이 그 그룹들과 효과적으로 의사소통을 할 수 있어야 하고 그들이 이벤트에 대해 인식하고 관심을 가질 수 있도록 해야 한다.

표적방문시장을 크게 분류하자면 '인구 통계적 변수'(나이, 성별, 혼인상태, 가족구성과 규모, 민족 또는 민족성, 라이프 사이클 단계)나 '사회경제적 변수'(교육, 직업, 소득, 지위)로 나눌 수 있다. 대체적으로 이벤트들은 성별이나 구체적 연령층을 위주로 한 경우가 많은데, 예를 들면 격렬한 스포츠이벤트는 대부분 젊은 남성층이 참가하게 된다. 학술관련이벤트의 경우는 특정분야의 전문가층이, 생태관련 이벤트의 경우는 가족층에 주로 어필(appeal)하는 경우가 이에 해당된다. 그렇기 때문에 이벤트의 주제나 이미지, 프로그램 유형 등이 특정 그룹을 이벤트에 방문하도록 동기를 부여하거나 다른 것에서부터 관광이벤트 쪽으로 눈을 돌리게끔 하는데 매우 유용한 근거자료가 될 수 있다.

〈그림 4-2〉는 2002년 광주시청 관광과가 주관한 김치축제의 이벤트 방문객에 대

한 분석 중 기본적인 인구 통계적 기준에 의해 분석한 것으로 특히, 성별 부분에 있어 축제주제가 음식과 연관성이 있어 여성 : 남성 비율이 6 : 4로서 여성이 많은 것을 알 수 있다. 또한, 〈그림 4-3〉는 같은 해 금산인삼축제의 방문객 성별을 분석한 결과로 여기서는 여성(47.2%)보다 남성(52.8%)의 구성비율이 근소한 차이로 높게 나타났다.

〈그림 4-2〉 2002년 제9회 광주 김치축제 방문객 성별분석

성 별	빈 도(명)	비 율(%)
남 성	93	41.2
여 성	133	58.8

* 자료 : 정강환 (2002a)

〈그림 4-3〉 2002년 제22회 금산인삼축제 방문객 성별 분석

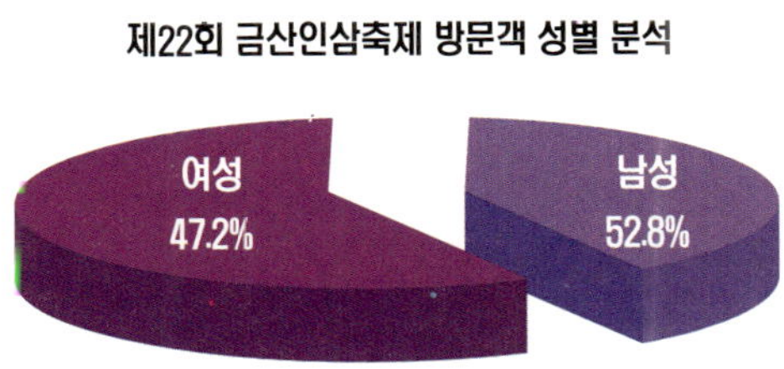

성 별	빈 도(명)	비 율(%)
남 성	130	52.8
여 성	116	47.2

* 자료 : 정강환 (2002b)

〈표 4-1〉은 영국 런던의 노팅힐에서 열리는 '노팅힐 카니발(Notting Hill Carnival)' 의 이벤트 방문객을 분석한 것인데, 2002년 시행된 인터뷰조사를 토대로 한 것이다. 이 조사에서 흥미로운 점은 '민족' 이라는 인구 통계적 요인을 방문객 분석요인으로 채택했다는 점이며, 분석에서 영국(백인 26.7%)과 캐리비언 흑인(23.0%)들이 주류를 이루고 있다는 점들이다.

〈표 4-1〉 노팅힐 카니발(Notting Hill Carnival)의 이벤트 방문객 분석 (총 944명)

변수	단 위	비율
성 별	남성	53.7
	여성	46.3
연 령	16~24세	33%
	25~34세	33%
	35~44세	18%
	45세 이상	12%
	모름	4%
민 족	영국(백인)	26.7%
	아일랜드(백인)	3.2%
	기타 백인	15.1%
	캐리비언 혼혈	5.3%
	아프리카 혼혈	2.3%
	캐리비언 흑인	23.0%
	아프리카 흑인	7.8%
	기타 흑인	4.3%
	인도	1.8%
	파키스탄	1.5%
	방글라데시	0.1%
	기타 아시아	0.7%
	아시아 혼혈	2.4%
	중국	0.8%
	기타 혼혈	1.2%
	기타	3.1%
	무응답	0.5%

변수	단 위	비율
거주지	런던	65%
	켄싱턴과 첼시아	12%
	웨스트런던	43%
	기타 런던 교외	35%
	유럽	10%
	해외(유럽 제외)	5%
교통수단	기차와 지하철	54%
	버스	14%
	보도	22%
	자가용	100%
직 업	취업자와 자영업자	68%
	학생	17%
	복지대상자	3%
	무직자	8%
	퇴직자	2.5%

* 자료 : Livingstone · Ward (2003)

3. 관광이벤트 방문동기 분석

관광이벤트에 참석한 방문객들에게 "왜 이 여행을 하게 됐는가?"라는 물음을 하게 되면 두 종류의 대답을 얻을 수 있다. 첫째는 관광이벤트 자체 유인력과 관련된 것으로, 즉 이벤트를 보기 위해 온 직접적인 동기를 가진 경우이다. 둘째는 다른 관광지를 찾아온 일반 관광객으로 이벤트 방문은 부분적 동기가 되었거나, 이 지역에 살면서 특색 있는 것을 찾아서 돌아다니다 부분적인 계기로 관광이벤트에 오게 된 경우로서 간접적인 동기를 가졌다고 표현할 수 있다. 이러한 경우는 이 지역을 지나다가 호기심으로 방문한 경우도 포함한다.

이 두 가지 형태의 동기를 가진 그룹들 모두는 중요한 고객들이지만, 축제(이벤트) 조직자들은 전자의 경우에 해당하는 방문객들을 더 많이 유치하도록 노력해야 한다. 왜냐하면 후자의 경우에 해당하는 방문객들의 경우 이벤트 참가를 예측하기가 힘들며, 반복 참가하기 힘들기 때문이다. 또 다른 이유가 있다면 관광이벤트가 직접적인 여행동기가 된 전자의 방문객들이 후자의 방문객들보다 행사장 방문시 지출수준이 높아 경제적 효과를 높일 수 있기 때문이다.

관광이벤트에 대한 직 · 간접적인 동기 외에도 다양한 축제(이벤트) 방문동기들이 있는데 표면적인 것들부터 아주 세부적인 것까지, 예를 들면 '친구 · 친척방문', '공예품을 구입하기 위해서' 등이 있다. 방문동기를 파악하는 것은 관광이벤트 조직자들에게 매우 유용한 정보가 되므로 동기를 기준으로 한 방문객 시장분석을 시도해 볼 필요가 있다.

즉, 이런 식으로 정의된 세분화된 방문객 시장분석들은 고객들이 추구하는 편의사항들이 무엇인지 꿰뚫어 볼 수 있는 통찰력을 관광이벤트 조직자들에게 제공하기 때문이다. 동기에 의한 시장세분화 조사에는 표적고객이 아닌 사람들이 추구하는 편익사항도 아울러서 질문되어야 한다.

〈그림 4-4〉에서 보듯이 진주남강유등축제 방문동기에 있어 전체 방문객의 39.2%가 '축제를 즐기기 위해' 방문한 것으로 주류를 이루었으며, '가족과 함께 시간을 보내기 위해서'가 21.9%를 차지하고 있는 것으로 분석되었다.

〈그림 4-4〉 2003 진주남강유등축제 방문객 방문동기 분석

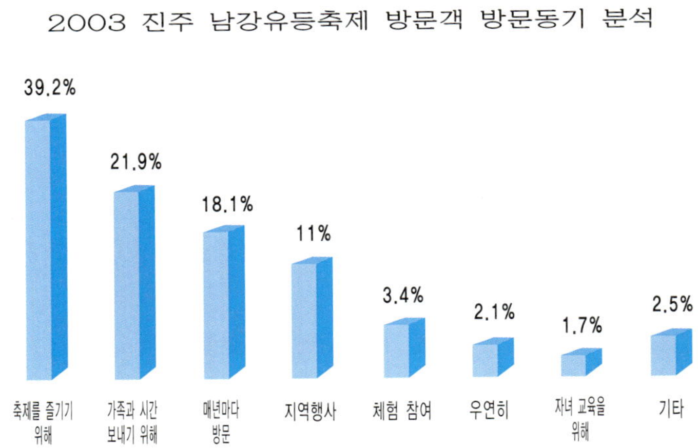

* 자료 : 정강환 (2003a)

2003년 진주남강유등축제에서 종교참여등 구역의 용등이 많은 관심을 모은 것은 불을 밝힌다는 단순한 등(燈)의 기능에 대한 틀을 깨고 움직이면서 불과 연기를 뿜는 '다이나믹한 모습'을 보였기 때문이다.

진주남강유등축제의 방문객 방문동기를 지역주민과 국내 관광객을 그룹별로 분석해 본 결과 〈표 4-2〉와 같이 나타났다. 여기서 주목되는 점은 방문객들의 방문동기에 관광축제로서의 '진주남강유등축제'와 유등축제의 모태적 역할을 수행한 '개천예술제'와의 연계적인 관점에서 분석해야 한다는 것이다. 즉, 진주남강유등축제에서의 방문객 방문동기 중 '매년마다 축제를 방문하기 때문에'라는 의견이 지역주민(30.6%)과 국내관광객(5.2%)이 차이점을 보이고 있는 점이다.

〈표 4-2〉 2003 진주남강유등축제 방문객 방문동기 교차분석

방문동기	방문객 그룹			
	지역주민	순위	국내 관광객	순위
축제를 즐기기 위해	35.5%	1	43.1%	1
매년마다 방문	30.6%	2	5.2%	4
가족과 함께 시간을 보내기 위해	14.0%	4	30.2%	2
체험에 참여하려고	2.5%	5	4.3%	5
지역에서 열리는 행사이므로	14.9%	3	6.9%	3
자녀의 교육을 위해	0.8%	7	2.6%	6
(지나가다) 우연히	1.7%	6	2.6%	6
기타	-	8	5.2%	6
합계	100.0%		100.0%	

* 자료 : 정강환 (2003a)

진주남강유등축제는 2003년에 제4회를 맞이한 신생 축제로 기존에 진주지역에서 오랜 전통을 가지고 개최되어 온 '개천예술제'에서 '유등'이라는 소재로 분리·독립한 관광축제로 지역주민과 국내관광객의 방문객 그룹별로 축제에 대한 인식 차이에서 일부 방문동기의 차이점이 나타나는 것을 확인할 수 있다〈표 4-2 참조〉. 이는 진주남강유등축제가 아직까지 지역주민의 경우 기존 개천예술제와 차별화 된 축제로 인지하지 못하고 있지만 관광객들에게 있어서는 관광축제로서 진주남강유등축제가 뚜렷이 인지되고 있는 점을 의미한다.

〈그림 4-5〉 금산인삼축제 방문객 방문동기 분석

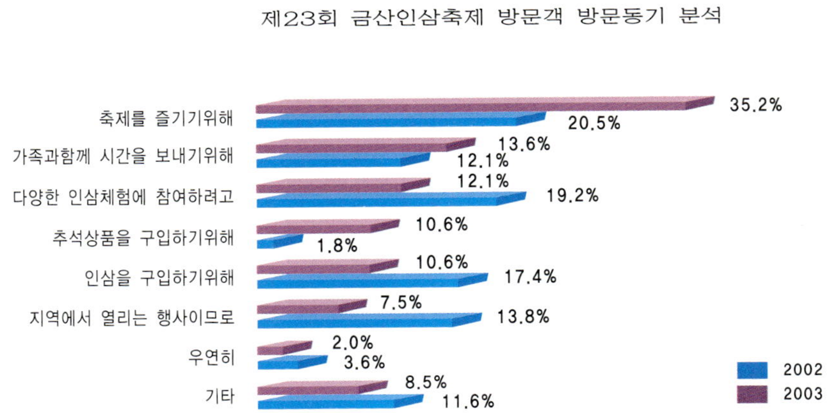

* 자료 : 정강환 (2001)

금산인삼축제의 경우는 〈그림 4-5〉에서 볼 수 있는 것과 같이 축제 방문객들이 주로 '축제를 즐기고', '다양한 인삼체험을 하고', '인삼을 구입하기 위해' 라는 방문동기를 가지고 있다는 측면이 문화관광축제로서의 마케팅이 잘 되어 있다는 것을 암시한다. 보다 구체적으로 2003년 제23회와 2002년 제22회와의 차이점을 보이고 있는 측면을 분석해 보면 다음과 같다. 제23회 축제에서는 '축제를 즐기기 위해서' 가 전체 방문객의 35.2%로 제22회의 20.5%와 비교하여 비율적인 측면에서만 약 14%가 증가한 것으로 나타나 '관광축제' 로서의 측면이 강하게 나타났고, 또한 시기적 전략으로서의 추석을 겨냥한 축제전략을 반영하듯 '추석상품을 구입하기 위해서' 가 제23회에서 제22회보다 급격한 증가세를 보이는 것을 알 수 있어 축제 기간이 추석 직전으로 잘 맞추어져 있거나 홍보전략으로서 '추석 마케팅' 이 부각이 된 점을 알 수 있다. '인삼상품을 구입하기 위해서' 의 경우 제22회에 강하게 나타나 구체적으로 추석보다는 일반적인 쇼핑과 연결이 되는 특산물 축제로서의 강한 면모를 엿볼 수 있다.

〈그림 4-6〉 서산 해미읍성역사체험축제 방문목적 분석

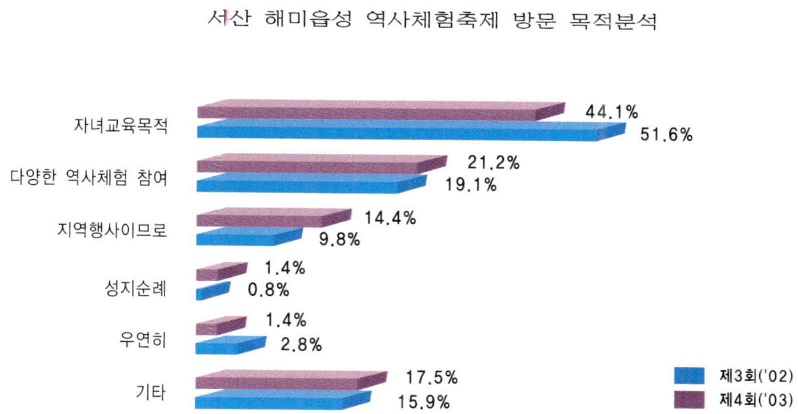

* 자료 : 정강환 (2003b)

서산 해미읍성역사체험축제는 해미읍성이라는 지역의 대표적인 역사유적과 병인박해라는 역사적 사건 및 지역의 민속문화자원을 바탕으로 하여 개발된 축제로서 〈그림 4-6〉를 분석할 때 교육형 축제로서의 특징을 주요 방문동기를 통해 파악할 수 있다. 여러 축제 방문동기들 중 '자녀의 교육적 목적을 위해서' 축제를 방문하는 방문객들이 가장 높은 비중을 보이고 있고, 다양한 역사체험 참여가 2위로 나타나 전체 방문객의 60 ~ 70%가 교육적 동기를 가지고 축제를 방문하는 것으로 유추할 수 있다. 이는 특히, 교육계에서 최근 실시되고 있는 제7차 교육과정과 연계된 체험 및 현장학습의 장으로서 축제가 긍정적인 역할을 수행할 수 있는 가능성을 보여주고 있는 것으로 확대해석 할 수 있다. 아울러 이러한 현상은 〈표 4-3〉에서 방문객을 재방문객과 처음 방문객으로 구분하여 분석한 결과에서 보는 바와 같이 교육적인 목적이 방문객들의 축제 재방문에 더 큰 영향을 미치고 있는 것을 확인할 수 있다.

2003년(제4회) 서산해미읍성 역사체험축제에서의 방문객 평가조사 결과 '축제의 교육적가치'에 가장 높은 만족도를 보이는 것으로 나타났으며 이러한 결과는 축제방문객 주요방문동기와도 일맥상통한다고 할 수 있다.

<표 4-3> 서산 해미읍성역사체험축제 방문객의 방문횟수와 방문목적(교차분석)

방 문 목 적	재방문(%)	처음방문(%)
자녀의 교육을 목적으로	50.4	37.6
다양한 (역사)체험에 참여하기 위해	15.9	26.6
지역에서 열리는 행사이므로	16.8	11.9
성지순례를 위해	0.9	1.8
서산지역을 방문했다가 우연히	-	2.8
기 타	15.9	19.3
계	100.0	100.0

* 자료 : 정강환 (2003b)

다음 〈그림 4-7〉은 2003년 제10회 태백산 눈축제 방문객들을 대상으로 축제 방문동기를 조사 분석한 것이다. 결과를 보면 우선, '가족과 함께 시간을 보내기 위해서'가 가장 높은 방문동기인 것으로 파악되어 겨울방학을 이용해 가족단위로 축제를 방문하고자하는 동기가 높았음을 나타내는 것이라 볼 수 있다. 그 다음으로는 '눈조각 관람을 위해서'와 '이색경험을 위해서'가 높은 수준의 방문동기인 것으로 나타나 '태백산 눈축제'의 매력요인(Pull Factor)이 방문객들의 방문동기를 유발한 것이라고 볼 수 있다. 또한, '일상생활에서 벗어나기 위해서' 도 비교적 높은 수준의 방문동기인 것으로 분석되었다. 일반적으로 축제의 방문동기가 복합적인 특성을 띤다는 점에서 이상 4가지의 방문동기가 태백산눈축제 방문객들의 방문동기에 있어 매우 중요한 부분을 차지하고 있다고 유추할 수 있다.

그 밖에 '축제 프로그램에 참여하기 위해서' 와 '태백산 등산을 겸해서', 그리고 '자녀교육을 위해서' 방문했다는 응답이 중간 수준인 것으로 나타났고, 반면, ' 태백지역을 방문했다가 우연히' 라는 응답은 매우 낮은 수준의 방문동기인 것으로 분석되었다(정강환, 2003c).

〈그림 4-7〉 제10회 태백산 눈축제 방문객 방문동기 분석

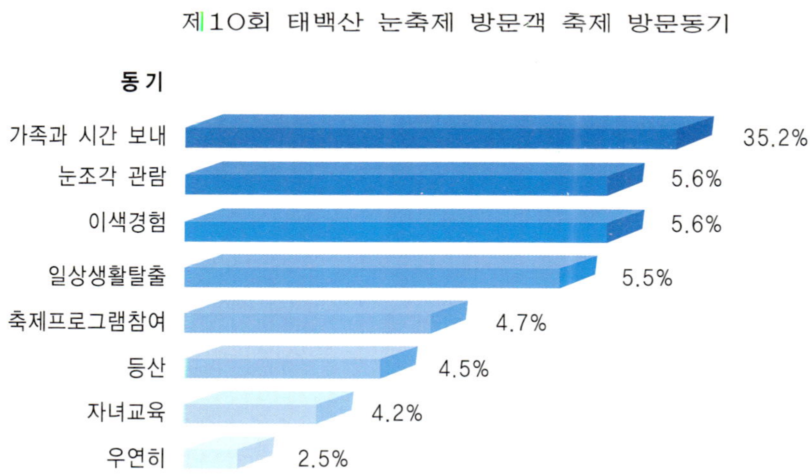

※ 자료 : 정강환 (2003c)

4. 관광이벤트 방문객의 거주지 분석과 관광객 파악

대부분의 국내 관광이벤트는 향토지역에서 오는 지역주민시장과, 근거리권의 관광객시장에 의존한다. 먼 거리에서 축제를 방문하여 숙박하는 원거리 관광객들은 지역경제에 혜택을 창출하는 매우 가치 있는 고객임에도 불구하고 유치의 애로점이 있어 이벤트 조직자들의 중요한 목표시장이 되지 못하고 있다. 각각의 향토지역, 근교의 지역권 시장, 그 이상의 광범위 지역 시장권에서 표적시장 고객들이 될 수 있는 특정 그룹을 파악할 수 있는데 이들은 여행목적에 따른 세분화된 시장과 겹치거나 섞일 수 있다. 외국인 축제방문객 시장의 경우 특별한 양상이 나타나는데, 그것은 외국인들이 어느 특정 지역축제를 위해 해외로 여행하도록 설득하는 것은 어렵지만 이벤트를 패키지의 일부로서 외국인 여행그룹을 유치할 수 있기 때문이다.

전체 방문객의 30%이상을 외국인 방문객에게 의존하는 영국 에든버러의 스코틀랜드 군악대(Military Tattoo)처럼 국제적으로 유명한 관광이벤트를 제외하고는 대부분 관광이벤트들의 방문객 유치노력이 개최지역 주민시장이나 근교권의 대도시 등의 근거리 관광객시장에 초점이 맞추어지는 실정이며 원거리 관광객시장의 의존률은 미비하다는 점을 방문객 시장구조를 통해 파악할 수 있다. 광주김치축제는 광주광역시 자체의 지역주민 시장이 최대의 방문객시장으로 주변 전남권의 근거리 관광객에게는 상대적으로 낮은 의존도를 보이는 방문객구조를 가지고 있고, 금산인삼축제는 근교권의 대도시인 대전광역시가 최대의 표적관광객시장이 되고 있고, 서울, 경남 등의 여러 지역에 고른 분포의 원거리 관광객들을 유치하고 있다.

네덜란드의 인구 15만의 소도시인 니메겐(Nijmegen)에서는 매년 7월 셋째 주에 여름축제(Zomer feesten)가 도시 중심부에서 개최된다. 여름축제와 함께 4일간의 행진(Four Days' Marches)이라는 이색적 이벤트와 함께 개최되는 여름축제는 조그만 도시에서 수십 만의 축제 방문객을 유치하는 중요성 때문에 니메겐시 정부에서 〈표 4-4〉와 같이 1992년에 이벤트 방문객 분석을 실시했다. 이 조사에서는 지리학적 근거에 의한 분류에서 1) 니메겐지역, 2) 교외지역, 3) 지역권 방문객, 4) 네덜란드내 타지역, 5) 외국인 방문객 시장으로 세분화하였고, 특히 지역권을 니메겐에서 반경 15Km에서 20Km 이내로 잡은 것이 이 조사의 특징이다.

<표 4-4> 네덜란드 니메겐 여름축제(Nijmegen Summer Festival)

지 역	여름축제방문(%)	일반관광(%)
니메겐	40%	66%
교외지역	10%	8%
지역권 방문객(니메겐에서 반경 15Km에서 20Km이내)	12%	11%
네덜란드내 타지역	32%	14%
외국인 방문객	6%	1%

* 자료 : Goderie (1994)

2002년 태백산 눈축제의 방문객 시장을 지리학적 근거인 방문객 거주지로 분석한 결과를 보여주고 있다. 분석결과를 보면, 축제 개최지역인 태백시는 전체의 약 10%를 차지하고 있으며, 태백지역을 제외한 지역권 방문객 시장인 '강원권' 은 약 9%로 나타나 근거리 지역권내 방문객시장은 20% 미만으로 나타났다. 그 다음으로 축제의 원거리 방문객 시장이라고 할 수 있는 '수도권', '충청권', '경상권' 등의 3개 권역이 전체의 약 80% (수도권: 41.8%, 충청권: 13.1%, 경상권: 25.4%)를 차지하고 있는 것으로 분석되었다. 결과적으로 2002년 태백산 눈축제의 지리적 방문객 시장 분석에 의하면, 근거리 지역보다 원거리 지역의 관광객 시장 점유율이 월등히 높다고 볼 수 있다.

5. 관광이벤트의 계절적 접근

관광이벤트의 계절적 접근은 종종 시장세분화에서 무시되는 접근법이지만 관광이벤트나 축제와는 밀접한 관계가 있다. 캐나다의 관광조사(Canadian Government Travel Bureau, 1971)에서는 봄철에 주로 관광하기 좋아하는 춘계 관광객이 있고, 여름을 좋아하는 하계 관광객들이 있어 그들의 성격적 특성과도 연관이 있다고 밝힌 연구와 마찬가지로, 잠재성이 있는 방문객 그룹들 중 특정 그룹은 관광비수기인 겨울에 유치하기 용이하고, 다른 잠재고객 시장은 여름관광 성수기에 유치하기 쉬울 것이다.

이러한 관점에서 생각해 볼 수 있는 질문은 만약 관광이벤트와 축제를 다른 계절로 옮긴다면 방문객시장에 어떤 변화가 일어날지 궁금해 할 수 있다는 것이다. 실제로 겨울카니발, 겨울빙어축제, 겨울철 북극곰수영대회 같은 계절형 이벤트의 속성이 잠재방문객시장에 영향을 주고 있는 것이 사실이기 때문이다.

〈표 4-5〉는 전세계 유명 축제를 계절별로 분류한 것이고, 〈표 4-6〉은 한국의 국내 유명축제를 계절별로 분류한 것인데, 전통적으로 국내 축제들은 5월과 10월의 집중현상이 뚜렷하나 최근들어 태백산눈축제, 인제 빙어축제 등 겨울 이벤트가 강원도를 중심으로 조금씩 증가하고 있고, 여름의 경우 보령머드축제, 대전사이언스 페스티벌, 무주반딧불축제 등의 문화관광축제들과 부산지역의 바다축제 등 다양한 여름축제가 개발되기 시작했다. 또한 용인 에버랜드를 비롯한 테마공원에서는 사계절 이벤트 전략을 실시하여 계절별 다원화 추세를 보이고 있다.

<표 4-5> 축제(외국)의 계절별 분류

계 절	월	축 제
봄	3 ~ 5	콜롬비아 라틴아메리카 보고타 연극축제(3월) 뉴질랜드 국제 예술축제(3월) 오스트레일리아 멜번 코메디축제(3월) 오스트레일리아 멜번 뭄바축제(3월) 싱가포르 음식축제(3월 ~ 4 월) 오스트레일리아 멜번 국제 꽃과 정원쇼(3월 ~ 4월) 오스트레일리아 멜번 푸드와인축제(3월 ~ 4월) 오스트리아 비엔나 봄축제(3월 ~ 5월) 스위스 섹세로이텐(4월) 이스라엘 펫삭(4월) 중국 국제연축제(4월) 일본 다카야마마츠리(4월) 터키 크르크프타르 오일레슬링(5월) 포르투갈 께이마 다스 휘따스축제(5월) 체코 프라하 오월음악축제(5월) 독일 베를린영화제(5월) 일본 간다마츠리(5월) 싱가포르 용선제(5월)
여름	6 ~ 8	러시아 백야축제(6월) 뉴질랜드 윈터카니발(6월 ~ 7월) 일본 후쿠오카 하카다 기온 야마가사(7월) 미국 시카고 요리축제(7월) 캐나다 캘거리 스탬피드(7월) 프랑스 아비뇽연극축제(7월) 몽골 나담축제(7월) 오스트리아 짤즈부르크음악회(7월) 말레이시아 꽃축제(7월) 말레이시아 국제드럼 페스티벌(7월) 일본 기온축제(7월) 스페인 토마토축제(8월) 일본 센다이 다나바타마츠리(8월) 중국 청도맥주축제(8월) 스페인 말라가축제(8월) 인도 라다크축제(8월) 영국 에든버러축제(8월 ~ 9월)

계 절	월	축 제
가을	9 ~ 11	프랑스 국제자동차 경주대회(9월) 오스트레일리아 멜번 프린지페스티벌(9월) 브라질 세계낚시축제(9월) 미국 알로하페스티벌(9월) 독일 뮌헨 맥주축제(9월 ~ 10월) 일본 하카타등불축제(10월) 미국 키웨스트 환타지페스티벌(10월 ~ 11월) 독일 쾰른의 다섯 번째 계절(11월) 프랑스 크리스마스 수영대회(11월) 캄보디아 물축제(11월) 미국 추수감사절(11월) 멕시코 죽은 자들의 날(11월)
겨울	12 ~ 2	캐나다 퀘백 겨울축제(12월) 폴란드 북극 도시 로바니에미축제(12월) 스위스 국제 크리스마스트리축제(12월 ~ 1월) 러시아 겨울축제(12월 ~1월) 스위스 크로이세(사당패)의 축제(음력 12월 ~ 1월) 중국 자공 국제등축제(12월 ~ 2월) 오스트레일리아 시드니축제(1월) 필리핀 시놀룩축제(1월) 미국 패서디나의 로즈 볼 퍼레이드(1월) 아르헨티나 세계탱고축제(1월) 뉴질랜드 세계악사축제(1월) 인도 국제 연축제(1월) 영국 런던 국제마임축제(1월) 오스트리아 눈축제(1월) 미국 세인트폴 겨울축제(1월 ~ 2월) 버뮤다 페스티벌(1월 ~ 2월) 중국 하얼빈 빙등제(1월 ~ 2월) 뉴질랜드 와인축제(2월) 이집트 심벨썬 페스티벌(2월) 이탈리아 베니스카니발(2월) 인도 사막축제(2월) 중국 홍콩예술축제(2월) 캐나다 몬트리올 High Light 페스티벌(2월) 이탈리아 베네치아카니발(2월) 프랑스 망통 레몬축제(2월) 일본 삿포로 눈 축제(2월) 브라질 리오카니발(2월) 프랑스 니스카니발(2월) 오스트레일리아 애들레이드 프렌지페스티벌(2월 ~ 3월) 오스트레일리아 시드니 마르디그라(2월 ~ 3월) 중국 홍콩 아트페스티벌(2월 ~ 3월) 오스트레일리아 퍼스축제(2월 ~ 3월)

〈표 4-6〉 축제(한국)의 계절별 분류

계 절	월	축 제
봄	3 ~ 5	은산별신제(부여 : 3월) 제주왕벚꽃 · 유채꽃축제(제주 : 3월) 국제통영음악제(통영 :3월) 광양매화축제(광양 : 3월) 경주한국의 술과 떡잔치(경주 : 3월 ~ 4월) 팔만대장경축제(합천 : 4월) 영암왕인문화축제(영암 : 4월) 화순고인돌축제(화순 : 4월) 진해군항제(진해 : 4월) 아산성웅이순신축제(아산 : 4월) 지리산약수제(구례 : 4월) 전주풍남제(전주 : 4월) 고양꽃박람회(고양 : 4월 ~ 5월) 전주시민영화제(전주:4월 ~ 5월) 남원춘향제(남원 : 5월) 진남제(여수 : 5월) 진도영등제(진도 : 5월) 하동야생차문화축제(하동 : 5월) 소백산철쭉제(단양 : 5월) 춘천국제마임축제(춘천 : 5월) 울산고래축제(울산 : 5월) 대구약령시축제(대구 : 5월) 연천구석기축제(연천 : 5월) 보성다향제(보성 : 5월) 서천한산모시문화제(서천 : 5월) 대나무축제(담양 : 5월) 전주종이축제(전주 : 5월) 해미읍성역사체험축제(서산 : 5월)
여름	6 ~ 8	강릉단오제(강릉 : 6월) 처용문화제(울산 : 6월) 보령머드축제(보령 : 7월) 강진청자문화제(강진 : 7월) 춘천인형축제(춘천 : 8월) 대전사이언스페스티벌(대전 : 8월) 무주반딧불축제(무주 : 8월) 무안백련대축제(무안 : 8월)

계 절	월	축 제
가을	9 ~ 11	천안삼거리문화제(천안 : 9월) 봉화송이축제(봉화 : 9월) 전주세계소리축제(전주 : 9월) 금산인삼축제(금산 : 9월) 서귀포칠십리축제(서귀포 : 9월) 남도음식문화큰축제(순천 : 10월) 강경젓갈축제(논산 : 10월) 부산자갈치축제(부산 : 10월) 영동난계국악축제(영동 : 10월) 안동국제탈춤페스티벌(안동 : 10월) 충주세계무술축제(충주 : 10월) 강화고인돌축제(강화 : 10월) 달구벌축제(대구 : 10월) 제주감귤축제(제주 : 10월) 한라문화제(제주 : 10월) 백제문화제(공주 · 부여 : 10월) 양양송이축제(양양 : 10월) 광주김치축제(광주 : 10월) 김제지평선축제(김제 : 10월) 진주남강유등축제(진주 : 10월) 백양사단풍축제(장성 : 11월)
겨울	12 ~ 2	갈절곳해맞이축제(울산 : 12월 ~ 1월) 인제빙어축제(인제 : 1월) 태백산눈축제(태백 : 1월) 대관령 눈축제(평창 : 1월) 들불축제(북제주 : 1월) 정읍내장산눈꽃축제(정읍 : 1월) 얼음나라 화천 산천어축제(화천 : 1월) 소백산 해맞이 눈꽃축제(단양 : 1월) 고성명태축제(고성 : 2월) 인제황태축제(인제 : 2월) 광주고싸움놀이(광주 : 2월)

6. 관광이벤트와 정보 매체에 따른 시장세분화

관광이벤트 방문객들이 어떠한 정보매체를 통하여 이벤트 또는 축제에 참여하게 되었는지를 파악하게 되면 각 정보매체에 근거한 시장 세분화가 가능하게 된다.

또한, 이벤트 기획자들은 이러한 세분화를 통하여 효과적인 매체에 집중적인 초점을 둔 축제 홍보전략을 수립할 수 있다.

관광축제의 정보매체에 대해 그래이(Gray, 1987)는 미국 미네소타(Minnesota)의 예술축제와 공예품축제들의 방문객들 중 28 ~ 56%가 친구, 친척, 이웃을 통한 구전을 통해 축제정보를 듣고 방문하여, TV, 신문, 잡지의 일반 방송언론 매체보다도 구전이 가장 효과적인 매체로 파악되었다고 주장하였다. 플랜트(Plant, 1984) 또한, 22년 전통의 '엘미라 메이플시럽축제' (Elmira Maple Syrup Festival)에서 관광객들이 가장 자주 언급하는 매체는 '구전' 이었다고 주장하였다. 게츠(Getz, 1991)는 일반 방송언론 매체 중에서는 'TV' 가 가장 효율적이고 '신문' 이 두 번째로 효과적이라고 주장하였다.

관광이벤트의 정보매체에 따른 시장 세분화는 관광이벤트의 주제, 프로그램의 특성과 같은 내부적인 요인이나 경쟁 이벤트, 정치 · 사회적 환경과 같은 외부 요인에 따라 매우 다양하게 나타날 수 있다. 특히, 최근 통신과 네트워크 기술의 발전에 따른 인터넷 보급률이 급상승함에 따라 축제 정보매체 시장에도 그 영향이 나타나고 있다. '인터넷' 매체는 지난 90년대 말부터 축제 정보매체의 하나로 새롭게 등장하였으며, 그 이후 약 4~5% 수준에서 그 점유율을 차지해 왔다. 그러나 최근 '무주 반딧불축제(2002)', '태백산 눈축제(2003)', '인제빙어축제(2003)' 등과 같은 국내 일부 축제들에서 이미 '인터넷' 이 축제 정보매체 변수 가운데 가장 중요한 위치를 차지하게 되었다. 다음 〈그림 4-8〉은 지난 4년간의 무주 반딧불축제 정보 매체들 가운데 '인터넷' 의 점유율 증가 추이를 분석한 것으로, 지난 1999년 2.6%에 불과하던 점유율이 2003년에는 32.7%를 차지함으로써 최근 4년 동안 약 30% 이상의 점유율 증가를 가져온 것으로 분석되었다. 또한, 〈그림 4-9〉는 2003년 태백산 눈축제 방문객들의 축제 정보매체를 분석한 결과로 약 36%가 '인터넷'을 통해 축제에 대한 정보를 접한 것으로 나타나 인터넷이 축제의 가장 핵심적인 정보매체로 자리하고 있음을 알 수 있다.

〈그림 4-8〉 무주 반딧불축제의 '인터넷' 점유율 증가 추이 (최근 4년)

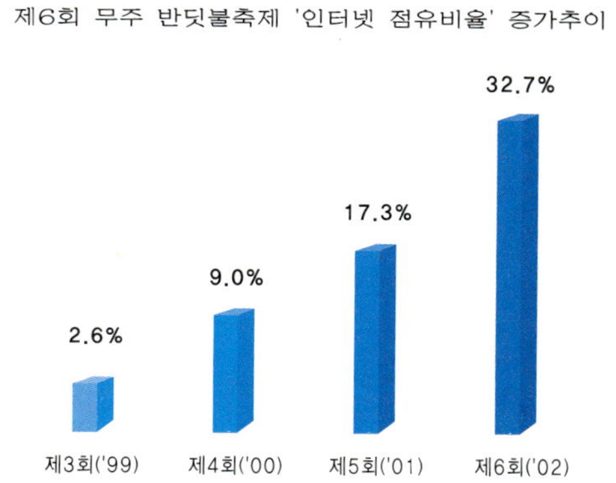

* 자료: 정강환 (2002c)

〈그림 4-9〉 2003년 제10회 태백산눈축제 방문객 축제정보매체 분석

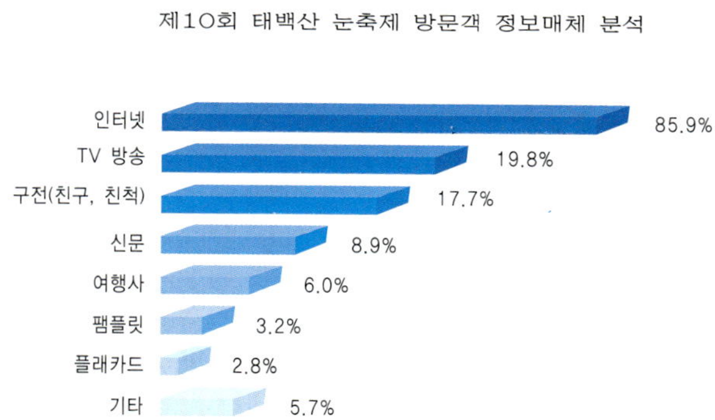

* 자료: 정강환 (2003c)

참 고 문 헌

· 정강환(2001) 「문화관광축제 평가 및 방문객분석 제23회 금산인삼축제」, 배재대학교 관광이벤트연구소.

· 정강환(2002a) 「문화관광축제 평가 및 방문객분석 제9회 광주김치대축제」, 배재대학교 관광이벤트연구소.

· 정강환(2002b) 「문화관광축제 평가 및 방문객분석 제22회 금산인삼축제」, 배재대학교 관광이벤트연구소.

· 정강환(2002c) 「문화관광축제 평가 및 방문객분석 제3회 무주반딧불축제」, 배재대학교 관광이벤트연구소.

· 정강환(2003a) 「문화관광축제 평가 및 방문객분석 제4회 진주남강유등축제」, 배재대학교 관광이벤트연구소.

· 정강환(2003b) 「제4회 서산 해미읍성역사체험축제 평가 및 방문객 분석」, 배재대학교 관광이벤트연구소.

· 정강환(2003c) 「제10회 태백산눈축제 평가분석 및 방문객 분석」, 배재대학교 관광이벤트연구소.

· 지방공사 대전엑스포과학공원(2001) 「문화관광축제 평가 및 방문객분석 대전사이언스페스티벌 2001」, 배재대학교 관광이벤트연구소

· Canadian Government Travel Bureau(1971) 1969 Vacation Trends and Recreation Pattern, Ottwa, Canada.

· Getz, D.(1991) Festivals, Special Events & Tourism, New York: VNR.

· Goderie, K.(1994) The Nimegen summer Festival, Festival Management and Event

· Gray, C. (1987) The Economic Impact of Arts and Crafts Festivals in Selected Northeast Minnesota Communities,

· Livingstone, K & Ward, M(2003) St. Paul: College of St. Thomas.

· Plant, B. (1984) The Economic Impact of the Notting Hill Carnival, London Denelopment agency.

Elmira Maple Syrup Festival, Profile of a Success Story, Department of Recreation and Leisure Studies, University of Waterloo, Tourism 2(2) : 95-101.

EVENT

국내 · 외관광이벤트 개최사례 분석

V장

V. 국내 · 외 관광이벤트 개최사례 분석

1. 미국 길로이 마늘축제 (Gilroy Garlic Festival)

축제의 시작

미국에서 관광축제로 손꼽는 특산물 축제 중 하나가 미국 캘리포니아주 길로이에서 개최되는 마늘축제라고 할 수 있다. 길로이 마늘축제(Gilroy Garlic Festival)의 시작은 가비안 대학(Gavilan College) 학장인 루디멀론(Rudy Melone) 박사가 1978년 중반 프랑스의 아룩스(Arleux) 마늘축제에 대한 기사를 읽으면서 시작되었다. 루디멀론(Rudy Melone)박사는 마늘 산업의 중요성을 지역에 증명하기 위해 로터리 클럽 오찬에 자리를 만들기로 결정하였다. 그는 손님으로 마늘 생산업자들과 이벤트 진행자를 초대했으며, 축제가 3천 5백만에서 4천만 달러의 지역경제 효과가 있다는 내용을 설명하였다. 마늘 공장의 운영자이며 로터리클럽 회원인 돈크리스토퍼(Don Christopher) 씨는 그의 농장을 오찬 이벤트 장소로 제공하였으며, 손님으로 마늘 생산업자와 캘리포니아(California) 주(州) 전체에 있는 음식 전문가들을 초대했다.

오찬이벤트가 시초가 되어 발 필리스(Val Filice)에 의해 준비된 마늘 음료와 음식

1979년에 시작되어 성공적인 특산물 음식축제로 성장한 미국 길로이 마늘축제. 마늘 및 갖가지 형상의 모래조각전을 실시하고 있는 모습.

을 가지고 1978년 11월 중순에 열린 이 오찬행사가 지금의 길로이 마늘축제의 시초이자 계기가 되었다. 여기다 하버리 스테인만(Harvery Steinman)같은 음식 전문가들은 축제의 아이디어를 극찬했으며, 다음 해인 1979년 초에 멜론(Melone)박사와 크리스토퍼(Christopher)씨를 선두로 '길로이 마늘축제조직위원회'가 결성되었다. 축제는 5월에 계획을 수립하여 1979년 8월에 블룸필드(Bloomfield) 목장에서 첫 번째로 열리게 되었으며, 이 축제의 주제는 '길로이, 세계의 마늘 수도(Gilroy, the Garlic Capital of the World)' 였다.

길로이 마늘축제 (Gilroy Garlic Festival)

1999년 제21회를 맞이한 길로이 마늘축제 (Gilroy Garlic Festival)는 '놀라운 음식, 음료, 그리고 가족 오락의 3일 – 마지막 여름 음식전' 이란 주제를 가지고 캘리포니아 길로이 (California Gilroy)의 크리스마스 힐 공원에서 7월 23일부터 25일까지 3일간 개최되었다. 특히, 제21회 축제의 특징은 우선 여러 가지 색깔이 어우러지는 '예술 공연 부스'와 라이브 음악이 동시 다발적으로 이어지는 3개의 무대를 들 수 있다. 그밖에도 방문객들의 편의시설로 여름축제의 무더위를 해소하기 위한 전략으로 '레인 룸(Rain Room)'을 설치한 점을 특징 가운데 하나로 꼽을 수 있으며, '파스타 콘 페스토(Fasta con pesto)'와 '칼라마리(Calamari)'의 독특한 맛을 느낄 수 있는 마늘 요리 시연 및 판매코너(Gourmet Alley) 운영 등도 축제의 주요한 특징이라고 할 수 있다. 길로이 마늘축제는 관광축제로서 무료 개방이 아닌 입장료 부과형 축제이다. 입장료는 성인이 10달러, 60세 이상 어른과 6 ~12살 어린이는 5달러를 받았으며, 6세 이하 어린이는 무료입장이다.

2003년도에 개최된 제25회 길로이 마늘축제의 주요결과를 살펴보면 길로이 마늘축제는 미국의 10위 안에 꼽을 수 있는 문화관광축제 중의 하나로 2003년 7월 25일부터 27일까지 3일간 개최되었으며, 축제를 방문한 방문객 수를 당초 축제 추진위원회에서 예상한 13간 명보다 많은 132,751명이 축제를 방문하는 등 지금까지 290만 명이 축제를 방문하였다. 2003년 제25회 길로이 마늘축제에서 3일간의 축제기간 동안 소비된 마늘의 양은 4톤 이상으로 지난 1999년에 소비된 약 2톤의 마늘과 비교하여 2배 이상 소비가 늘었다.

길로이 마늘축제는 비영리 법인인 길로이 마늘축제협회를 중심으로 축제를 운영하고 있으며, 축제에 필요한 대부분의 인력은 지역주민을 중심으로 한 자원봉사자들을 활용하였다. 제25회 축제에 참여한 총 자원봉사 참가인원은 162개 비영리단체에서 약 4,000명이 참여하였다. 이들의 자원봉사 시간을 단위 시간으로 환산한 결과 축제기간 3일 동안 41,810시간의 노동력을 제공한 것으로 분석되었다. 한편 길로이 마늘축제의 자원봉사자 활용도는 매우 높은 수준이며, 지난 25년간의 자원봉사자 활용을 통한 재정적 효과는 약 6백만 달러 이상인 것으로 파악되었다. 또한 축제 경영을 통해 올린 수익은 자원봉사자들에게 배분되는데 제25회의 경우 26만 3천달러가 비영리단체들에게 배분되었다.

● 축제의 주요 프로그램

구 분	프로그램 명	내 용
체험 및 경연 프로그램	마늘요리 경연 (The Great Garlic Cook-off)	세계 각양 각색의 다양한 마늘요리를 경진하는 행사로서 축제가 개최되기 전 서류검사를 통해 최종 8개 팀을 선발한다. 최종합격자 8개 팀은 행사 2일째 시연을 통하여 최종 결정되며, 심사기준은 재료 준비의 용이성, 맛, 요리의 구성, 창의성, 모양 등을 가지고 평가된다.
	어린이 지역 (Children's Area)	1989년부터 시작된 프로그램으로 처음에는 축제를 후원하는 'South Valley Hospital and Bank'의 후원으로 전시와 '흥미로운 하루'를 보여주는 하나의 무대로 시작하였다. 어린이 지역에서는 가족 음악회와 복화술사, 그리고 어린이들을 위한 음식연회를 제공하는 한편 부모들을 위한 어린이 놀이터 역할을 제공한다.
	마늘엮기 (Braiding & Topping)	길로이 마늘축제의 대표적인 체험 프로그램으로 참가객들이 마늘을 엮어 다양한 모양을 만들고 이것을 매일 경연하는 프로그램이다. 전체 참가인원은 약 2만명 이상이며, 마늘관(冠)을 잘 만드는 사람에게 시상한다.

길로이마늘축제의 핵심프로그램인 'Goumet Alley'는 방송매체들이 집중취재하는 유명 프로그램으로서 특색있는 마늘요리를 만들어 판매하는 코너로 가장 많은 자원봉사자들이 필요한 프로그램이다.

구 분	프로그램 명	내 용
전시 프로그램	미술공예전	사전에 제출된 약 300여 점의 작품들 가운데 약 100점을 선정하여 축제 기간에 전시하는 프로그램이다. 특히, 이 프로그램에서는 마늘과 관련된 예술작품과 공예품을 볼 수 있고 구입할 수 있다.
	모래조각전	'99년 처음 시작된 프로그램으로 모래를 이용하여 마늘축제와 관련된 다양한 모양의 작품을 축제 기간 내에 조각하는 프로그램으로 약 35톤 이상의 모래를 이용하게 되며, 마늘을 주제로 한 다양한 작품 감상이 가능한 프로그램이다.
	마늘 포스터 경연대회	축제 기간 동안 축제 포스터 경연대회를 실시하여 방문객들이 직접 심사하도록 하는 프로그램으로 20년의 역사를 가진 대표 프로그램이다. 선정된 포스터는 다음해 공식 축제 포스터로 사용되며, 모든 홍보매체에 사용되고, 판매되어진다.

길로이마늘축제(Gilroy Garlic Festival)에서 대학연구소에서도 참여하여 다양한 마늘종류와 특성들을 알기쉽게 설명한 전시행사로 교육계몽적측면에서 호응을 얻고있다.

구 분	프로그램 명	내 용
시연 프로그램	마늘요리 시연 및 판매코너 (Gourmet Alley)	마늘 요리 시연 및 판매코너는 길로이 특유의 마늘 요리시연을 보여주고 마늘 요리들을 방문객들에게 판매하는 마늘축제의 대표 프로그램이다. 대형 부스로 구성되어 있고, 자원봉사자들에 의해 운영되는 프로그램이며, 마늘요리 시연코너와 판매코너로 나누어 운영된다. 마늘요리 장면을 통해 많은 언론매체들에 노출되는 프로그램이다.
	유명인사 요리강좌 (Celebrity Chefs)	유명요리사 및 지역인사들이 출연하여 재미있는 말로 요리를 하면서 관람객들에게 요리에 대한 설명과 방법을 알려주는 행사이다.
	지역요리사 시연 (Local Chefs)	축제가 개최되는 길로이 지역에 거주하고 있는 요리사들이 재미있는 말과 솜씨로 요리를 시연하는 프로그램이다.

유명 요리사들이 출연하여 시연을 보여주는 시연요리강좌 무대셋트장.

2. 미국 플로리다 르네상스 페스티벌 (Florida Renaissance Festival)

플로리다 르네상스 페스티벌에서는 마상창 시합 등의 참여 프로그램을 통해 중세 유럽의 생활상을 그대로 보여주고 있다.

르네상스 페스티벌의 역사

1993년 처음으로 개최된 이후 2003년에 11회 째를 맞는 플로리다 르네상스 페스티벌(Florida Renaissance Festival)은 플로리다 디어스 필드 비치(Deerfield Beach)의 콰이어트 워터 파크(Quiet Waters Park)의 35-40에이커 부지에서 2월 1일부터 3월 2일까지 5주 동안 매주 주말에 축제를 개최하는 시간 전략적 특징을 가지고 있다.

플로리다 르네상스 축제는 마치 16세기 중세의 한 마을에 온 것 같은 색다른 경험을 할 수 있는 역사재현형 축제라고 할 수 있으며, 2003년에는 약 10만 명의 유료 축제방문객을 유치한 성공적인 축제 가운데 하나이다. 특히, 이 축제는 16세기 사람들의 생활상을 그대로 보여주고 재현하는 축제로서 지역과 연관되는 특별한 상징성은 물론 특정한 슬로건도 없으며 관람객들이 16세기 중세의 복장과 장신구를 갖추고 적극적으로 참여하여 마치 그 시대로 돌아온 것 같은 색다른 체험을 할 수 있도록 하는데 중점을 두고 있다. 5주간 주말 동안만 개최하되 주별로 각기 다른 프로그램의 주제를 선정하여 관람객들의 재방문을 적극적으로 유도하고 있다.

플로리다 르네상스 페스티벌에서는 축제장 내의 공간 구성에 있어서도 중세풍의 무대를 제작하여 축제의 주제성을 높여주고 있다.

플로리다 르네상스 페스티벌의 개최현황

플로리다 르네상스 축제는 5주 동안 주말에만 실시하는 것이 특징이며 개최 시기는 플로리다가 겨울철 미국의 휴양지역으로 미국 및 캐나다 등 추운 지방의 방문객들이 많이 몰리는 2 · 3월을 선택하여 많은 외지 방문객들을 유치하는데 용이하도록 시기를 결정하였으며, 종사자 및 방문객들은 두꺼운 중세시대의 의상을 입고 축제에 참여하기 때문에 상대적으로 덜 더운 날씨를 선택하기 위해 겨울에 개최하고 있다. 축제의 장소 선정에 있어서는 올해까지 11회를 개최하는 동안 총 3개소의 시내공원에서 실시하였으며, 현장 접근성이 용이하고 주차시설이 편리하기 때문에 콰이어트 워터 파크(Quiet Waters Park)라는 장소를 선정하여 개최하였다.

축제의 주요 대상은 25 ~ 45세까지의 가족단위 방문객들로 선정하였으며, 또한 대학 이상의 학력 수준을 가진 사람과 중산층 이상을 겨냥하여 마케팅을 펼치고 있다. 하지만, 특정 계층 뿐만 아니라 모든 시민들이 참여할 수 있도록 프로그램을 운영하고 있으며, 휴양지라는 점 등을 감안하여 여행사들을 통한 외지 관광객 유치를 유도하고 있다.

특히, 플로리다 르네상스 페스티벌은 16세기 중세풍의 색다른 경험을 할 수 있도록 하기 위해 철저한 역사 체험 프로그램으로 구성하였으며, 축제장의 부스 및 각종 시설물을 중세풍으로 제한한 것이 이색적이다.

축제 프로그램 가운데 가장 이슈인 것은 거리 퍼포먼스와 관람객이 퍼포먼스 참가자와 서로 이야기를 하고 사진을 찍으면서 축제를 즐기도록 한다는 것이다. 공연 프로그램으로는 11개의 소공연장을 활용하여 하루에 총 80여 회의 공연을 진행하여 관람객들에게 공연 접근성을 높여주는 전략을 활용하고 있다. 참여 프로그램으로는 '인간체스', '놀이기구', '왕실만찬', '머드쇼', '거리퍼포먼스' 등이 있으며, 그 외에도 '마상 창 시합'과 같은 르네상스 시대 기사들의 일상활동을 재현하고 이를 직접 배울 수 있는 프로그램들을 운영한다. 그밖에도 전시 프로그램으로 '공예마을', '중세 작은 마을' 등을 통해 중세시대를 그대로 재현하여 방문객들의 교육적 효과를 극대화하며, 축제의 가장행렬 등을 운영한다.

축제의 운영조직 및 예산구조

축제의 주관은 '민간'에서 운영하고있으며, 주(州) 정부나 시(市)에서의 일체 개입은 없고, 시에서 공원사용과 관련하여 축제 개최 허가를 받아 5만달러의 사용료를 내고 공원을 이용하고 있으며, 축제 주관자가 축제 전반에 대한 기획과 스폰서, 공연출연자 섭외를 하고 있으며, 직원으로는 4명의 상시 근무자가 있고, 축제 개최 5개월 전부터 축제 개최 직전까지 20명의 직원이 고용되어 있다고 한다. 축제의 자원봉사는 1,000명이 활동하고 있으며, 이중 300명은 전문 자원봉사자, 300명은 공연자, 나머지 자원 봉사자는 주차 안내 등 기타 안내로 활동하고 있다. 수입의 대부분은 입장료, 부스임대료, 협찬지원이 차지하고 있으며, 입장료는 개인당 15달러로

1일 4,000명 ~ 8,000명의 입장수입을 예상하고 있고, 부스 임대료는 기본 보증금 1,200달러에 매출이익의 15 ~ 20%를 받고 있다. 협찬지원에는 미디어사의 홍보지원과 맥주회사, 지역은행, 음료회사 등 13개 기업체로부터 현금 및 물품을 지원 받고 있으며, 이중 중요한 것은 지역에 홍보를 하거나 행사를 알려주는 언론사의 협찬이 축제에 가장 큰 도움을 주고 있다는 점이다. 축제 지출을 차지하는 것은 공연진 출연료(17만 5천 달러), 홍보비(8만 달러), 공원 사용료(5만 달러) 등이 있으며 기타 공원내 축제장 설치비 등 총 50만 달러가 소요되고 있다.

르네상스 시대 유럽 상류층의 만찬을 재현한 참여프로그램인 '왕실만찬'은 방문객들이 체험을 통해 당시의 사회상을 배울 수 있는 기회를 제공한다.

3. 미국 텍사스 주 갤베스톤의 디킨스 온더 스트랜드 (Dickens on the Strand)

이 축제는 미국 텍사스주 갤베스톤(Galveston)의 해안을 낀 역사적 상업지역(historic waterfront commercial district)을 보존하고 많은 사람들의 관심을 불러일으키기 위한 특정한 목적을 가지고 만들어져 성공한 사례로서 2003년에 30회를 맞이하였다. 게츠(Getz, 1991)에 따르면 갤베스톤 유적지 보호재단 (The Galveston Historical Foundation)이 이 축제를 기획하였는데 19세기에 이 지역을 통하여 영국과 면화 무역을 하였고, 빅토리아 양식의 건축물이었기 때문에 디킨스(Dickens)라는 주제를 사용하게 된 것이라고 밝히고 있다. 또한 스트랜드는 런던의 호텔, 극장, 상점이 많은 거리 이름이자 갤베스톤의 역사 상업지역의 중심거리 이름인 스트랜드에서 따온 것이다. 1974년에 이벤트가 처음 열릴 당시 갤베스톤 섬은 역사가 깃든 이 구역을 복구하기 위해 많은 자금과 사람들의 인식과 지원이 크게 요청이 될 때였다. 유적지 보호재단은 대대적인 복구 사업을 지원하기 위해 기금을 조성하였고, PR효과는 물론 관광객들을 끌어들일 수 있는 이벤트를 착안하게 되었다. 이 축제가 처음 열렸을 때는 그야말로 조그만 구역의 파티라는 느낌을 벗어날 수 없었지만 점차 주요한 지역축제 및 관광이벤트로 발전하게 되었다. 2003년의 경우 약 5만 명의 관광객을 유치하고 있어 역사 상업구역이 활성화됨은 물론 약 60여 개의 비영리단체가 각각의 다른 목적을 위해 자금을 모으고 있고, 36개 회사의 스폰서를 유치했으며 매년 700명의 자원봉사자가 활동하고 있다.

미국의 디킨스 온더 스트랜드 축제의 하일라이트인 퍼레이드 장면(上). 디킨스 온더 스트랜드 축제 중 특색있는 프로그램으로 손꼽히는 디킨스 작은 종축제의 모습(下).

협찬유치 실태

이 정도 규모의 이벤트를 성공적으로 치루기 위해서는 많은 스폰서가 대단히 중요하다. 예를 들어 과거의 협찬사례를 살펴보면 '이스트맨 코닥' (Eastman Kodak)은 작은종 음악회(handbell concert)를 협찬하였고, '텍사스대학병원' 은 해변경주(beach race)의 공식 후원자가 되었고, '아메리카 에어라인' (American Airlines)은 추첨으로 선정하는 런던 왕복 티켓 2장을 경품으로 지원하였다. '와타버거' (Whataburger)는 의상대회의 스폰서로 나서고, 멀리 휴스톤(Huston) 시의 상공단체들도 많은 축제 홍보활동에 참여하고 있다.

축제장소의 투자와 개발

이 축제는 매년 12월 첫째 주말 기간 동안 스트랜드 국립유적지구의 17번가 지역에서 열리게 된다. 1987년까지 약 6천만 달러의 돈을 투입하여 약 50개의 역사적 의미가 깃든 건축물을 수리하여 현재 레스토랑과 나이트 클럽, 가게들이 주로 들어섰다. 갤베스톤 섬은 이외에도 문화센터와 관광객을 위해 개방된 역사적 저택들로 유명하고 '엘리사' (Elisa)라는 범선과 외륜선을 본뜬 '커널' (Colonel)이라는 배가 항시 정박하고 있다.

입장료 부과

축제가 열리고 있는 이틀 동안에는 통제 목적과 입장료를 받기 위해 11개의 문이 길가와 스트랜드 거리를 따라서 설치된다. 이러한 광경은 거리의 축제에 어울리지 않는 모양새지만 비교적 차량 소통이 없고 주변의 가게가 영업장애를 느끼지 않는 장소에만 설치되고 운영된다. 2003년 입장료는 미리 구매할 경우 10달러이며, 출입구에서 구입할 경우 12달러이다. 또한 2일간 사용할 수 있는 행사장 이용 티켓은 미리 구입할 경우 16달러이고, 토요일 당일 구매할 경우에는 20달러이다. 6세 이하의 행사에 참여하는 사람들이나, 빅토리아 시대의 의상을 착용한 사람들은 무료로 입장이 허가된다. 연극공연 때 문화예술단체는 입장료를 받았으며, 상품판매는 축제의 또 다른 수입원이 되었다.

축제장소 전략과 이벤트 프로그램

축제 행사장은 각각의 축제 프로그램 장소, 퍼레이드 장소, '코벤트 가든' (Covent Garden)과 같은 주제구역으로 분리되어 있으며, 많은 안내소가 축제장의 주요지점에 설치되어 있다. 과거에는 주차문제가 있었는데 지금은 바깥의 주차장 지역으로부터 고가 이동활차(Trolley)와 셔틀버스를 활용한 서비스를 제공하고 있으며, 휴스톤에서는 항공을 통한 서비스를 제공하고있다.

빅토리아 시대의 런던 시 모습을 연상시키는 스트랜드 거리의 건축물들에 옛 정취를 풍기기 위해 이벤트 연출가들은 빅토리아 시대의 의상, 오락, 식음료, 게임, 마차, 음악 등을 축제에 재현했다. 무료입장을 원하는 갤베스톤 시민들이나 모든 자발적 참여자들은 옛날 빅토리아 시대 의상을 입고 참가하였다. 축제 속에 나타난 디킨스의 작품 세계도 볼거리의 하나로 관광객들은 '구두쇠 스크루지' (Scrooge) 또는 '꼬마 팀' (Tiny Tim)과 재담을 나누기도 한다. 크리스마스 쇼핑은 이 축제의 절정을 이루는데, 거리 곳곳에 캐롤송이 울려퍼지는 장면은 흥겨운 분위기를 돋운다. 빅토리아 여왕과 디킨스의 작품에 등장하는 주인공들이 매일 거리를 행진하는 이벤트가 연출된다. 빅토리아 여왕시대에 살고있는 착각을 주는 다른 볼거리로는 디킨스 작은종 음악회(Dickens Handbell Concert)로서 텍사스주 전역에서 참가자들이 몰려와 옥외에서 펼쳐지는 세계 최대 규모의 작은종 음악회에 참여하여 연주를 한다. 이 음악회는 거대한 크리스마스트리가 설치되어 있는 광장에서 수백 명이 넘는 연주자가 참가한 가운데 공연된다. 또한 크리스마스유령이야기(A Ghost story of christmas)라는 연극이 오페라 극장에서 공연된다. 그 외에도 2003년의 프로그램을 보면 작가 디킨스의 직계후손인 '마크 디킨스' (Mark Dickens)와 저녁만찬과 사인회, 140년된 '에피스코펄' (Episcopal) 교회에서 빅토리아식 오르간 이벤트 등이 있었다.

축제조직체의 활동

갤베스톤 유적지 보호재단은 디킨스 온더 스트랜드 축제를 포함하여 여러 가지 특별한 이벤트를 담당하는 4명의 고정 스테프 외에도 마케팅과 회계, 행정요원을 추가하고, 최근에는 디킨스축제의 준비와 프로그램 제작과정의 많은 부분을 축제자원봉사자들과 30여 개의 지역 단체에 역할을 분담했다.

축제 사후평가, 홍보, 마케팅 조사, 축제기획 등에 이르기까지 일년 내내 노력을 기울여야 했으며, 축제기간 동안 교통을 원활히 소통시키면서 현장의 이벤트를 성공적으로 치러 내기 위해서는 치밀한 계획과 세심한 주의가 필요하였으며, 재정적 도움을 받기 위해 다양한 요구를 수용하면서 후원자를 모집하였다.

경제효과

과거에 조사된 축제방문객의 소비조사에 따르면 식음료, 입장료, 나이트 클럽, 술집, 쇼핑, 숙박시설, 자동차, 교통비, 기타 항목 등에 방문객 전체가 소비한 돈은 7백 5십만 달러로 나타났다. 이중 축제장소 내에서 54%가 소비된 것으로 나타나 축제장소 외의 지역 산업에도 큰 경제효과를 주는 것으로 나타났다(Gets, 1991).

갤베스톤 유적지보호재단은 이 축제에 14만 달러의 비용을 투입한 반면 티켓 판매를 통해서 약 50만 달러의 수입을 얻었다. 이 자금은 이후 재단의 각종 사업과 프로그램 등 다양한 용도에 사용되었다. 축제가 도시 전체에 미친 경제적 효과와 비용-수입 분석은 이루어지지 않았지만, 이 지역의 신문 보도를 볼 때 호텔의 객실 판매수는 늘어났고, 상점과 레스토랑도 비교적 많은 매출을 기록하는 등 관광사업에 긍정적 경제효과를 미쳤음이 확실하며 이 축제는 겨울철의 비지니스 침체를 상쇄할 수 있는 아주 좋은 방법으로 나타났다.

4. 미국 플로리다 스테이트 페어 (Florida State Fair)

플로리다 스테이트 페어의 역사

미국은 각 주(State)의 카운티(County)마다 일년에 한번씩 농업 · 임업 · 축산에 역사적 기반을 둔 종합축제 형식의 페어(Fair)를 개최하고 있는 것이 큰 특징 중의 하나이다. 플로리다 스테이트 페어(Florida State Fair)는 매년 2월에 12일 동안 미국 플로리다주 템파시(Tampa city)에서 개최되며 페어(Fair)의 개최는 플로리다주 농업 · 소비자 서비스국의 하부기관인 농업국이 담당하고 있다. 행사가 처음 시작되었을 때는 농업, 축산, 임업 등 1차 산업에 주로 종사하는 시민들이 농축산물을 전시하고 판매하는 행사를 가지면서 시민의 화합과 오락적 기능을 주는 것을 주요 목적으로 시작되었다. 이러한 행사는 도시화, 산업화가 급속히 발달하기 시작한 1960년대 이후 1차 산업이 축소되고, 2차, 3차 산업의 발달과 급속한 도시화로 당초 목적대로 행사 참여계층이 적어지고, 시민들로부터 많은 호응을 받지 못하게 되는 문제에 직면하게 되었다. 또한, 플로리다 스테이트 페어 운영의 재정적 측면에서도 많은 어려움을 겪게 되었다. 이러한 문제를 극복하고 스테이트 페어의 지속적인 운영을 위해서는 오락적 측면과 수익적 측면을 크게 고려하지 않을 수 없게 되었다. 따라서, 플로리다 스테이트 페어는 농업(Agriculture), 교육(Education) 그리고 공동체(Community)서비스에 강한 초점을 가지고 있으며, 서 · 중부 플로리다와 템파만 주민들의 오락적 요구에도 대응하는 목적을 가지고 있다.

플로리다 스테이트 페어에서는 방문객들이 가축에게 직접 먹이를 줄 수 있도록 하는 가족형 프로그램을 실시하고 있다.

한편, 플로리다 스테이트 페어(Florida State Fair)의 주제는 매년 전문 디자이너에 의해 계획안이 상정되고 포커스팀이 선정하게 되는데 행사의 시작 9개월 전에 확정하여 각종 홍보와 마케팅에 활용한다. 주제의 선정은 미리 어떠한 주제를 정하여 그 주제가 반영된 프로그램이나 행사기획을 하는 것이 아니라, 항상 플로리다 스테이트 페어의 역사성과 전통성의 범위 내에서 전체 프로그램에 맞추는 것이다. 지난 2002년 주제는 "Oink (돼지의 꿀꿀 소리)"였으며, 2003년의 주제는 "A Feast for the Senses", 즉 "오감을 위한 성찬"이었다.

플로리다 스테이트 페어의 개최 현황 및 주요결과

2003년 2월 99회째 열린 플로리다 스테이트 페어(Florida State Fair)의 주요 현황들을 살펴보면, 우선 플로리다 남동부에 위치했다는 지역적 특성상 연중 기온이 따뜻하고 특히 겨울에도 눈을 볼 수 없는 휴양도시로 북부의 많은 미국인들이 찾고 있는 도시라는 점이다. 겨울에 개최되는 눈과 얼음이 관련되지 않은 따뜻한 남쪽의 축제로 지역적 특성을 고려하여 같은 시기에 타지역에서 개최되는 페어와 차별되게 운영되었다. 개최시기는 2003년의 경우 2월 6일(목) ~ 2월 17일(월)이었으며, 2월 셋째주 월요일은 미국 대통령의 날(President' s Day)인데 이를 포함하여 12일간을 행사기간으로 선정하고 있으며 개최기간 동안 2번의 주말이 포함되어 있다.

지난 1976년부터 이용하기 시작한 현 스테이트 페어 개최장소의 특징은 전용 행사장을 설정하고 있다는 것이며, 면적이 319에이커에 달한다는 것이다. 그 전에는 템파시의 다운타운에서 개최되었다. 장소의 지리적 환경을 보면, 우선 고속도로에 인접하여 교통 접근성이 높으며, 인근 휴양지, 다운타운, 쇼핑센터, 비즈니스센터 등과 가까이에 위치하여 관광객이나 시민들에게 편리하다는 장점을 가지고 있다. 또한, 1만 6천대 이상의 차량을 주차할 수 있는 넓은 주차시설을 보유하고 있어 대부분 자가차량을 이용하는 방문객들을 잘 배려했다고 볼 수 있는 것이다.

이러한 장소적 환경은 결과적으로 페어를 찾아오는 수요자 입장에서 선정되었기 때문에 페어의 성공에 중요한 역할을 하고 있다.

페어의 주요 표적(Target)방문객 시장은 25세 ~ 49세 사이의 성인 중 자녀가 있는 가족 층으로 부모가, 자녀를 데리고 가족과 함께 행사장을 찾아 자녀들에게 플로리다주의 농업역사와 정체성에 관한 교육과 체험을 시키고 가족끼리 보고 먹고 즐기며 즐거운 시간을 보낼 수 있도록 하고 있다. 또한 겨울에 플로리다를 찾는 외부관광객과 특히 노인층(미국 북쪽의 많은 노인들은 추운 겨울을 남쪽에서 보내고자 하는 실버관광객)유치를 위해 홍보를 하고 그들을 위한 프로그램들을 기획하고 있다.

플로리다 스테이트 페어의 프로그램들로는 우선 축제의 상설 프로그램으로 '템파감동가족극장', '로얄 헤너포드 서커스', '토끼와 닭우리', '쉔스 애완동물원', '순종 개 전시관', '오렌지 탐구관', '우주생활 응용 전시관', '로자레의 로얄돼지 경주대회', '웰드 곰 쇼' 등의 축제의 주제성이 높은 프로그램들이 운영되고 있다. 또한, 축제의 특별 프로그램으로는 '조지 존슨 콘서트', '트리오 팀 연주', '고등학교 재즈밴드 연주', '라틴음악축제', '지미 하트의 올스타 레슬링 경기', '10대들의 R&B 스타 아샨티의 공연', '치어&댄스 선수권 대회'와 같은 주요 프로그램을 운영하고 있다.

플로리다 스테이트 페어 행사장에는 연중 약 700만 명 이상의 방문객들이 방문하며, 특히, 스테이트 페어 기간 중에는 매년 50만 명 이상의 관람객들이 방문하고 있다. 페어 개최를 통해 500억 달러 이상의 경제적 파급효과를 올리고 있으며, 지난 2002년에는 국제 페어 · 엑스포지션 협회(IAEA)와 미국 남동지역의 관광협회, 2002년 플로리다 축제 · 이벤트 협회로부터 상을 수상하면서 스테이트 페어의 명성을 더욱 높이는 기회가 되었다.

5. 미국 뉴올리언즈 마르디그라 카니발 (Mardi Gras Carnival)

유명한 마르디그라 거리 퍼레이드를 위해 매년 새롭게 제작되는 플로트 (Float).

카니발의 소개 및 개최 현황

뉴올리언스(New Orleans)의 마르디그라 카니발(Mardi Gras Carnival)은 미국에서 오랜 역사성과 명성을 지닌 카니발로서 1837년 거리 퍼레이드로 처음 시작되었다. 사육제의 첫날은 항상 1월 6일(크리스마스가 지난 후 12일 째 되는 날)이며, 이를 가르켜 열 두번째의 밤이라 부르며, 마르디그라데이(Mardi Gras Day, 사육제의 마지막날)까지 퍼레이드가 열리는 것을 의미하기도 한다. 마르디그라 퍼레이드가 운영되는 것은 크루(Krewe)라고 하는 민간 자생조직에 의한 점이라는 것이 국내 지역축제들과는 크게 차별화 되는 특징이라고 할 수 있는데, 대부분의 크루에는 왕과 여왕이 퍼레이드를 이끈다. 그 뒤를 크루의 멤버들을 태운 퍼레이드 차가 따르게 되는 것이다. 크루의 멤버들은 거리에 줄지어 나와 있는 군중들에게 자질구레한 물건을 던지는데 그것들은 그 크루의 상징을 나타내는 문양이 세겨진 모조금화, 목걸이, 컵 등이다. 퍼레이드를 보기 위해 몰려온 사람들도 마르디그라의 공식색깔인 자주색, 녹색, 금색의 옷을 입고 퍼레이드에 참석하여 크루 멤버들에게 "나리, 저에게 좀 던져 주세요"라고 외치며 서로 던져주는 것을 받기 위해 다툰다. 퍼레이드에는 영화 배우 등 유명인사들이 크루멤버로 참가하여 퍼레이드의 흥을 돋구기도 한다. 마르디그라의 색인 자주색, 녹색, 금색은 1872년 선정되었으며, 이색의 의미를 자주색은 정의, 녹색은 신념, 금색은 권력이라고 발표하였다.

한편, 마르디그라의 주제는 항상 "퍼레이드, 파티, 먹고 마시며 즐기기"이다. 이 축제는 특정한 주최나 조직위원회가 없는 것이 특징이며, 매년 각 크루(Krewe)들이 멤버를 모집하여 어떻게 마르디그라를 운영할 것인지를 결정한다. 마르디그라(Mardi Gras)는 150년의 역사를 가진 카니발로 기독교(기독교와 관련된 의식행사로 발전하였음) 사순절 금식의식이 시작되기 전날까지 남은 음식을 모두 먹어치우고 가면을 쓰고 이웃과 친구들과 함께 즐기면서 해방감을 맛보는 축제이다. 특히, 2003년에는 프랑스 식민지였던 뉴올리언즈를 미국이 사들인지 200주년이 되는 해로 이를 기념하면서 축제를 성대하게 개최하였다.

마르디그라 카니발의 개최 일자는 매년 같지 않으며 2003년의 경우 3월 4일을 마르디그라데이로 선정하였다. 2003년 1월 6일부터 축제를 시작하여 사순절이 시작되기 전날인 3월 4일에 끝나게 되며, 3월 4일 밤이 축제의 가장 절정의 날이 되는 것이다. 축제 기간 중에는 주요행사인 퍼레이드가 주말에 실시함으로서 많은 관광객들이 찾게 된다. 타 지역에서는 추운 겨울 기간이지만 뉴올리언즈는 따뜻한 기후 덕분에 추운 지방에서 관광객이 많이 몰려들어 카니발 관람과 지역관광을 하는 적절한 시기로 지역경제에 긍정적인 파급효과를 보이고 있다.

마르디그라 퍼레이드의 플롯(Float)을 제작 · 생산하는 회사 창고에 전시되어있는 과거 퍼레이드에 활용되었던 플롯(Float)의 전시 모습.

축제 운영 조직 및 예산 운영

마르디그라 카니발 행사주관은 행정기관이 아닌 순수 민간단체인 크루(Krewe)로 구성되어 있으며, 퍼레이드에 참가하는 크루는 60여 개에 이르며 전체 6개 구간을 행진하게 된다. 한 크루에 참여하는 인원은 앞서 언급했듯이 약 200여 명에서 2,000여 명으로 구성되며, 카니발 참여 희망자는 누구나 일정액의 부담금을 해당 크루에 납부하고 참가할 수 있다. 관할 행정기관에서는 각 크루별 퍼레이드, 진행구간에 대한 75만달러 사용료를 받고 사용허가를 내주며, 경찰에서도 교통안전에 대한 지원을 하고 있으며, 각 크루들이 자율적으로 카니발 소품준비와 진행요원을 지정 · 운영하고 있다.

크루별 재원조달은 순수 카니발 참여자 개개인의 부담으로 자체조달을 하고 있으며, 크루별 행사 준비금으로 적게는 2만 달러에서 많게는 50만 달러까지 퍼레이드카 제작 등의 비용으로 사용되고 있다. 크루별 한 사람이 500달러 정도의 축제상품을 관람 시민들에게 던져준다. 행정기관에서는 축제 전후 청소, 조경, 스탠드 정비 및 환경정비 등에 100만 달러를 투입하여 간접지원하고 있으며, 음식판매, 기념품판매 등의 세금수입, 음식점 부스 설치료 등으로 약 500만 달러의 수입을 올리고 있다. 다른 축제와는 달리 기업체 등으로부터의 협찬기금은 전혀 받지 않고 다만 기업홍보를 하지 않는 조건하에 개별부담을 하고 퍼레이드 카에 탑승하여 축제에 참여하게 된다. 음식점 부스당 임대수입은 1개 부스당 200달러로 100개의 부스를 임대하고 있으며, 각 부분을 망라하면 지역경제 효과는 약 1조 2천 억원 정도의 효과를 나타낸다.

마르디그라 카니발에 대한 본 내용은 저자가 지도교수를 담당한 2003 경기공무원교육원의 해외축제 벤치마킹과정에서 마르디그라 민간전문가 '아서 하디(Arthur Hardy)'와의 현지 인터뷰 내용을 정리하여 인용한 것임.

6. 미국 포트 로더데일 드레곤 보트와 버스커 축제 (Fort Lauderdale Dragon Boats & Buskers Festival)

축제의 소개 및 내용

미국 포트 로더데일 드레곤 보트와 버스커 축제(Fort Lauderdale Dragon Boats & Buskers Festival)는 앞에서 설명된 미국내 지명도나 경쟁력을 가진 축제들과는 달리 새롭게 개발된 신규 축제의 사례로서 소개하고자 한다. 이 축제는 2003년 처음 미국 플로리다 포트 로더데일 시내의 뉴리버 강변 공원에서 개최된 축제로 '중국의 용선축제' 개념이 도입된 독특한 축제로 미국의 여러 민족이 모여 있는 '멜팅 폿(Melting Pot)' 이라는 특징이 반영되었다는 점에서 관심을 가져볼 필요가 있다. 이 축제는 '바다와 거리축제' 라는 주제를 바탕으로 자연적으로 이뤄진 바다와 기존의 거리를 이용한 행사를 유럽계 지역주민과 지역 내에 거주하고 있는 아시아계 주민들의 융화를 도모하고 아울러 미국 북부지역의 휴양 · 관광객 유치를 통한 지역경제 활성화를 주 목적으로 하는 관광이벤트적 목적이 뚜렷한 관광축제이기도 하다. 이 축제의 주관은 시(市)의 공원 · 레크리에이션과에서 주관한 관주도형 축제이다.

드레곤보트 & 버스커 축제의 주요 행사인 '드레곤 보트 레이싱' 장면.

포트 로더데일 '드레곤 보트와 버스커 페스티벌'에서 거리퍼포먼스를 하고 있는 한 버스커(Busker)의 모습.

기존에 포트 로더데일에는 5월과 8월에 여름철 축제가 있었으나, 2월에 새로운 축제를 개최함으로서 시기적 차별성을 도모하여 2003년 2월 7일부터 9일까지 주말을 이용한 금, 토, 일 3일 간에 걸쳐 축제를 개최하였다. 축제의 장소 선정은 기존의 잘 가꾸어진 강변 산책로 및 강가에 인접한 공원을 활용함에 따라 기존 시설물인 공원내의 넓은 잔디밭과 야외음악당, 화장실, 음식점 등을 활용한다는 점에서 이 부문에 소요될 경비를 절약 할 수 있는 이점을 가졌다. 또한, 축제를 개최하는 동안 자원봉사자는 3일간 연인원 약 150여 명이 참여하고 있으며, 특히 학생, 사회단체, 안전요원 등이 자발적으로 참여하여 2개의 안내소와 행사장 곳곳에서 활발한 자원봉사활동을 전개하였다.

축제의 주요 프로그램으로는 우선 행사의 주가 되는 '드레곤 보트 레이싱'(Dragon Boat Racing)과 공원내에서 펼쳐지는 '거리 퍼포먼스' 그리고 야외음악당의 '음악 콘서트' 등을 들 수 있으며, 특히, '드레곤 보트 레이싱' 프로그램은 강이 있는 자연 지형을 잘 활용한 프로그램으로서 중국 관련 단체 뿐만 아니라 미국의 타 지역이나, 캐나다에서 온 드래곤 보트 동호회 시청, 경찰, 각종 사회단체들이 경기에 참여하였다. 그밖에도 '거리 퍼포먼스' 프로그램은 '덤블링'이나 '저글링'과 같은 퍼포먼스들이 일정별로 개최되고, '이동식 암벽타기'나 동화 또는 악기에 대해 자세한 얘기를 들려주고 직접 체험할 수 있는 '스토리테일링' 등과 같은 프로그램은 어린이와 어른이 함께 참여할 수 있도록 운영하여 호응도가 높게 나타났다.

축제 마케팅 전략 및 운영조직과 예산

이 축제는 개최 1년 전부터 충분한 시간을 가지고 사전 홍보를 실시하였으며, 주요 홍보방법은 미국내는 물론, 인근 국가들에 있는 '드래곤 보트' 관련 단체들에게 행사를 적극적으로 홍보하여 대회 참가팀을 확보하였다. 또한, 플로리다주의 주요 지역 언론기관인 신문사와 스폰서십을 맺어 주민홍보를 실시하였고, 인터넷 웹사이트를 통한 홍보도 병행하였다. 한편, 시 공원내에서 개최되는 행사라는 점에서 기존 시설물들을 잘 활용하여 그 효과를 극대화 하였고, 곳곳에 행사안내도, 물품보관소, 휴식 공간 등을 설치하여 방문객 편의를 도모하였다.

행사의 운영조직은 관주도형 축제로서 포트 로더데일 시의 공원 · 레크리에이션과에서 행사 준비부터 모든 기획 및 실행 단계를 담당하였으며, 행사 준비 및 진행에 참가하는 인원은 팀장 1명과 직원 6명이 전담하며, 그 외에 자원봉사자 150명이 부분적인 보조를 하였다. 또한, 행사에 관계되는 운영예산은 시에서 5만 달러의 예산을 편성하고 운영하였으며, 그 외에 추가로 드래곤 보트 경기에 참가하는 팀 참가비로 비영리 단체의 경우 700달러, 기업의 경우 1,300달러 씩을 받아서 대회 시 상품 준비 등 기타 운영 보조금으로 활용하였다. 또한, 공예품 판매부스에서 1개소 당 500달러씩의 임대료를 징수하여 대회 운영자금으로 활용하였다. 행사비용 지출부분에 있어서는 '드래곤 보트' 경기 준비금이 2만 5천달러로 가장 큰 비중을 차지했으며, 그 밖에 콘서트 준비 등으로 1만 달러, 홍보비용으로 약 1만 5천 달러가 지출되었다.

금산인삼축제의 성공전략 중 하나는 다양한 체험이벤트개발에 있다. 그 예로 인삼캐기 코너, 인삼약초요리 만들어 먹기, 전통인삼생산장터 등이 있으며, 옆의 사진은 체험이벤트 중의 하나인 '관광기념인삼병 만들어가기' 의 체험모습.

7. 지역주민 지향형 축제에서 산업형 문화관광축제로 '금산인삼축제'

축제의 배경 및 발전과정

금산인삼축제는 1981년부터 시작된 축제로 2004년까지 약 25년의 역사를 가지고 있다. 지금 현재의 금산인삼축제는 인삼 · 약초를 관광상품으로 관광객을 유치하는 문화관광축제이자 국제적 상품인 인삼의 국제무역을 시도하는 산업형 축제로 발전하고 있지만, 1995년 이전까지만 해도 지역주민의 화합을 목표로 하는 지역주민 지향형 축제로서의 기능을 하고 있었다. 1995년까지 금산인삼축제는 '금산인삼제' 라는 축제명으로 지역축제에서 흔히 볼 수 있는 제례와 의전행사, 풍물놀이 등을 중심으로 지역내 고등학교 운동장에서 개최되는 주민화합 중심형의 축제였다. 그러나 1996년부터 금산인삼축제는 인삼 · 약초의 판매증진과 국내 · 외 관광객을 유치하기 위한 문화관광축제로의 전환을 시도하였고, 행사장소도 학교운동장에서 인삼 · 약초상가가 밀집한 거리로 이동하였다. 이때부터 금산인삼축제는 지역개발형 축제로서 축제의 생산적 기능이 가시화되기 시작하였다. 축제장소를 이동한 후 이전에 비해 축제방문객의 수는 급증하였고 인삼 · 약초의 판매량이 크게 증가하였다. 그 결과 축제에 대한 관심이 인삼 · 약초판매상과 금산군청을 중심으로 크게 부각되기 시작하였으며 축제와 지역경제, 축제와 관광효과에 대한 활발한 논의가 형성되었다.

이듬 해인 1997년 금산인삼축제는 비약적인 발전을 하는 전기를 마련하는데 '신비의 건강여행' 을 주제로 세련된 관광객들의 취향에 맞는 주제 반영형의 프로그램을 개발 · 배치하였으며, 본격적으로 관광객 유치에도 나서게 되었다. 그결과 1997년의 금산인삼축제에 있어 관광객 지향형 프로그램의 전형이 갖추어진 시기로 평가할 수 있겠다. 이 때 금산인삼축제에서 개발된 프로그램은 건강을 주제로 '한방무료진료코너' 를 운영함으로써 건강검진과 인삼 · 약초구매를 유도하는 프로그램을 실시하였다. 현재는 금산인삼축제의 명품 이벤트로 자리를 확고히 잡은 '인삼캐기 체험' 이 선보이며 이천도자기축제의 '내가 만드는 도자기' 와 함께 국내축제 체험프로그램의 모범사례로 부각된 해이기도 하다.

1999년 금산인삼축제는 현재 사례로 평가받는 축제의 전형을 갖추게 되는데 인삼 · 약초가 활발히 거래되는 상점가 인근에 '인삼 종합전시관' 이 들어서면서 부터이다. 이전 해까지의 축제가 체험 프로그램을 개발하고 인삼 · 약초판매를 증진하기 위한 노력, 관광객 유치방안 등이 개발되는 축제 소프트웨어 강화시기였다면, 1999년부터는 소프트웨어를 바탕으로 축제 하드웨어가 갖춰지는 시기라 하겠다.

그리고 2000년부터는 양적성장 중심의 관광축제 측면에서 국제형, 산업형 축제로의 한 단계 업그레이드(Upgrade)되는 시점으로 볼 수 있다. 축제와 연계하여 금산인삼의 국제무역을 활성화하기 위한 '국제인삼교역전' 이 1999년 시범적으로 실시된 이후 실제 인삼 구매의사가 있는 국제 바이어(Buyer)를 초청하는가 하면, 인삼의 부가가치향상을 도모하기 위한 측면에서 '아젠다(Agenda)' 라는 국제형 · 고급형 축제상품 종합 브랜드를 개발하게 되었다.

아울러 이와 같은 노력에 편승하여 인삼을 활용한 응용상품으로 인삼주(人蔘酒) 시판, 인삼가공제품 등이 국제인삼교역전에서 선보였으며, 지역내 인삼가공 공장이 증가하는 획기적인 변화가 있었다. 2001년부터 2002년까지 금산인삼축제는 내적으로 오감(五感)을 주제로 프로그램과 행사장을 구획화하는 등 질적개선을 꾸준히 추구하면서, 외적으로 대전-진주간 고속도로의 개통으로 금산으로의 접근성이 크게 향상되어 관광객의 폭발적인 증가를 구가하게 되었다. 그러나 이에 따라 새롭게 주차장 부족 등의 축제장 수용능력의 한계성이 당면과제로 나타나기도 하였다.

특히, 이 시기는 지역개발 전략과 축제를 연계하는 단계라는 점에서 주목된다. 1997년부터 시작된 관광객 지향형 축제로의 지속적인 전환 노력은 축제기간 중 관광객의 집중을 유발하였고, 가장 큰 문제점으로 도로와 주차공간의 협소가 매년 방문객 조사결과 불만족으로 지적되었다. 주차공간의 부족은 인삼 · 약초를 구입하려는 관광객에게 불편을 유발하여 매출증가에 일부 지장을 초래하였다. 진입도로의 협소는 2001년 우회도로를 임시 개통하였으나, 폭발적인 관광객 증가에는 역부족이었다.

금산인삼축제의 방문객 동선은 주행사장을 거쳐 인삼교역전이 열리는 인삼전시관 관람 후에 인삼약초상가 거리로 이동하는 것으로 조사되어 쇼핑을 유도하는 축제로서 강점을 나타내고 있다.
옆의 사진은 인삼제품을 구입하고 있는 외국인 관광객의 모습.

금산군은 축제가 지역경제에 미치는 생산파급 효과를 인식하고 중장기적인 지역개발과 연계를 모색하게 된다. 축제장으로 활용되는 인삼종합전시관 건너편에 국제인삼물류센터 건립을 계획하였으며, 축제장 앞 도로의 정체가 매년 극심해지자 본격적인 우회도로를 건설하기로 하였다. 아울러 이러한 하드웨어와 그간 축적한 소프트웨어의 축제자원을 바탕으로 2006년에는 '국제인삼엑스포'를 개최하려 하고 있다.

금산인삼축제는 인삼을 반영한 축제 음식으로 유명하다. 예로 인삼어죽, 인삼튀김, 인삼두부김치, 인삼화전, 인삼공국수, 인삼족발 등이 판매되고 있다.
옆의 사진은 금산인삼축제에서 선보인 인삼을 응용한 음식들.

문화관광축제로써 금산인삼축제의 특징

문화관광축제로서의 금산인삼축제의 특징을 살펴보면 첫째, 지역축제가 지역 특산물의 판매촉진 역할을 하면서 효과적인 지역경제 활성화전략으로 작용한 것으로 볼 수 있다. 충청남도 금산군은 인삼, 홍삼 등의 뛰어난 효능이 과학적으로 입증됨에 따라 금산군을 '인삼의 본고장'으로 굳히기 위해 '인삼타운' 건설, 인삼명함갖기운동, 군수보증서가 첨부된 인삼판매 등 다양한 전략을 추진하고 있다. 이러한 추세 속에서 제16회 금산인삼축제는 (현 문화관광부) '96 문화관광축제로 지정받아 지역축제의 틀을 벗어나는 한편 축제장을 인삼, 약초상가가 몰려 있는 거리축제로 전환하고, 축제기간도 3일에서 5일로 연장하였다.

축제의 슬로건도 "금산에서의 하루, 당신의 미래가 건강해집니다"로 건강축제로의 홍보를 강화한 결과 금산을 방문한 관광객들에게 다양한 볼거리는 물론 인삼약초를 손쉽고 저렴하게 구입할 수 있도록 하여 축제기간 동안 약 96억원의 인삼, 약초 판매실적을 올려 '95년과 비교하여 200%의 판매신장 결과를 가져왔다. 축제기간 중의 금산인삼 쇼핑 방문객들 중에서 "인삼약초를 구입하려는 계획이 없었으나, 인삼축제에 온 후에 구입하게 되었다"라고 답한 경우가 전체의 44%를 차지함으로써 금산인삼축제라는 축제가 인삼약초의 쇼핑을 유도하는 중요한 판매촉진 역할을 담당하는 것으로 판명되었다.

둘째, 문화관광축제를 통하여 지역의 고유민속 발굴과 발전을 도모하였다. 문화관광축제는 무형의 문화자원을 보다 시각적으로 끌어내어 지역축제의 독특성을 보여주는 것도 중요한 역할 중 하나이다. 1996년 금산인삼축제의 경우 지역의 전설로 남아있던 '강처사 설화'를 마당극으로 이벤트 프로그램화 하여 높은 반응을 보였었다. '농바우끄시기', '물페기농요' 등도 지역민지향형 축제의 단계에서 대규모 관광객을 유치하는 문화관광축제로 전환되면서 문화적 가치를 인정받게 되고 보전의 기회를 갖게되었다는 점은 금산인삼축제의 문화관광축제로의 발전과 깊은 연관이 있다.

셋째, 체험형 축제프로그램 구성전략이 금산인삼축제의 발전에 기여하였다. 금산인삼축제는 곧바로 '인삼'이 연상되고 인삼하면 '인삼캐기'로 이미지가 굳혀진 것은 금산인삼축제의 매우 강력한 축제 경쟁력이다. 최근 인삼을 소재로 축제를 개발한 몇몇의 타 지역 축제에서도 프로그램을 차용하고 있으나, 역시 인삼캐기프로그램의 축적된 노하우와 이미지는 금산인삼축제의 대표 프로그램이라 하겠다.

지역축제에서 최근까지 유행처럼 번지고 있는 체험 프로그램은 사실 이천도자기축제의 '내가 만드는 도자기코너'와 금산인삼축제의 '인삼캐기'가 본격적인 시도로 보인다. 금산인삼축제가 관광축제로 전환되기 전까지 다른 지역축제들과 마찬

가지로 무대공연, 아가씨 선발대회 등이 축제의 대표 프로그램이었고 관광화를 시도하는 과정에서 관광객들이 무대공연으로는 '금산인삼'을 느낄 수 없다는 불평에서 인삼캐기체험프로그램의 탄생배경이 되었다. 지금도 체험 프로그램하면 '금산인삼축제의 인삼캐기프로그램'이 공식적으로 거론되고 있다. 금산처럼 인삼재배단지가 광범위하게 퍼져있는 지역적 특성이 고려되지 않았다면 다른 지역에서는 엄두도 낼 수 없는 프로그램이란 점이 특성이기도 하다. 아울러 인삼재배지는 금산주민들에게 신성한 곳으로 여기고 있어 인삼캐기 체험장을 확보하는데 금산지역에서도 실시하기 어려운 부문이 있었다. 실제로 금산지역에서는 인삼재배는 매우 신성하게 여기고 있어 재배시기가 되면 부정한 것을 멀리하는 풍습이 있다. 그러나 지금은 인삼캐기체험프로그램의 높은 인기를 통해 지역주민들의 인식이 변화되었고, 오히려 인삼캐기코너 지정지로 지목되기를 은근히 바라기도 한다고 금산농업센터의 담당 공무원이 귀뜸하기도 했다. 무엇보다 작황이 좋고 실한 인삼이 자라고 있어야 인삼캐기 코너 대상지로 지정되기 때문에 인삼 재배자에게도 자신이 재배한 인삼이 시장에서 보다 높은 가격에 판매할 수 있는 이미지가 형성되기 때문이라는 얘기이다.

금산인삼축제의 '인삼캐기코너'는 가장 인기있는 축제프로그램으로서 인삼밭에서 행사가 진행된다.

넷째, 주제 반영형 축제 분위기가 금산인삼축제의 관광객을 만족시키는 원동력이 되었다. 금산인삼축제는 '인삼과 건강' 이 복합된 이미지로 작용한다. 실제로 왠지 금산인삼축제에 오면 건강해질 것 같은 인상을 주기위한 노력을 하고 있다. 그 대표적인 사례가 음용수(飮用水)로 제공하는 '인삼즙' 이다. 인삼의 잔뿌리로 물과 함께 끓이고 냉수통에 담아 목이 마른 관광객 누구나 마실 수 있도록 함으로써 축제장 주변의 인삼제품에서 우러나는 진한 인삼향으로 후각을 자극하고 인삼제품으로 시각을 자극하며, 인삼즙으로 미각을 자극하고 있다. 더욱이 인삼캐기코너의 성공으로 체험프로그램에 대한 성공요인을 습득하게 되자 추가적으로 개발한 '인삼요리만들어먹기', '인삼가공과정체험', 술을 담은 병에 인삼을 넣는 체험프로그램으로 '인삼병만들기' 등도 촉각(觸覺)을 자극하는 주제반영형 체험프로그램으로 개발되었다. 그리고 한의사들이 참여하여 관광객들에게 무료로 진료서비스를 제공하는 '무료한방코너' 에 이르게 되면 건강에 대한 관심이 증폭되고 인삼 · 약초에 대한 구매의욕이 증폭되기 마련이다.

금산인삼축제의 '전통인삼생산장터' 는 인삼깍기, 인삼접기, 인삼말리기, 인삼주 소주내리기 등으로 구성되었고, 옆의 사진은 인삼깍기와 접기의 관광객 체험모습.

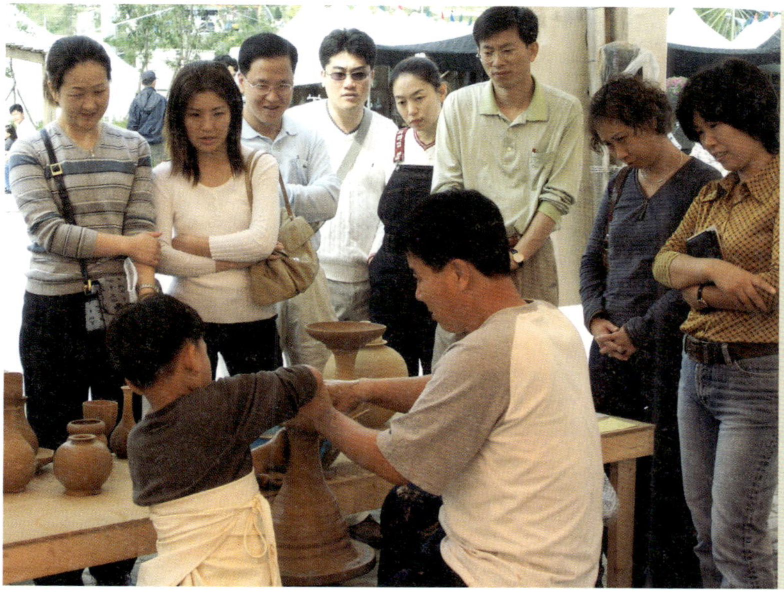

이천 도자기 축제의 대표적체험프로그램이라고 할 수 있는 '내가 만드는 도자기코너'는 프로그램 진행과정에서 도자기 제작과정에 대한 설명과 함께 체험까지 할 수 있어 특히 어린 자녀를 동반한 가족 단위 방문객들의 참여와 호응이 높았다.

8. 도자기산업 진흥과 외국인 방문객 유치에 성공한 '이천도자기축제'

축제의 시작 및 개요

'흙과 불의 큰잔치' 라는 주제로 2002년 9월 6일부터 29일까지 24일 동안 개최된 이천도자기축제는 국내 지역축제들 가운데 대표적으로 관광상품화에 성공한 축제로 손꼽히고 있으며, 지난 2001년 세계도자기엑스포 개최를 계기로 지역 범위에서 벗어나 지역의 성공적인 국제적 홍보와 이미지 고양 효과를 가져왔다고 평가되고 있는 축제이다.

특히, 지난 1995년 제9회 이천도자기축제는 그 전까지 설봉문화제라는 지역 종합 축제로 당시 경기도 이천군과 이천문화원이 주최하던 행사를 당시 문화관광부 국제관광과와 한국관광공사 행사처가 가세하여 기존의 지역축제를 체계적으로 관광상품화함으로서 지역에 높은 경제적 파급효과를 창출한 지역축제로 성공적 결과를 낳게 되었다. '흙과 불의 잔치' 를 주제로 개최된 제9회 축제에서는 총 25만여 명의

제16회 이천도자기축제 행사결과 요약

구 분	내 용
행사개요	· 행 사 명 : 제16회 이천도자기축제 (The 16th Icheon Ceramics Festival) · 주 제 : "흙과 불의 큰 잔치" (A Big Festival of Soil & Fire) · 기 간 : 2002년 9월 6일(금) ~ 9월 29일(일) [24일간] · 장 소 : 설봉공원 엑스포 단지 및 도예촌 일원 · 주 최 : 이천시도자기축제추진위원회 · 후 원 : 문화관광부, 경기도, 이천시, 한국관광공사, (재)세계도자기엑스포 · 예 산 액 : 11억원
추진방향	· 관광객이 우리의 전통문화예술을 접할 수 있는 기회 제공 · 도자기 제작에 직접 참여함으로서 도자기에 대한 이해를 넓히고 전시 행사를 통한 교육의 장 마련 · 축제장을 찾은 관광객의 흥미를 유발할 수 있는 공연 및 이벤트 유치
주요행사	· 공식행사 : 개막식, 폐막식 · 전시행사 : 화기전, 학생작품전시전, 도자기 시화전, 흙과 불의 정신전 등 · 공연행사 : 경기도립공연단 외 다수 · 참여행사 : 도예교실 클레이올림픽, 도지기경매 등 · 기타행사 : 전통가마불지피기, 다도시연, 경기백일장, 국제도자워크숍 등
주요결과	· 방문인원 및 매출액 – 방문인원 (512,960명) : 내국인 506,770명(98.8%), 외국인 : 6,190명(1.2%) · 도자기 매출액 : 15억 2백만원 · 축제홍보 결과 – TV Spot 광고 : 2개 방송사 – TV 방송 : 5개사 9회 취재방영 – 라디오 : 1개사 2회 방송(교통방송) – 신문 · 잡지 : 112회 취재 및 보도 – 인터넷 : KBS 인터넷 방송 외 9개 사이트

* 자료 : 정강환 (2002a) 편집작성

국내 · 외 방문객들이 축제를 방문해 200개가 넘는 전통 도자기 가마가 밀집되어 있는 한국의 대표적인 도예촌인 이천의 지역 특화산업 이미지를 강화시키고 활성화시키는 계기가 되었다. 특히, 축제 기간 9일 동안 54개 요장이 참가하는 도자기 시장에는 50% 할인 가격으로 도자기를 판매하면서 방문객들의 큰 호응을 얻어 높은 경제효과를 거두었는데, 공식적인 통계로는 총 6억원 규모의 판매고를 기록하여 1994년 8회 축제의 5천 7백만원의 판매실적에 비해 약 10배의 급성장을 보이게 되었다. 이러한 축제 개최 결과를 통해 첫째, 우리의 전통문화와 관광이 접목된 성공적인 관광개발형 문화축제로 정착시켰다. 둘째, 지역경제 활성화에 기여한 새로운 관광이벤트로서 향후 지역문화축제가 나가야할 방향을 제시하였다. 셋째, 도자기 제품의 생활화 및 도예산업 부흥의 기폭제 역할을 하였고, 끝으로 "종전의 읍단위 지역축제에서 전국적 규모의 축제로 확대 · 발전하였다"라는 성공적인 평가를 받게 되었다.

성공적인 문화관광축제를 위한 축제 개선 노력과 엑스포 개최

이천도자기축제의 성공은 지난 '95년부터 시작된 다음과 같은 문화관광축제화 노력이 가장 결정적인 요인들이라고 할 수 있다. 첫째로는 문화관광부와 한국관광공사의 협조를 유도하고 지자체의 적극적인 축제 홍보노력이 큰 효과를 거둔 것으로 분석된다. 둘째로는 설봉문화제라는 종합문화제에서 '이천도자기축제' 라는 도자기의 특화된 주제를 내걸고, 지역의 산재한 도자기 요장들을 효과적으로 참여시켜 높은 경제효과를 거두었으며, 셋째로 방문객들을 위한 여러 가지 수용태세 (외국어표기 안내서, 안내부스, 화장실, 임시주차시설 제공, 안내판설치 등)에 세심한 배려를 하여 축제 방문객들의 만족도를 높였으며, 넷째 축제 프로그램의 매너리즘에서 벗어나서 축제 방문객들이 직접 체험하고 느낄 수 있는 관광객 참여형 이벤트를 개발하였고, 다섯째로는 이천의 도자기를 일본, 중국의 도자기와 병행시키는 도자기 관련 국제이벤트를 구성하여 축제의 질적 향상을 꾀하였다는 점들을 열거할 수 있다.

성공적인 문화관광축제로의 발전을 계기로 이천시는 인근의 도자 산업 도시인 경기도 여주군, 광주시와의 적극적인 연계를 통해 '세계도자기엑스포 2001'를 개최하게 되었다. 특히, 세계도자기엑스포는 이천, 여주, 광주를 세계 도자산업의 중심지로 성장시키고, 수도권 배후의 문화관광 거점지로 육성시키며 지역경제를 활성화시킨다는 목적으로 경기도 차원에서 기획, 추진되었으며, 정부차원에서도 재정적, 행정적 보조는 물론 국내·외 홍보에서도 적극적인 도움을 받을 수 있었다. 엑스포 주요 프로그램으로 현대작가 도예전, 동북아 도자교류전, 세계 유수박물관 소장 도자기 국내 전시회, 한국도자전, 생활공예도자전 등 도자기와 밀접한 예술분야를 연계하는 다채로운 행사들을 기획하였다.

특히, 세계도자기 엑스포는 엑스포가 세계도자기구가 공식 후원하고 참여하는 세계적 규모의 행사로서 경제적 파급효과나 지역 발전효과는 물론 지역의 대외적이미지 구축에 매우 긍정적인 결과를 가져왔다고 평가받고 있다.

9. 관광축제 개발의 교과서, 청자파편에서 청자테마관광지로 '강진청자문화제'

강진청자문화제는 대표체험프로그램으로 '청자빚기 및 코일링체험'을 실시하고 있으며, 특히 '청자문양새겨넣기'는 물병, 매병화병, 소호 등의 종류를 선택하여 체험할 수 있도록 하여 인기가 높다. 옆의 사진은 강진청자문화제에서 전문적인 운영요원이 전통적인 복장을 착용하고 청자체험을 실시하고 있는 모습.

축제 개최 배경 및 발전과정

강진청자문화제는 주민화합형 축제에서 관광축제의 발전단계로 본다면 대표적인 모범사례로 평가할 수 있다. 현재 축제장으로 활용되고 있는 있는 강진군 대구면 일대는 우연한 기회에 고려청자 파편이 발견되었고, 청자를 제작했던 가마터 등이 발굴됨에 따라 역사적으로 이 일대가 청자 생산지로써 중요한 지역임을 인정받게 된다. 그로부터 1996년 지역의 향토축제인 '금릉문화제'를 '강진청자문화제'로 개칭하면서 청자를 지역의 특화 이미지로 부각시키고자 하였다. 이듬해 1997년 문화관광축제로써 본격적인 출발을 시도하는데, 이때까지만 해도 강진청자문화제는 제2회로 관광축제의 노하우가 축적되지 못한 상황으로 축제의 주제성과 거리가 먼 장소인 강진군 공설운동장에서 군민화합 차원의 축제로 그쳤다. 그러나 바로 이 시기는 강진군에서 문화관광자원을 활용한 지역개발의 의지를 본격적으로 가시화하기 시작한 시기로 평가된다. 바로 청자파편이 발견된 대구면에 '청자자료박물관'을 개관하고 다음해 1998년에는 훌륭한 하드웨어가 있는 대구면의 청자자료박물관 주변을 중심으로 강진 청자문화제를 개최한다. 아울러 그 해에는 상설 청자빚기체험장을 약 6억원의 예산을 투입하여 개장하여 축제의 주제를 체험할 수 있는 청자빚기체험장과 청자의 중심지를 상징하는 박물관이 들어서면서 축제장은 주제 반영 시설로써 축제의 주제를 여실히 느낄 수 있는 안정적인 축제 구조를 갖추게 된다. 여기에 청자를 빚는 민간요장단지를 박물관 주변 부지에 조성하여 현재 13개의 민간요장이 운영되고 있다. 이를 통해 강진청자문화제는 1999년 박물관과 상설체험장 등의 하드웨어와 축제 프로그램, 민간요업체에서 생산하는 청자 상품이 배합된 균형있는 관광축제로써의 면모가 갖추어지게 된다.

아울러 이 시기에 보인 강진청자문화제의 특징은 개최시기를 가을에서 여름철로 바꾸어 축제의 특성이 변화되는 전환을 가져왔다는 것이다. 보다 구체적으로 기존 9월에 개최하던 것을 8월 여름철로 변환시켜 관광객 유치효과 극대화와 관광객 지출증대 효과를 낳았다는 것이다. 9월은 개최시기로써 기상조건이 양호한 시기이나 타 축제개최시기가 집중된 관계로 관광객유치홍보에 한계성이 드러나 개최연수가 짧은 청자문화제는 경쟁력이 취약하였다. 특히, 강진군이 문화관광축제를 중심으로 지역을 개발하려는 의지를 돋보이는 극적인 선택이었다는 점에서 주목할 만한 변화였다. 강진군은 해안지역이나 여름철 관광객을 유인하는 핵심 자연자원인 해수욕장이 없다는 단점을 지니고 있다. 이로 인하여 강진군은 여름철 남해안과 서해안의 해수욕장으로 이동하는 길목의 역할만을 하고 있었다. 비록 해변과 연계는 미약하지만 자녀를 동반한 가족단위 관광객을 중심으로 교육과 독특한 축제 소재로 승부를 하는 전략을 수립하였다.

2000년은 축제장이 테마공간화되는 시점으로 축제장 한가운데 상설공연이 가능한 무대를 설치함으로써 청자테마파크의 면모를 갖추게 되었다. 체험 프로그램도 약 60개로 증가하였으며, 편의시설로 국내 최초로 시도한 무대 앞 객석의 전천후 차양막 설치와 여름철 관람객의 더위 해소를 위한 '물안개 분사장치'는 관람객 서비스 향상을 통한 관광축제로의 발전의지를 엿볼 수 있는 대목이라 하겠다.

2001년 강진청장문화제는 양적성장과 함께 질적성장이 구축된 해로 평가할 수 있다. 대표적인 사례로 강진군에 진입하는 도로부터 대구면의 축제장까지 18Km의 도로변 각 지점에 26곳의 재미있는 테마로 구성된 허수아비 설치가 그렇다. 일반적으로 축제장은 지역의 중심지에서 개최하고 있으나 강진청자문화제는 주제 반영이 우수한 장소를 택한 관계로 강진읍에서 약 15분 거리에 있어 초행자들의 접근에 혼란을 초래할 가능성이 있어 일종의 도로표시 역할을 한 것이며 도로변을 따라 차량을 운행할 경우 흥미요소를 제공한다는 점에서 기능적으로 우수한 사례로 평가받고 있다. 한편 강진읍에서 대구면으로 축제장을 이동하면서 관광객에 의한 경제파급 효과가 강진읍에 큰 기여를 하지 못하는 것으로 평가되었으나, 이 해부터 운수업과 숙박업을 중심으로 경제효과가 향상되고 있다는 점이 나타나는 시점이었다. 2001년까지 축제장을 조성하고 축제프로그램을 강화하고 민간요업체를 늘리는 양적성장이었다면 2001년부터는 기반작업의 효과가 이루어지는 시점으로 질적성장이 가시화되는 시점이라 하겠다.

강진읍에서 축제장으로 연결되는 도로변 18km의 20여개 장소에 설치한 군집허수아비는 자가운전 관광객들의 축제장 접근을 유도하는 역할을 하였으며, 장거리운전의 지루함을 해소하고 축제분위기 상승과 관광객에게 기대감을 제공하는 역할을 한 것으로 나타났다.

지역개발형 문화관광축제로써 강진청자문화제의 특징

첫째, 독특한 지역적 주제발굴과 문화관광축제의 관광자원화의 우수사례이다. 강진군은 청자문화제를 통하여 청자문화관광지로써 이미지를 구축하고 있다. 특히, 청자파편이 발견된 대구면 일대는 논과 밭에서 청자관광과 청자산업으로의 발전을 꾀하는 문화관광지로 성장을 기대하고 있다. 강진지역은 역사적으로 대표적인 청자생산지로써 인정받으면서 타 지역에서 모방할 수 없는 독특한 소재라는 점에서 이미지 특화 경쟁력이 많다. 강진청자문화제는 관광자원의 측면에서 본다면 경쟁력 있는 소프트웨어를 가지고 있다. 소프트웨어는 하드웨어에 비해 투자비용이 적어 예산이 풍부하지 못한 지방자치단체에서 추진할 수 있는 좋은 관광자원이라고 하겠다. 그러나 비전문성과 추진의지의 부족, 가시적 성과가 나타나기까지 시간이 소요된다는 점이 단점이라 할 수 있다. 강진청자문화제는 이와 같은 단점을 짧은 축제 연혁에도 불구하고 독특한 지역적 주제와 과감한 투자를 통해 경쟁력을 확보해 가고 있다.

'청자파편모자이크체험'은 저예산 프로그램으로써 기존 쓸모없는 청자조각을 이용하여 청자모양이 그려진 패널에 부착하는 프로그램으로 주제반영측면에서 긍정적인 평가를 할 수 있다.

둘째, 지역개발의 중심에 강진청자문화제가 있다는 점이다. 강진청자문화제는 대외적으로 문화관광축제로 평가받고 있으나 내부적으로는 지역개발의 중심에 있는 요체라 할 수 있다. 실제로 청자파편에서 청자자료박물관, 청자생산민간업체 유치, 청자테마공원화를 통한 상설체험장 건립, 축제장내 상설무대조성 등은 투여된 예산을 고려한다면 지역개발의 목표가 없이 이루어질 수 없는 것이라 하겠다.

셋째, 지역경제 파급효과를 고려한 생산적 축제구조 역시 강진청자문화제의 성공요인이다. 강진청자문화제는 축제 개발을 통하여 청자와 강진의 이미지 연계와 청자상품화의 경쟁력을 키웠다. 축제기간 중 군에서 운영하는 청자사업소의 청자상품과 민간요업체에서 생산한 청자상품을 특별판매 하면서 산업적 경쟁력을 향상시키고 있으며, 소품 위주의 저가형 청자상품을 개발함으로써 상품의 다양화를 시도하였다. 아울러 상품의 신뢰성과 이미지 강화를 위하여 단체장의 인장이 첨부된 보증서를 청자상품 포장에 동봉하였다. 강진청자문화제가 개최되는 대구면 일대는 당초 농경지로써 음식점이 부족하였다. 따라서 간이음식점을 한시적으로 운영하여 관광객의 소비지출 유도와 편의서비스를 제공해야 하는데 강진청자문화제도 개최초기 외지상인이 운영하는 간이음식점으로 인하여 관광객 소비지출의 지역외 누출이 심각하였다. 강진군은 매년 지역 간이음식점과 외지 상인음식점의 위치를 조정함으로써 지역상인들의 판매향상을 도모하려는 노력을 하였다. 2001년도부터 이와 같은 노력이 결실을 보았으며, 지역 상인들도 노하우가 쌓이면서 외지 상인들의 판매액을 능가하는 효과를 얻었다. 지역 상인이 운영하는 음식점을 축제장 진입로에 배치하고 외지 상인음식점을 지역 상인음식점 후면에 배치함으로써 지역 상인음식점의 경쟁력을 강화하는 한편 지역의 대표 음식을 활용한 음식점명(예: 강진의 별미, 짱뚱어탕)과 중복된 음식배제, 음식점이용 불편신고센터 운영 등 세련된 음식서비스를 제공하기위한 지역 상인과 강진군의 노력이 가시적 효과를 창출하였다(정강환, 2001).

넷째, 축제 경쟁력 강화를 위한 과감한 시기조정, 계절성 방문객 서비스 특성화가 강진청자문화제의 발전에 기여하였다. 본격적인 관광축제로의 출발은 1999년 9월경 개최하던 축제시기를 과감히 8월 초로 옮기면서부터라고 평가된다. 강진청자문화제는 경쟁력있는 주제에 비해 연륜이 짧은 축제로써 홍보경쟁과 관광객 유치력이 부족하다는 단점을 안고 있었다. 아울러 여름철 관광성수기 해수욕장이 없는 관계로 지나가는 관광객은 많으나 체류관광객이 미미하다는 점을 문화관광축제를 통해 극복하려는 노력이었다. 8월 개최는 실제로 매체홍보에 있어 타 축제와의 경쟁을 회피할 수 있었으며 2001년도에는 관광객의 비율이 약 85%에 이르는 효과가 있었다. 여름 축제로써 강진청자문화제는 관광객을 위한 더위 해소용 편의시설의 대표라고 할 수 있다. 국내 최초로 시도한 무대 앞 약 200평 가량의 관람석 전체에 햇빛을 차단한 차양막과 노즐에서 분사하는 물안개 시설은 미국 등 몇몇 성공적인 축제에서 볼 수 있는 앞선 사례였다.

10. 봉이 김선달도 울고 간 '보령머드축제'
- 바다진흙도 관광이벤트의 훌륭한 주제

보령머드축제에서는 해변에서 방문객들이 손수 머드를 체험해 볼 수 있도록 '해변 셀프 마사지'를 운영하고 있음 - 축제 방문객들의 머드축제에 대한 인지도가 항상되면서 '머드'라는 주제를 체험하려는 욕구증대에 대한 유료가 아닌 무료로 운영함으로써 큰 인기와 함께 '머드셀프마사지코너'는 대표 프로그램으로 정착되었다.

축제의 배경 및 발전과정

보령머드축제는 '봉이 김선달형' 축제로 평가하곤 한다. 바로 보령지역이 해안선을 끼고 있는 지역으로써 지역의 11%에 달하는 갯벌을 활용한 문화관광축제이기 때문이다. 더욱이 지천에 있는 갯벌을 이용하여 지역 특화상품을 만들어 내고 이를 계기로 문화관광축제로 발전을 이루었기 때문이다. 1998년 보령시는 제1회 보령머드축제를 개최한다. 갯벌 즉, 바다진흙을 이용한 관광상품 축제라는 점 때문에 이내 문화관광축제로써 매스컴의 집중적인 관심을 받게 된다. 특히, 축제장은 이미 오랜 세월 우리나라에서 익히 알려진 대천해수욕장이므로 관광객을 유치하는데 용이하다는 장점이 있었다. 그러나 보다 구체적인 관점에서 개최시기를 본다면 원래 유명한 관광지의 장점에 편승한 것이 아니라는 것을 알 수 있다. 해수욕장이 개장하는 7월 중순에 개최함으로써 관광객들의 방문이 최고 성수기에 비해 다소 떨어지는 단점을 해수욕장에 머드라는 독특한 주제를 반영함으로써 관광객의 유입을 축제방문객으로 전환하여 급격한 상승을 유발한 것이다. 그리고 건강과 미용의 머드와 온통 초코렛색 머드를 칠한 관광객의 모습은 이색적이기 그지없다는 점은 대천해수욕장에 부가가치를 부여하는 역할을 한 것이다.

이 시기 오직 보령머드축제만의 유일한 체험프로그램인 '머드마사지'가 태동하였다. 1차 가공된 머드를 온몸에 바르고 축제프로그램을 즐기며 머드의 효과를 체험함으로써 자연스럽게 머드상품을 구매할 수 있도록 유도하였다. 유료로 운영된 프로그램이라는 점도 이례적인 사례로 평가되어 봉이 김선달형축제와 함께 '생산적 축제'라는 수식어를 얻게 되었다. 2000년 보령머드축제는 기존 체험 유도 요원이 붓을 이용해 머드를 발라주는 방식에서 체험기회 확대와 전격적인 축제장의 주제 반영성 향상을 위하여 방문객이 손수 자신의 몸에 머드를 상시적으로 바를 수 있도록 '셀프머드마사지' 코너를 운영하였다. 그리고 성인층 뿐만 아니라 어린이의 머드체험, 스포츠로 인식하는 외국인들의 머드체험에 대한 인식을 반영하기위하여 본격적인 '머드풀장'을 배치하였다. 축제기간 중 해수욕장만큼이나 머드풀장은 초만원 사태를 유발하였다. 2002년도 보령머드축제는 문화관광축제의 단계를 넘어 지역개발형 축제로써 발전을 시도하는 단계에 이른다. 그 대표적인 사례가 '보령머드하우스'이다. 현재 신광장으로 지명된 곳에 상설적인 머드마사지 체험장, 머드비누제조장, 머드상품 판매소가 배치된 신축건물로써 오히려 대천해수욕장을 상징하는 명물로 자리 매김하려는 시도를 하고 있다.

외국인 방문객들이 국내관광객들보다 머드체험 만족도가 높게 나타나고 있으며, 머드체험에 대해 보다 즐겁게 빠져드는 다이나믹(Dynamic)한 행동특성을 보이고 있다. 옆의 사진은 외국인을 비롯해 다양한 형태의 방문객들이 머드풀장에서 머드체험을 실시하고 있는 장면.

보령머드축제의 특징과 성과

보령머드축제는 여름철 대천해수욕장의 관광지 활성화, 지역이미지 특화, 지역특화상품인 머드상품의 판촉 등 여러 측면에서 파급효과를 창출하고 있는 관광축제의 성공모델로 평가 할 수 있다. 특히, 축제의 주제인 머드를 직접 바르는 체험형 축제라는 점에서 매우 독특한 성격을 부여 할 수 있다.

보령머드축제는 지난 1998년 처녀 개최와 동시에 정부로부터 문화관광축제로 지정 · 육성되어오면서 전문 평가기관의 매년 발전방안과 제안사항을 적극 반영 · 보완 시행함에 따라 관광객의 체험기회를 확대하고자 많은 노력을 해 왔다. 우선, 셀프머드마사지, 머드탕 체험, 머드 슬라이드, 머드마사지 등의 다양한 체험프로그램 개발을 통한 관광객 축제 참여도 및 만족도를 향상시켰으며, 동시에 머드체험을 축제의 주요프로그램으로 특성화하여 체험형 축제로 특화하였다.

또한, 축제 개최 초기 머드마사지 체험코너를 운영하면서 프로그램의 독창성에 비해 빈약한 방문객 체험시설로 평가되었으나, 2001년 완공된 머드마사지 전용 건물인 머드하우스를 개장함으로서 보다 전문화되고 체계화된 머드체험이 가능하게 되었다.

이처럼 관광객들에게 질 좋은 체험을 제공하고 이를 유료화하여 축제프로그램으로 관광상품화 하는 전략은 모범적인 사례로 평가되고 있다. 그밖에도 관광객 서비스 개선을 위해 안내소 운영을 내실화 하고, 특히 2002년도에는 그 동안 축제 장소를 이원화하여 개최하던 축제를 신광장으로 일원화함으로서 축제 집중화를 통해 소비지출 향상 및 체류시간 증가 효과를 가져오기도 하였다. 또한, 국내의 많은 지역축제에서 지적되어 오던 아가씨선발대회를 머드왕(머돌이, 머순이, 머드아가씨, 머드아줌마) 선발대회로 재구성함에 따라 축제의 주제성을 부각시키고 다양한 볼거리 프로그램 개발이라는 평가를 받았다.

머드풀장은 셀프머드마사지코너와 함께 인기있는 체험프로그램으로 셀프머드마사지체험이 주로 여성층의 호응과 체험율이 높은 반면에 머드풀장은 동적인 놀이 개념에서 남성그룹의 참여가 높은 것으로 나타났다. 옆의 사진은 머드풀장에서 다양한 체험 이벤트를 실시하고 있는 방문객들의 모습.

축제 홍보전략에 있어서는 4개 국어로 인터넷 홈페이지를 개설하고 아리랑 TV의 스팟(Spot)광고를 실시하여 화제성을 집중시키는 노력을 하였으며, 서울 · 경기권 시장을 대상으로 집중적인 현지 홍보전략을 구사하였다. 또한, '관광축제(관광공사 주관)', '국제관광교역전' 등의 행사 참가를 통한 축제 홍보전략과 각종 신문, 잡지 홍보 등을 병행하고 있다. 그밖에도 외국인 관광객 유치를 위한 전략으로 인바운드 여행사 설명회를 개최하고 재외기자단에 외국어 홍보물을 제작 · 배포하고 여행사별 안내문 발송 및 참가자 인센티브 제공, 머드 화장품 할인권 제공 등을 통해 적극적인 외국인 유치활동을 전개하였다.

한편, 축제 개최를 계기로 보령 머드를 활용한 관광특화 사업이 본격적으로 추진되었고, 사업 추진결과 지역의 경제적인 파급효과는 물론, 머드화장품 판매액 증가, 지역 인지도 상승 등과 같은 가시적인 성과들이 나타나기 시작했다.

대전사이언스페스티벌에서는 방문객, 특히 어린이들이 과학에 대한 원리를 직접체험을 통해 교육되도록 하고 있다. - 옆의 사진은 2001년 대전사이언스페스티벌의 국제과학교류전에 초청된 영국 에든버러사이언스페스티벌, 매드랩(Mad-Lab)의 007키트 체험모습.

축제의 개최 배경 및 특징

대전사이언스페스티벌은 지역이미지 특화, 침체된 엑스포과학공원의 활성화, 관광산업적 측면에서 성공적인 성과를 창출한 사례이다. 축제장으로 활용되는 대전엑스포과학공원은 1993년 대전엑스포 개최 이후 과학 주제공원으로서 역할을 기대하였다. 그러나 배후 시장의 취약, 타 주제공원에 비해 떨어지는 관광객 유인력, 시설의 노후와 새로운 시설 도입에 들어가는 비용 등으로 인하여 변화없는 침체에 빠져있었다. 특히, 1993년도 엑스포를 치루면서 우리나라 인구 4분의 1에 해당하는 1천만 명 이상이 다녀간 엑스포과학공원은 이미 시설면에서는 진퇴양난에 빠져 있었다. 시설 개축, 신축의 엄청난 비용에 대한 부담과 시설의 개·보수 및 신축을 통한 활로모색의 필요성 등은 이러지도 저러지도 못하는 난감한 상황이었다. 그리고 지역정서를 고려할 때 과학공원의 활성화가 강력히 요구되었고 대덕연구단지를 배경으로 대전의 상징적 공간이라는 점도 활성화가 필요한 주요 이유였다. 이 같은 고민은 발상의 전환에서부터 시작되었다. 기존 하드웨어에 대한 고민을 획기적으로 전환하는 계기는 2000년 대전사이언스페스티벌이 주도하였다. 낙후된 하드웨어와 식상한 시설의 단점으로 인하여 관광객 유치력 부족, 타 주제공원과의 경쟁력 부족을 주제 반영성의 축제개발을 통해 극복하는 계기를 마련한 것이다. 대전사이언스페스티벌은 이러한 하드웨어적 단점을 축제라는 소프트웨어로 활기를 부여하고 축제기간 중 시설투자 비용에 비해 훨씬 저렴한 비용으로 마치 1993년 엑스포 개최와 같은 축제 분위기를 창출했다는 점에서 축제개발의 모범사례라 하겠다. 그러면서 과학주제 체험프로그램의 개발을 통하여 자녀를 동반한 가족단위 관광객의 유치가 가능해져 과학주제공원으로써의 관광객 유인력이 향상되는 효과를 가져왔다. '대전사이언스페스티벌' 은 굳이 공식 명칭으로 과학축제라는 한글화 명칭 대신 사이언스페스티벌(Science Festival)로 명명한 이유가 있다. 첨단의 과학을 표현하고 엑스포과학공원 전체의 시설 분위기 역시 첨단의 이미지를 갖고 있기 때문이다. 더 중요한 부분은 국내의 축제에서 국제적 축제를 지향한다는 목적이 있었기 때문이었다. 이미 영국과 호주, 일본, 미국 등 전세계적으로 약 70개의 과학축제가 있어 국제적으로 사용하는 명칭을 고려하였다. 아울러 국제적으로 유명한 과학축제와 자매결연을 맺는 등 연계를 시도하기 위한 목적도 있었다. 실제로 제 1회 개최 시 호주의 사이언스페스티벌, 제2회 국제과학축제의 시초가 된 에든버러 과학축제 등과 자매결연을 맺고 연계 프로그램을 배치하였다. 대전사이언스페스티벌은 대전엑스포과학공원 뿐만아니라 과학도시로써 대전의 이미지를 확고히 하는 계기를 마련한 것으로 평가되었다. 대덕연구단지의 참여로 프로그램이 개발되었고, 지역내 약 12개 과학단체가 참여, 각 대학의 관련학과 등이 참여하였다. 한편, 국내에서 아직 시도하지 않았던 생소한 소재로써 과학도 훌륭한 문화관광축제가 될 수 있다는 가능성을 보여줬다는 점에서 독특한 사례라 하겠다. 엑스포과학공원 인근 유성관광특구의 축제기간 중 한시적인 성수기 창출이 가능했으며 평상시 일반인들의 접근이 어려운 대덕연구단지를 순환버스로 방문하는 관광프로그램을 개발하였다. 대전사이언스페스티벌은 타 축제와 매우 상이한 특징적 구조를 갖고 있다. 당시로써는 아직 국내에서 시도된 적이 없는 유료입장이라는 점이다. 개최 원년 엑스포과학공원에 축제기간 중 18만 8천여 명이 방문했으며, 그 중 유료 입장객이 약 7만 2천명으로 집계되었다. 관광객은 전체 방문객 중 약 53%로 과학도 훌륭한 문화관광축제의 소재가 될 수 있다는 점을 입증한 사례로 평가되었다.

여름에 축제가 개최되는 점을 감안 더위해소형 과학프로그램으로 인기가 높은 '남극체험관' 프로그램.

축제의 성공요인

지난 2000년 처음으로 개최된 '대전 사이언스페스티벌'은 축제 사전조사, 기획, 실행, 평가의 전 과정에서 다양한 분야의 전문가들로 구성된 테스크포스(Task force) 팀에 의해 진행되었다. 특히, 축제 사전 조사 및 기획과정에서는 축제 개최 시기, 장소, 프로그램 개발에 있어 전략적인 접근이 이뤄졌다.

우선 축제 개최시기를 결정함에 있어 타 축제들과의 모객 경쟁을 회피하기 위해 국내 월별 축제 개최 비율이 가장 낮은 시기 중에 하나인 8월을 선정하고 여름 방학

시즌이라는 점에 착안하여 학생들을 포함한 가족 방문객을 주요 모객 대상으로 판단한 것이 축제의 성공적인 방문객 모객 요인이었다.

또한, 장소 전략으로 주 행사장을 여러 개의 부 행사장과 연계시키는 전략을 실행할 때 관광효과를 극대화 한다는 점에 착안하여 엑스포과학공원을 주 행사장으로 하여 '국립 중앙과학관', '대덕 연구단지', 'KAIST', '대전과학교육원' 등 여러 개의 부 행사장들을 셔틀버스로 잇는 주변 연계 행사장 전략을 활용하였다. 그 결과 관광객 유치효과를 엑스포과학공원뿐만 아니라 대덕연구단지와 인근 지역 전체로 확산시킬 수 있었다.

그 밖에도 프로그램 기획에 있어 사전에 잠재 방문객 조사를 통해 경쟁력 있는 프로그램 주제들인 "Bio", "Digital" 등을 선정하고 그에 따른 구체적인 프로그램들을 개발하였다. 이러한 전략을 통해 방문객들의 관심도도 높고 실제 만족도를 극대화 할 수 있는 전략이 매우 효과적이었다는 평가를 받았다.

2001년 대전사이언스페스티벌 국제교류전에 참가한 일본 과학교육봉사단체인 '메카트로레아 소부카이'는 '로봇제작교실', '지능로봇데몬스트레이션(Demonstration)', '뒤쫓기 로봇게임' 등의 3가지행사를 운영하여 일본의 로봇트렌드를 보여주고 있다.

2000년에 개최된 대전사이언스페스티벌의 주요 특징들로는 우선 처녀 개최라는 점을 감안하여 축제 실제기획 이전에 타당성 조사를 통한 예비조사를 실시하였다는 점을 들 수 있다. 이러한 과정들을 통해 축제의 과학적인 수요예측은 물론 잠재 방문객들의 적극적인 의견 반영이 가능하였다는 점들은 지역 축제 기획단계로서 매우 모범적인 사례라 할 수 있다.

그 다음으로는 도시 전역의 과학 인프라를 최대한 활용하였다는 점을 들 수 있다. 특히, KAIST, 대덕연구단지, 국립중앙과학관 등과 같은 장소들을 축제의 주요 부행사장으로 활용하여 행사를 분산개최하고 이에 따른 연계 관광상품을 구성하였다. 그 밖에도 호주, 러시아 등에서 개최되는 국제적인 과학축제와의 교류전을 개최하여 국제 과학축제화 할 수 있는 발판을 마련하였다는 점도 대전사이언스페스티벌의 매우 큰 특징이라고 할 수 있다.

이러한 축제 특성화에 따른 주요 성과는 우선 첨단과학 기술도시로서의 대내·외적 이미지 제고 효과를 가져왔다는 점을 들 수 있다. 축제를 통해 기존에 대전이 가지고 있는 과학의 이미지를 더욱 더 확고히 할 수 있는 기회가 되었다. 또한, 청소년들과 학부모들을 대상으로 딱딱한 과학이란 이미지를 과학과 관광이라는 비교적 교육적인 컨셉으로 접근하도록 하고, 과학에 대한 좀더 친근감 조성에 기여했다는 평가를 받고 있으며, 축제 개최기간 총 5억 3천 8백만원의 직접 수입을 통해 대전엑스포 '93 이후 침체를 거듭하던 엑스포과학공원의 활성화에 계기를 마련했다는 평가를 받았다. 그밖에도 그동안 꾸준히 제기 돼 오던 지역축제의 소모성 논란에 대해 지역 특성화축제를 통해 축제의 생산적인 모델을 제시했다는 평가를 받았다.

12. 무술을 활용한 충주 세계무술축제

충주세계무술축제에서 선보인 음악과 어우러진 브라질 까포에라의 시범모습.

무술축제의 시작과 성장

충주 세계무술축제는 국내에서 지역축제들 가운데 축제를 통해 지역의 이미지를 새롭게 만든 사례로 손꼽히는 축제이다. 지난 1998년 '충주 세계무술축제'가 처음 개최되기 이전까지 충주시는 지역 특산물인 사과와 관련된 '사과의 도시', 인근지역의 수안보 온천과 연계된 '온천의 도시' 이미지, 충주호에 대한 '호반의 도시' 이미지 등을 가지고 있었다. 그러나, 성공적인 무술축제 개최를 통해 또 다른 테마인 '택견', '무술의 도시' 라는 새로운 지역 이미지가 창출되었다.

처녀 개최되던 지난 1998년부터 문화관광축제로 지정 받아 정부로부터 지원을 받아오고 있고, 무술시연, 무술체험존, 무술겨루기, 무술퍼포먼스 등의 프로그램 개발을 통해 기존의 비교적 딱딱한 무술에 대한 이미지를 부드럽고 친근한 이미지로 변화시키는데 기여했으며, 무술의 대중화에도 크게 기여한 것으로 평가받고 있다.

축제의 성공적인 결과에 힘입어 충주시는 '세계무술축제'를 통한 국제무술관광도시로의 부상을 목표로 세우는 한편, '세계무술의 메카' 라는 테마를 국제적으로 홍보하려는 노력을 하고 있다. 이러한 노력의 일환으로 세계 30여개 국가에서 무술관련 단체를 유치함으로서 문화교류를 확대하고, 국내무술과 외국무술의 교류기회 증대하는 한편, 장기적인 전략으로는 '세계무술연맹(가칭)' 창립 및 무술박물관 설립 계획 등을 적극적으로 추진 중이다.

충주 세계무술축제에서 선보인 외국의 전통무술시범모습.
- 옆의 사진은 아프리카 수단의 누바(Nuba)라는 전통무술의 모습.

2002년 제5회 충주세계무술축제 행사개요

- 행 사 명 : 제5회 충주세계무술축제(The 5th Chungju World Martial Arts Festival)
- 주 제 : 오천년 민족혼과 세계무술과의 만남
- 부 제 : 중원문화의 체험과 관광충주로의 여행 택견의 고장 충주에서, 신비의 무술체험을!
- 기 간 : 2002년 9월 27일(금) ~ 10월 3일(목), (7일간)
- 주 최 : 충주시
- 주 관 : 충주세계무술축제추진위원회
- 장 소 : 충주체육관, 수안보 · 앙성온천, 시내일원
- 규 모 : 31개국 / 50개 단체 (외국 32, 국내 18) : 686명
- 후 원 : 외교통상부, 문화관광부, 한국관광공사, 충청북도

* 자료 : 정강환 (2002b) 편집작성

축제의 개최 현황 및 주요 결과

2002년으로 5회째 개최된 무술축제는 매년 참여 국내 · 외 무술단체들의 수를 증가시키는 한편 체계적인 축제 홍보전략을 통해 그 인지도를 높여가고 있다. 축제의 홍보전략으로는 우선 31개국 50개 무술 유관단체 참가라는 이슈를 부각시켜 중앙TV 방송에 노출시키고, 신문 및 잡지 등의 언론에 주목을 이끌어 냄으로서 축제의 홍보효과를 극대화하고 있다. 또한, 인터넷 공식 홈페이지를 개설하고 축제를 생방송으로 인터넷 중계함에 따라 잠재 축제 방문객들의 흥미를 유발하는 효과를 가져왔으며, 행사일정, 교통안내 등과 같은 관련 정보를 실시간 제공함으로서 방문객 유치에 매우 큰 효과를 가져왔다.

행사 프로그램 운영에 있어서는 우선 '무기특별전시관' 전시를 통해 세계의 무기, 세계의 총, 한국의 명장, 세계의 검 등과 같은 무술관련 전문 전시프로그램을 구성하여 방문객들에게 무술관련 정보를 제공하는데 주안점을 두었으며, 그 밖에도 각 나라별 무술 시연 후 해당 무술을 배울 수 있도록 배려하고, 무술체험존 설치를 통해 다양한 무술체험이 가능토록 하여 방문객들의 참여를 극대화하도록 유도하였다.

제4회 충주세계무술축제에서 실시된 무파별 홍보관에서 체험코너인 '무술배워보기' 코너에서 각국의 무술인들이 관광객들의 체험을 유도하고 있다.

축제 특성상 외국인 참여자들이 많다는 것이 축제 전반에 걸쳐 외국인 관광객 수용태세 개선으로 이어짐에 따라 외국 관광객들의 축제에 대한 만족도가 높게 나타났으며, 그밖에도 방문객들의 쾌적한 관람을 위해 차양막 시설들을 보완하고, LED 전광판을 활용하여 관람객 서비스를 제공하는 등의 세심한 노력을 통해 방문객 만족도 극대화를 유도하고 있다. 또한, 축제 참가 국내 · 외 무술단체들을 위한 휴게공간으로 '무술카페(Martial Arts Cafe)'를 신설하여 휴식은 물론 단체간의 정보교환을 위한 장을 마련하여 큰 호응을 얻기도 하였다.

참 고 문 헌

· 경기도지방공무원교육원(2003) 「국제 지역축제과정 해외벤치마킹 결과 보고서」, 경기도지방공무원교육원.

· 정강환(2001) 「문화관광축제 평가 및 방문객분석 제4회 강진청자문화제」, 배재대학교 관광이벤트연구소.

· 정강환(2002a) 「제16회 이천도자기축제 평가 및 방문객분석」, 배재대학교 관광이벤트연구소

· 정강환(2002b) 「문화관광축제 평가 및 방문객분석 제5회 충주세계무술축제」, 배재대학교 관광이벤트연구소.

· Getz, D.(1991) Festivals, Special Events & Tourism, New York: VNR.

배재대학교 관광경영대학원 원장
배재대학교 관광이벤트개발 연구소 소장
문화관광부 2001년 지역문화의 해 추진위원
문화관광부 문화관광축제 및 문화의 거리 위원
축제 평가 및 자문위원 (금산인삼제, 김제지평선축제, 강진청자문화제 등)
안면도국제꽃박람회, 광주김치축제 추진위원
2003 경주문화엑스포, 강릉 국제민속관광박람회 자문위원
보령머드축제 고문(보령시 명예시민)
국제저널 "Event Management" 아시아지역담당 편집장
국제축제 및 이벤트 협회(IFEA) 정회원
한국레저관광학회 부회장
행정자치부 지역개발부문 정책자문 위원

정강환(鄭鋼煥)

주요경력 및 수상

한국관광기자협회가 선정한 2006 올해 관광인상 수상(1회)
한국외대 영어과 졸업 / 미국 위스콘신대 호텔 · 관광학 석사
미국 미네소타 대학원(U. of Minnesota) 레저, 관광학 박사(Ph.D)
미국 관광학회(TTRA) 최우수 석사연구논문상 수상
한국이벤트학회 한국이벤트학술상(최우수 논문)
대통령 표창 2001 지역문화의 해 추진위원 공로
한국 관광학회 부회장
국무총리실 세계화추진위원회 문화관광분과 연구위원
조선일보 축제 자문위원
한국이벤트학회 부회장
배재대학교 관광문화대학 학장

지역이벤트기획 및 축제개발 참여

충남 보령 만세 보령제 개선 방안을 통한 '머드축제' 개발 (보령시청)
충남 서산 해미읍성관련 축제개발 프로젝트 수행 (서산문화원 2000-2003)
대전사이언스페스티벌 개발 프로젝트 수행 (지방공사 대전엑스포과학공원 2000~2001)
전남 장성홍길동축제 구조조정 및 기획 (장성군 2002)
안산 문화예술축제 기획을 통해 김홍도 축제개발 (안산시청 2002)
광주동구 문화축제개발 : 추억의 7080 충장로축제 (광주동구청 2003) 등

이벤트/축제 프로젝트 수행

엑스포기념재단 "엑스포과학공원 장기 발전방향" 이벤트전략 담당 (공동연구원, 1995)
금산군청 "금산인삼제 행사평가 및 방문객조사" (연구책임자 1996-2003)
광주시청 "광주김치축제 행사평가 및 방문객조사" (연구책임자 1996-2000)
"이천도자기축제 행사평가 및 방문객조사" (연구책임자 1997-2002)
강진군청 "강진청자문화제 행사평가 및 방문객조사" (연구책임자 1997-2003)
보령시청 "보령머드축제 행사평가 및 방문객조사" (연구책임자 1998-2003)
학술진흥재단 "문화관광축제 행사평가 비교연구 : '94-'96-'97년 금산인삼제"
경기도 '세계도자기엑스포 2001' 평가 및 성과분석, 백서제작 참여 (책임연구 2001)
'2002 안면도국제꽃박람회' 평가 및 성과분석 (연구책임자 2002)
서산철새기행전 평가 및 발전방안 (연구책임자 2002) 등

주요 저서 및 연구 논문 활동

이벤트관광전략과 발전〈세계화시대의 관광산업〉 (일신사 1995), 공저
이벤트관광전략 : 축제와 지역활성화 (일신사 1996)
한국의 지역축제 (문화체육부 1996), 공저
IFEA(유럽축제협회) Event Research Symposium - '94 광주김치축제 평가 및 이벤트 방문객 분석, 1995 영국 에든버러.
'대형이벤트영향' (Impacts of Mega-Event) 심포지엄 - 올림픽의 개최지 영향연구, 1997 스웨덴 오트터순드
APEC(아태경제협력체) 관광세미나 - 관광축제의 국제적 추세, 1998 제주도 등 국제학술회의 발표
'문화관광축제로의 보령머드축제 최근 2년간 비교연구'
'대형이벤트 유치 전 · 후 비교를 통한 개최지의 관광개발영향연구' 등 다수의 논문
(배재대 2003년 연구업적 공로상 수상)

강의 · 교육활동

국가행정연수원 고급관리자과정, 신임관리자과정, 중견관리자과정, 문화관광과정 등 1996년부터 강의
문예진흥원 문화학교에서 지역문화실무과정, 축제실무과정 등을 1995년부터 2001년까지 강의
한국관광공사에서 축제담당자 교육을 1993년부터 강의
경기공무원연수원에서 축제담당자교육강의 및 하외우수축제사례 벤치마킹과정 담당교수
예총, 문화원연합회, MBC 아카데미, SBS 아카데미 이벤트 축제 특강

전문지 · 방송 및 기타 활동

국내 이벤트 전문잡지 '이벤트뉴스' 고문역임 (1994-1995)
KBS 특집 〈8억 관광객을 잡아라〉(1997), 대전MBC스페셜 〈풍요속의 빈곤〉(2001), 〈업그레이드 충청브랜드〉(2004) 등
축제관련 특집프로그램 자문
월간이벤트, 조선일보, 동아일보, 경향신문, 한계레신문 등 인터뷰 및 기사 기고